何云波围棋文集 三

观棋者语

何云波 著

青岛出版社
QINGDAO PUBLISHING HOUSE

图书在版编目（CIP）数据

何云波围棋文集 / 何云波著 . -- 青岛 : 青岛出版社 , 2017.12
ISBN 978-7-5552-6560-3

Ⅰ . ①何… Ⅱ . ①何… Ⅲ . ①围棋 – 文集 Ⅳ . ① G891.3-53

中国版本图书馆 CIP 数据核字 (2017) 第 319530 号

书　　名　何云波围棋文集（三）· 观棋者语
著　　者　何云波
出版发行　青岛出版社
社　　址　青岛市海尔路182号（266061）
本社网址　http://www.qdpub.com
邮购电话　13335059110　0532-68068026
策划组稿　刘海波
责任编辑　田　磊　张佳妮
封面设计　刘霄汉
制　　版　青岛乐喜力科技发展有限公司
印　　刷　青岛乐喜力科技发展有限公司
出版日期　2018年2月第1版　2018年2月第1次印刷
开　　本　16开（710mm × 1000mm）
印　　张　15.5
字　　数　200千
印　　数　1-3000
书　　号　ISBN978-7-5552-6560-3
定　　价　198.00元（全四册）

编校印装质量、盗版监督服务电话：4006532017　0532-68068638

何云波围棋文集 三

观棋者语

何云波 著

青岛出版社
QINGDAO PUBLISHING HOUSE

图书在版编目（CIP）数据

何云波围棋文集 / 何云波著 . -- 青岛 : 青岛出版社 , 2017.12
ISBN 978-7-5552-6560-3

Ⅰ . ①何… Ⅱ . ①何… Ⅲ . ①围棋 – 文集 Ⅳ . ① G891.3-53

中国版本图书馆 CIP 数据核字 (2017) 第 319530 号

书　　名　何云波围棋文集（三）· 观棋者语
著　　者　何云波
出版发行　青岛出版社
社　　址　青岛市海尔路182号（266061）
本社网址　http://www.qdpub.com
邮购电话　13335059110　0532-68068026
策划组稿　刘海波
责任编辑　田　磊　张佳妮
封面设计　刘霄汉
制　　版　青岛乐喜力科技发展有限公司
印　　刷　青岛乐喜力科技发展有限公司
出版日期　2018年2月第1版　2018年2月第1次印刷
开　　本　16开（710mm × 1000mm）
印　　张　15.5
字　　数　200千
印　　数　1-3000
书　　号　ISBN978-7-5552-6560-3
定　　价　198.00元（全四册）

编校印装质量、盗版监督服务电话：4006532017　0532-68068638

第一辑 棋 人

第二辑 棋 事

第三辑　棋　思

第四辑　棋　话

第一辑

棋人

我眼中的“围棋三老”

我眼中的“围棋三老”，就是在棋界耳熟能详的陈祖德、王汝南、华以刚三位元老，他们分别担任过中国棋院的掌门人，只可惜陈老已经过世。笔者非棋界中人，误入“棋”途，顶着个“围棋博士”的名头，在棋界“招摇”，然后有了与三老的种种交往。回想起来，点点滴滴倍觉温馨。拉杂写下，权当三老外传、花絮。当然也借三老之光，自己顺便“王婆卖瓜”一下。

陈老

先说陈老。我在棋界第一次正式露脸，全仗陈老的提携。那是 2001 年 8 月的贵阳国际围棋文化节。作为中国围棋界第一次大型的综合性节庆活动，职业、业余比赛，围棋文化论坛，文艺表演应有尽有。锣鼓喧天、人山人海，广场上有两千零一盘棋，场面相当壮观。那之前，组委会打电话给我，让我做“围棋之道 · 名人论坛”的演讲嘉宾。我有些奇怪，虽说忝为青年教授，做的却是俄罗斯文学，在棋界可是默默无闻，谁会这么惦记我呢？再一想，肯定是陈老。那时我刚写完自己的第一部围棋著作《围棋与中国文化》，写作过程中，曾寄了几章给陈老，他看后觉得很好，给我回了一封很热情的信，对我鼓励有加。大概因为有这么一个机缘，使我在棋界有了露脸的机会。

“围棋之道 · 名人论坛”在省委大礼堂举行，分上午、下午两场，上午是专题演讲，四位嘉宾每人半小时，下午是九位嘉宾的“精彩九分钟”。贵阳方面很是重视，据说电视台全天直播。演讲嘉宾的阵容也非常强大：金庸、陈祖德、聂卫平、华以刚、蔡绪锋、应明皓、简怀穗、胡廷楣、段永平、许宛云、吴启泰……

都是大腕。我还没“不惑”，在其中大约算是最年轻的了，却有幸在上午出场，与陈老、金庸等大师同台论道，我知道这肯定又是陈老的强烈推荐，那时他担任中国棋院的院长。

对一个从未见过面的青年学者如此关爱，陈老的那份不问出身、提携后辈之心，真是让人感动。

文化节之后，我的《围棋与中国文化》终于由人民出版社出版了。我寄给陈老几本，他很快就回了信。信如下：

云波同志：

您好！

寄来的书和来信均收到，很感谢。其他几本书已转交给各位。

您在信中说得很有道理，我国在围棋文化方面的研究的确很不够，这方面是有大量工作需要做的。我非常感谢您在这方面所做的努力以及已经取得的成绩。相信您今后会有更出色的研究成果。

另有一事相告：女棋手徐莹在北大读书，经她的努力，北大、清华都已开设围棋课程。她希望开设一些围棋文化的课程。我向她推荐了您。她也很希望能与您取得联系。您方便的话可以给她打个电话联系一下。

再次谢谢！

祝

冬安！

陈祖德

11.25

我与陈老通过几次信，但这是唯一保存下来的一封，所以全文照录，权当一份资料。也是因为陈老的不断鼓励，当时正在四川大学读博的我更坚定了以围棋作为博士论文主题的决心，然后就有了那篇《围棋与中国文艺精神》，“蒙”

到了比较文学专业的博士学位。

此后，我混迹于学界、棋界，便有了很多与陈老见面、交流的机会。交往多了，我发现陈老尽管是棋界泰斗级的人物，做了很多年院长，算是正厅级干部，但毫无官场习气，始终保持着棋手的本色。并且他一贯低调、随和，没有一点儿架子。2007 年，中南大学围棋文化研究基地成立，我把陈老请到中南大学来，做了一场关于“围棋与东方智慧”的演讲。可容纳四百多人的学术报告厅座无虚席。当时的中南大学党委书记虽不下棋，但宴请之后，竟主动留下来，兴致勃勃地听完了全场的演讲，还问我们是怎么把陈老请过来的。当然，我们不便明说，想麻烦陈老其实是很容易的事情。有的棋手我们不敢请，陈老却很好说话，来了之后，从来都是客随主便，唯一的要求就是尽量简单。除了必要的一次宴请，其他时间都是几样素淡的菜，甚至就一碗面条。能随意地聊聊天，在他看来就已经很好了。

陈老临行前的那个晚上，我对陈老说我还有个小小的遗憾，就是没能跟您讨教一盘。他说：“那你早上过来吧！”我说：“您十点多的飞机，恐怕……”他说：“没关系，我一向起得早。”于是，那天早上刚过七点，我就背着一副棋到了陈老住的房间，寒暄未几，就在棋盘上“厮杀”起来。那盘棋的胜负不用说，对我而言胜固欣然败亦喜。都说陈老的让子棋厉害，这次算见识了，让四子我根本下不过。但与陈老的这盘棋大概创了个棋界第一：职业棋手与业余棋手下的指导棋中，最“早”开赛的一次对局。兴许可以载入“史”册，可惜棋谱没能记下来。

陈老从院长位置退下来后反而更忙了，经常被邀请参加全国各地的围棋活动。但只要有求于他，他总是有求必应。有一次，我读林应龙《适情录》的序，我所拥有的版本有一些字不清晰，遂向陈老求证。他正在旅途上，一到家就马上把答案发了过来。我做国家社科基金课题《中国围棋思想史》时，需要编一本《中国历代棋论选》，据说上海棋院中国围棋古谱资料收藏最为丰富，我想去查阅，但苦于不得其门而入。跟陈老说了我的难处，他马上就给上海棋院的单霞丽书记（原院长）打电话……我由此收集到许多珍贵的围棋古谱资料，课题研究也得以顺利进行。

后来，陈老不幸罹患癌症，但他一次次“超越自我”，在癌症复发时还全身心投入到中国围棋古谱的诠释工作中，令我十分敬佩。同时，他对后辈、对围棋文化事业的热情和不遗余力的支持令我深怀崇敬与感激。

王老

陈老给我的信中提到“其他几本书已转交给各位”，这“各位”中就有王老。

记忆中第一次跟王老接触，是有一年他来长沙下指导棋，当时是“多面打”（忘了究竟是几“面”）。我也上去了，被让四子。之前也跟一些一线的顶尖棋手下过让四子的棋，被折磨得够呛。跟王老下棋，却感觉很舒服。他的棋中规中矩，基本上没什么过分的着。有一个地方的定型，我压过去，正考虑他会不会扳，我断是否成立，还没想清楚，他已心平气和地退了。心里那个“爽”啊！棋下到后半盘，本感觉形势有望，原定的指导棋时间却到了。留下一盘没有下完的棋，遗憾！

这“遗憾”当然还包括本来有希望赢王老一回的……后来，跟王老熟悉了，说起让子棋的事和他棋上的“温柔”。王老说，一般还在一线的棋手，下棋自然全力以赴，下让子棋也往往只图自己痛快，什么着最狠就使什么，而他们这些老棋手的想法却不太一样，推广围棋，就要考虑到棋迷的情绪。当然不是说故意输棋，但尽量把棋下得中正、平和一点，不兴连“蒙”带“骗”的……

当时，王老是中国棋院的院长，他的水平、胸怀就是不一样啊，时时为棋迷着想，处处从中国围棋发展的大局考虑。我也就明白了，在自己“舒服”的背后，是王老的苦心。

后来有了许多次与王老相处的机会。跟陈老在一起，总感觉陈老寡言少语，你说点什么，他应和着，但很少主动挑起话题，聊一会儿，你心里就会觉得不安，心想是不是该告辞让他休息了。但与王老在一起，你却不需要担心冷场、没有话题。有一年，全国智运会期间，我从武汉接他来长沙，一来是为中南大学教职工棋牌协会成立捧场（中国围棋协会、中国象棋协会主席亲自光临，那协会的规格顿时就提高了）；二来请他在“中南讲堂”做个题为《棋道与人生智慧》的讲座。在高铁上与他闲聊，这《棋道与人生智慧》我就已经先听为快了。他说到小时候学棋的经历，1960 年他十四岁，正是三年困难时期，学生都要勤工俭学，而他体质弱，个头也小，干不了什么体力活，正好安徽省体委举办棋类训练班，还管饭。老师说你就去那里吧。到了那里，他本来会下象棋，却从来没有听说过围棋。省棋队的教练说：“你还是学围棋吧，为国争光。”就这样，王老偶然地走上了围棋之路。

王老还说，一个孩子在成长的道路上，首先最需要的是鼓励。当时他学棋一个月，就拿了安徽省青少年围棋赛的第四名。之后北京举办青少年全国比赛，一些围棋事业较发达的省在青年组之外，还可多报一名少年和女子棋手。这样他获得了去北京参赛的机会，并荣获第六名，拿回了国家体委盖了红印章的奖状。省里也觉得光荣。实际情况却是参赛的总共只有八个人，小王老赢的还是两位女生，其中一个上海的女孩水平比他高，只是最后他使了个小计谋，翻盘了，还把人家给弄哭了。王老说，如果换个说法，他得的是倒数第三，并且连女生都下不过……那结果就可能完全不一样了。

这“鼓励”，也是王老后来对棋迷们一贯的态度吧！而说到改革开放，有开放才有包容、理解。王老说起他与中国围棋代表团去日本登机时发生的一件事。1966 年，代表团在香港转机，需人工登机检查。正是“文革”时，堂堂中国人的人格绝对不可侮，因此，代表团拒绝安检工作人员搜身。团长打电话给新华社香港分社，新华社的同志听说了，也说不行啊，这丧失国格、人格的事情不能做。双方僵持着……日本航空驻香港的经理出来解释：“这不光是对内地人，美国总领事也得接受检查。”交涉无果，代表团见还是要搜身，索性把行李卸下来不走了。最后，无奈之下，经理跟机长联络、担保，才把一行人送上了飞机。回来后才知道安检与人格其实没有关系。

一路聊着，转眼就到了长沙。棋牌协会成立仪式与讲座是在第二天下午举行。我上午陪着王老上岳麓山，在山腰的一个小湖边坐下来，喝茶，下棋。正是暮秋时节，阳光很好。王老说：“咱们事先说好，你可以长考，但我颈椎不好，你也要允许我时时起身溜达溜达。”这正中下怀，好！战局摆开，在一个局部便下出很有意思的形，白 11 镇，黑 12 象眼，白 13 也来一象眼，黑 14 也许就将计就计，穿象眼，把白棋分断也可行。实战却想继续迂回，托，在角上便宜一下，看轻中央一子，却不想遭到白棋内扳的反击，结果让白棋走得很厚。以下的几处战斗，都是白棋得利，黑四子的优势就这样一点点地送出去了。不是说王老“温柔”吗，那我就给你来个“温柔一刀”。

棋输了，心情却大好。清代文人汪缙《弈事》写江中船上一局：“秋气晴美，天光照席，水波不兴，金焦拱峙，江山之胜尽入局中也。”我们在这湖光山色中下的棋局，也一点儿都不逊色吧！

下午听王老讲座，王老以他的经历谈围棋带给他的种种人生启悟。他从棋的“大局”“合理”“均衡”中所领悟的东方哲学；中国式的不偏不倚的中庸之道；他的人生“三观”：客观、静观、达观。王老在 2003 年从陈老手上接过中国棋院掌门人的担子，正是中国围棋被“韩流”压得喘不过气之时。而 2005 年，以常昊夺得“应氏杯”为契机，中国围棋突然集体爆发。很多人把王老称作是福将，说他领导有方，他总是说，千万不要把功劳归于他自己，只能说他运气不错，加上采取了一些小小的措施，竭力在棋院营造一个和谐的氛围而已。人家说他低调，他却说不是低调，是“本调”。四年后，他从领导岗位上退下来，平稳着陆，他说不是自己有多高尚，而是因为：第一，胆小；第二，身体不好……

听着他这一系列人生感悟，然后我明白了什么是真正的围棋智慧。

华老

曾想写一个棋手系列，但写了陈老、老聂、芮乃伟之后，就没能继续下去。想写华老，题目就叫《听棋》。开头都想好了：

许多年以后，查第一届中日围棋擂台赛的资料，才知道那天是2005年11月20日，聂卫平与藤泽秀行决战，讲棋者是华以刚和王汝南。

用这个马尔克斯式的开头，是因为那一天凝聚了我关于围棋的最初记忆。尽管那时我还不会下围棋，但我把那场决赛的电视直播从头“听”（因为看不懂）到了尾。也许正是这场直播在我心里种下了围棋的种子，两年后，在研究生毕业那个学期，我开始发愤学习围棋。

而这颗围棋种子的播撒者，就是华老。

很长一段时间，我都是在电视里听华老讲棋。特别是他与徐莹搭档，一逗一捧，简直就是绝配啊。听着听着，甚至都忘了他们是棋手，还以为是电视主持人、媒体从业者呢。

记不清第一次跟华老见面，是什么时间、地点了。反正一见如故，刚认识就仿佛交往了很多年，熟悉程度甚至超过了认识更早的陈老、王老。因为华老最能侃，无论什么场合，听他神侃就可以了。棋界的许多人与事，都是从他那里听来的，他总能娓娓而谈，绘声绘色。就以他自己学棋的故事为例，华老说，他与围棋也算是有缘分。1960 年，华老十一岁，当时他还在上小学，学校离上海市体委很近。体委要组织围棋学习班，来学校招生，那天他生病没去上学，但班主任觉得他可能会喜欢围棋，就叫一个同学到他家里来问，结果才报上了名。学了棋他又发现了棋的一大好处——可以填饱肚子。那时正是困难时期，集训的伙食比较好。而参加比赛时的奖品也比较吸引人，有一次他得到的奖品就是一块肉，拿回来煮熟后，由他开筷，兄弟姐妹那羡煞的眼神啊……华老绘声绘色地讲来，从此你就记住了华老下棋与“一磅肉”的故事。还有，华老讲他的一个师兄弟，在北京，到了婚配的年龄，人家给介绍对象，女方的家长问他的工作情况，一听是下围棋的，多数会说：“什么？下围棋？下围棋那玩意也能养人？”作为棋迷，你可能在媒体上看到过这个故事，但现场听华老用京腔儿一模仿，绝了。还有，听华老说陈老下让子棋的故事，如何手上下棋，嘴里也不闲着，连捧带刺（只限熟悉的人之间），升降级，硬是把一强业余 5 段打到了让七子。还有年轻时喝酒的豪气，与人赌吃西瓜的壮举，还有聂卫平在日本吃生鱼片时的豪迈，与中国一职业棋手赌吃饺子，输了之后留下的“后遗症”……听着这些故事，曾经觉得高高在上神一般的职业棋手，一下子变得亲切、鲜活起来。

经常听华老说，围棋其实是一种很简单、很容易学的游戏，给他一节课的时间，他可以教会任何人下围棋。在杭州棋院，有一次与华老一起参加围棋博物馆电视专题片的讨论，然后我就亲眼目睹了华老如何在四十五分钟的时间里，给棋院的领导和专题片的编导进行围棋启蒙。听讲者是否真的学会了，我不得而知，但华老讲棋生动，深入浅出，知识与趣味兼顾，还有分寸感的拿捏都给我留下了深刻的印象。然后我就谋划着，什么时候也请华老到我的“围棋文化”课堂上讲一讲。

华老为人随和、风趣，但又很坚持原则，所以有时又让人有些怕他。他表达起不满来的那种冷幽默，也让人颇为忌惮。有一年，在杜鹃花开时节，我的家乡永州创办了一个阳明山杜鹃花旅游文化节，围棋是其中一个重要主题。华老晚到了一天，那天中午吃饭，气氛感觉有点儿不对。原来前一晚，华老从北京飞桂林，本来到得就比较晚，从永州去接他的司机，出机场上高速后，把方向弄反了，奔南宁而去，走了好一段路，发现错了再绕回来，结果凌晨三点才到住地。中午华老在那里讲述着他的“午夜惊魂”，县里的领导听后颇为不安，决定第二天专程陪华老上阳明山，看到我与华老说话比较投缘，一定让我作陪。我说：“不是第二天有座谈会，让我主题发言吗？”县里的领导挥挥手：“那没关系，陪华老要紧。”第二天，与围棋部的核心武力——《围棋天地》的朱振南一起，陪着华老再上阳明山……葱茏的森林，美丽的杜鹃花，山上的野味、米酒，殷勤好客的山妹子，华老高兴了起来，那天中午喝了不少酒。下山的路上，华老红着脸，一路都在学着湖南话说“我是湖南人”（wo si fu lan yen），然后解释为什么讲述他们家族先辈的故事……

说了半天故事，下面该讲讲与华老在棋上的交流了。我与华老一共下过三盘棋，第一盘在 2009 年 7 月第二届晋城棋子山国际围棋文化节期间，让三子，那盘棋中盘后我觉得优势不小了，官子被一路紧追，最后侥幸胜一子。哇，这可是我第一次过职业棋手的三子关啊！也许是跟华老比较熟，少了分畏惧，也许是华老看在我是教授的面子上，棋下得比较客气，反正我是赢了。第二天早餐时正好与华老、武宫正树坐一块，华老把我介绍给武宫，武宫问起我的棋力，华老说起昨晚的战况。武宫说，那有业余6段的水平。哇，6段，这可是“宇宙流”钦定的，全“宇宙”都有效哦，陈老还只奖励我业5证书呢。第二盘是2010年9月，在绍兴第十二届“国学杯”世界华人炎黄名人围棋邀请赛期间，华老让四子，分别对付蔡绪锋先生和我。也许是蔡总替我挡了炮火，让我轻松不少，最终我赢了。第三盘是2011年，在杭州队教练杭天鹏四段的办公室，让三子。这次华老拿出了真本事，再也没有给我显摆的机会。那盘棋，我右下角一个缓手，被华老脱先守边，我只好打入，虽然没死棋，却已陷入被动。中间华老好几次弃子，让我深深体会到，原来快乐地吃子也有不爽的时候啊！

输棋后华老问起围棋史的一个问题，又把我问住了，好没面子啊。第二天上午，在杭州棋院的围棋图书馆翻阅上个世纪六十年代的《围棋》杂志，我看到1965年第四期在《像徐寅生同志那样，活学活用毛泽东思想》栏目里面有两篇文章，一篇是王老的《抛开个人得失才能下好棋》，一篇是华老的《确立为了祖国学习棋艺的思想》。华老那年十六岁，撰文谈学习徐寅生《关于如何打乒乓球的讲话》的体会：

> 徐寅生同志谈的为谁打球的道理，给了我很大的教育，它帮助我认识了许多问题。我虽然年龄还小，当然棋龄也不长，回想一下过去，对下棋是为了什么这个问题并不是十分明确的。只是一般了解要攀登棋艺高峰为祖国争光的概念，但从我的棋艺经历中，却反映出一些资产阶级的个人主义思想。对比徐寅生同志的“心怀祖国，放眼世界”的崇高目的和远大理想差得太远了。
>
> ……学了徐寅生同志的讲话后，我已开始找到自己的一些缺点，并且正在像徐寅生同志所要求的那样，努力学习毛主席著作，学习时事，提高自己的思想认识，坚决克服个人主义思想，立志做一个又红又专的无产阶级革命接班人，为了祖国的棋艺事业，为了攀登棋艺顶峰而努力学习棋艺。

哇，华老当年还有这么“萌”的文章啊，赶紧复制下来，并心生一计。第二天中午吃饭时，我对华老说：“昨天你一个问题把我难住了，今天我也考考你。上个世纪六十年代的《围棋》杂志上曾经登过一篇文章，题为《确立为了祖国学习棋艺的思想》，请问作者是谁？”华老想了想，摇头说不知道。我又问在座的那些中老年棋手，他们有猜刘棣怀、过惕生的，有说陈毅的，还有说邓小平的。最后我给出答案：“远在天边，近在我旁边——华以刚。”

华老以惊讶的目光望着我，一时尴尬着，好久没回过神来。

我笑：“华老，你昨天下棋赢我，又拿问题考我，原来也有今天啊！”

哈哈，沧海一声笑，“一剑之仇”就此了……

补记

“哈哈”之后，突然就想到一个问题，三老年轻的时候接受的教育，如“确立为了祖国学习棋艺的思想”“抛开个人得失才能下好棋”“坚决和一切个人主义思想做斗争”，是否也给他们后来的人生打下了一些烙印呢？回头想想，现在的人对过去的东西可能会觉得不可思议，如王老在《抛开个人得失才能下好棋》一文中引用的一个老工人的话：“离‘我’远一寸，干劲长一分；离‘我’远一丈，干劲无限长；‘我’字若全忘，刀山火海都敢上。”现在的人可能会把它当笑话来说，但从三老的身上，我们确实能时时感到，他们在为中国的围棋事业而奔波时，“个人”的得失会考虑得比较少。有钱拿当然好，没钱，他们也会把普及、推广围棋看作是一种义务，因为他们是国家培养出来的棋手。相比于当今社会出现的一些功利、自我、个人至上的思想，三老身上的那种老派人的作风，又显得非常难能可贵了。

原载《围棋天地》2013 年第 17 期

如何自我超越

第一次读陈祖德老师的《超越自我》[①]是在二十世纪九十年代初。《超越自我》是陈老的自传，从他步入棋坛一直写到 1980 年的那场大病。那时我还年轻，前程仿佛“似锦”，虽然敬佩作者在棋盘上的拼搏精神及其与死神抗争的顽强意志，但毕竟难有入心入骨般的触动。一晃二十年过去了，“遥想当年醉里寻欢，书生意气笑语嫣然”，而今已成追忆。春节时闲来无事，将《超越自我》翻出来，重读一遍。当读到最后：

> 我活下来了。我终于出了医院的大门。看到了那原来是司空见惯而如今一切都那样新鲜、动人、充满生气的街道、商店、行人……我想起美国盲聋女作家海伦·凯勒写的《假如给我三天光明》。我总不止看见三天吧？我从死亡线上又回到了这个世界。我已经“死”过一次了，我体味过失去这个世界的滋味，我充分地享受着重新获得这个世界的欢乐！
>
> 我的心脏在我虚弱的身子里强烈地跳动着……

读着这样的文字，我一下子被深深地感动了。毕竟，历经人生况味，向生命的后半程奔跑的人更能体会拥有这个世界的可贵。

陈老把他的人生以 1980 年（三十六岁）为界，分为前后两个部分：棋手

① 《超越自我》，陈祖德著，人民文学出版社，1986 年版。

与围棋工作者。

作为棋手，学艺、成长、拼搏、胜利，自然是他们的本分。陈老把下棋跟拳击相比，拳击运动充分显示技巧、灵活、力量、意志、强大，下棋亦然，它们相同的是“残酷”。一个棋手苦练许多年，却只在一天、一小时、几分钟乃至一刹那就决定了成败，“其心灵受到的震撼，精神受到的冲击，不亚于肉体所受到的痛苦与损伤。”棋手的天职当然就是把对手打下擂台，特别是当棋与国家民族的荣誉联系在一起的时候。《超越自我》写了 1960 年日本围棋代表团访华时，中国棋手被日本女棋手伊藤友惠横扫，而业余棋手安藤英雄与作者对局时，竟也如一年前的坂田一样，不时得意地起身，在赛场、外面的庭院中转悠……这不光使作为棋手的作者感到屈辱，甚至成了“国耻”。这种屈辱感也是激励那一代中国棋手不断发愤图强，以求有朝一日一雪“国耻”的原因吧！

当然，作为棋手，争取胜利是他的天职，而另一方面，真正的棋手，赢棋并不是他的唯一。陈老在《超越自我》中由安藤的举动想到如何尊重对手，由某些棋手为赢棋使出的盘外招，谈到棋艺与棋品的问题。而陈老从中国老一辈领导人、棋手那里，看到更多的是他们的胸襟、气度、境界。陈老对围棋的关心、支持就不用说了，《超越自我》还写到与另一领导人李立三下棋的情景，非常有趣：

> 我跟他下棋也毫不客气，能杀就杀，想吃就吃，经常把他老人家的棋子一块块地歼灭。可李立三同志从不懊恼，每当我歼灭了他的一些“部队”时他就哈哈大笑，我歼灭的越多，他就笑得越起劲。有时我甚至感到，房子也要被他的笑声震动了。他的这种情绪又助长了我的贪胜思想，于是我更是想方设法扩大战果，这样李立三同志就更高兴了，笑得也更来劲了。我经常被他的情绪所感染，跟着他一起笑了起来。我俩一老一少，就这么通过棋盘加深了感情。

这笑声，让我们联想起古代棋手在帝王面前的诚惶诚恐，想到国手过惕生被段祺瑞授三子，经“努力奋战”仍然不敌……新时代的棋手真是有福了。陈老还谈到在他成长的过程中来自前辈棋手的无私帮助。1959 年在上海集训时，刘棣怀、王幼宸等老棋手为了激励他，授二子的差距，却主动提出让他先下。“人往高处走，一个人眼看自己要被人家打败了，自然不好受。一个人能鼓励别人超过他，帮助别人超过他，这得有多高的境界！”陈老由此感叹，我们在学下棋的同时，也在学做人。

很多时候，棋艺的境界其实也关乎人格、人生的境界。老作家严文井为《超越自我》作的序，题目就叫《探索人生真谛》。序中谈到陈祖德给他写过的一封信：

> 我认为无论是一个围棋手，或任何一个运动员，要夺取桂冠就需要超越自我。比赛时什么杂念都不能有；作为一个棋手，要不断提高，不断突破，也必须超越自我；一个棋手在后起之秀要战胜自己时，同样需要超越自我，才能大度地欢迎别人战胜自己；人的一生也正是在不断地发现自己的缺点、弱点，不断地战胜自己、超越自己的过程中得以进步的；就是生死问题，也得有超越自我的精神，才能抱乐观主义的态度。

这不仅体现了一个棋手，同时也是“一个真正的人的内涵，一个真正的斗士的精神”。这应该就是所谓的“超越”吧！作为一个棋手，当然首先要在棋艺上勇于创新、不断超越。正像陈老谈到，他创立的“中国流”布局，其指导思想是“积极主动，不落俗套”。“中国流”布局取得很好的效果，一时棋手们纷纷仿效，“当一种布局流行以后，很多棋手就会视为圣经，盲目背诵”，这使作者既感到“亲切、自豪”，同时又觉得“可悲”。另一方面，作为“斗士”，总渴望着胜利，并且是永远都不会服输的，就像海明威笔下的斗牛士，最后一次斗牛，被牛刺伤，在送往医院的路上，还在喃喃自语：“我斗得很好，不是吗？”当 1975 年，陈老在第三届全运会的围棋决赛中被聂卫平击败，他既为年轻一代的崛起而欣慰，又非常地不服气。这在陈老看来，并不矛盾。“棋手应该无畏地在棋坛上给人打下来，而不能知难而退。”一个伟大的棋手就是一个标杆，就像曹李师徒，正是师傅的强悍，永远如“战神”一般巍然屹立，哪怕失败了也一次次重新站起来继续拼搏的顽强精神，才成就了其弟子的强大，也成就了整个韩国围棋的兴盛。中国围棋同样需要永不屈服的精神，而不是未老先衰。

而面对突如其来的病魔，“斗士”又开始了他在另一个战场上的“战斗”。当退出棋战一线，陈老开始拥有了其他一些身份：中国棋院院长、中国围棋协会主席……而用陈老自己的话说，就是围棋工作者。

棋手的天职是争胜，围棋工作者的职责却主要是普及、推广围棋。《超越自我》曾谈到一件事：有一年陈老去云南，与云南“棋王”戴心泉下棋，从让先一路打到授三子，使对手非常难堪。事后，陈老很是歉疚，觉得只图自己痛快，而不替人家着想，到地方来本来是为了推动围棋事业的发展，而不是打击地方棋手的积极性。通过这件事陈老懂得了一个道理：“作为一个棋手，并不是在任何场合都该显示自己的本事的。从今以后，我不仅应该是好棋手，而且应该是一个好的围棋工作者。”

有了这样的认识，陈老也就越来越好地开展起了“围棋工作者”的事业。在棋院院长位上为中国围棋的兴盛劳碌奔波，同时忙里偷闲，著书立说，著作《无极谱》，用陈老自己的话说，就是“披露一个棋手成长的过程”，同时让人从中看到“我国围棋事业发展的踪迹”。中国古代棋谱，也是一个丰富的宝藏，可惜现在的棋手已很少能意识到其中的价值。陈老的棋颇具古风，当年一本《寄青霞馆弈选》被他翻得烂熟。正是对古棋的会心，然后有了《当湖十局细解》和“中国围棋古谱精解大系”的编撰。年前在某次棋类活动中我见到陈老，问他现在正忙什么。他说整理古谱，新书就要出来了。我说中国围棋史研究，现在最缺乏的就是对古谱收集钻研，一般棋手无心于此道，而像我等爱好者是有心无力，陈老棋力既高，有很好的文化素养，又是有心之人，真是造化。陈老听后，又是一番感慨。

认识陈老，是在2001年贵阳国际围棋文化节。当时我刚写完《围棋与中国文化》一书，那时我初涉棋道，心里没底，寄了几节给陈老，那时我与他素昧平生。陈老看后觉得很好，推荐我参加贵阳的围棋文化节，在“围棋之道·名人论坛”上演讲。“围棋之道·名人论坛”在省委大礼堂举行，分上午、下午两场，上午专题演讲，有四位嘉宾，每人半小时，下午是九位嘉宾的“精彩九分钟”。又是陈老力荐，让我上午登台。于是，初出茅庐的“青年学者”，有了与陈老、金庸等大师同台论道的机会。也正是这一机缘，从此我等局外人也俨然成了棋道中人，算是编外的“围棋工作者”吧！

此后，便有了很多与陈老见面、交谈的机会。2007 年，趁长沙市在举办一个业余比赛和中南大学围棋文化研究中心成立之际，我把陈老请到中南大学来，做了一场关于《围棋与东方智慧》的演讲。除了必要的应酬，陈老提出的要求就是安排尽量简单，好几次都是只有我和长沙市业余围棋学校的余文宇校长陪他吃饭，几样素淡的菜，随意地聊聊天。恐有怠慢，他却总是说这样最好了。走前那个晚上，我说这次有个小小的遗憾，就是没能跟陈老讨教一盘。他说，那你早上过来吧！我担心误了他十点多的飞机，陈老说没关系，他一向起得早。于是，那天早上七点多，我就背着一副棋到了陈老住的房间，寒暄未几，就摆开战场，“厮杀”起来。与职业棋手下过不少棋，被授四子乃至三子，都有过胜绩。与陈老的四子棋，却根本挡不住。都说陈老的让子棋厉害，这次算见识了。

一直认为，在当代中国棋手中，最有思想、文化素养最好的，当首推陈老。陈老的文化素养也为陈老从事中国古谱的注释、研究打下了很好的基础。而随着与陈老交往日深，在围棋文化方面我们也有了更多的共同话题。中南大学围棋文化研究中心与世界华人围棋联合会共同编撰了一套“中国围棋文化研究丛书”，请陈老担任主编，他欣然同意，并为其撰写了精彩的总序《风雅与境界——关于文化之围棋和围棋之文化》。一次，读林应龙《适情录》序，我所拥有的版本有一些字不清晰，向陈老求证，他当时正在旅途上，一到家就马上把答案发了过来。还有一段“按九宫以审布顺逆而直符得使宛然辐辏范围之中”，我不知该如何断句，陈老也坦率地谈了他的看法。这个时候的陈老，在我眼里，不仅仅是棋手，还是一个学者，一个真正的文化人。

在写这篇读书笔记时，我从网上了解到，陈老因为胰腺癌又一次住进医院，动了手术，据说手术很是成功。《体坛周报》的围棋记者谢锐撰文《30年后陈祖德再抗癌症病魔，乐观性格造就不死鸟》。我心里豁然通透。超越自我的陈老人生又一次面临“自我的超越”，陈老称超越自我是他所渴望的一种人生境界，又是一个没有止境的艰难历程。我在心里默默祈祷着，以陈老不屈的精神，他一定能够“重新获得世界”……

原载《围棋天地》2011年第5期

文本细读与文化钩沉

——“中国围棋古谱精解大系”读后述感

四月去北京看望陈老，那时他动完手术不久，正在病床上。手术引发胃功能丧失，身体所需营养全靠输液维持。不过他看起来状态不错，精神很好。原来那天他刚拿到了新出的大作《血泪篇》《黄龙周虎》样书。这两本书作为浩大工程“中国围棋古谱精解大系”之第一、第二本，耗费了陈老好几年的工夫，成果终于面世，且中信出版社将书印得如此精美，陈老的喜悦之情可想而知。我们的话题便从这套书开始。我说：“如今治中国围棋史，最缺乏的就是文本细读的功夫。文本者，棋谱也。如果由于棋力限制，不能对中国古代棋谱有深入的钻研，那么写出来的围棋史，只能算是围棋逸闻掌故史。就像写中国文学史，如果不能精研汉赋、六朝文、唐诗、宋词、元曲、明清小说，那文学史能写成什么模样，可想而知。只是现今，做围棋文化研究的人可能棋力有限，职业棋手文化素养又往往有所欠缺，也无心于皓首穷经坐冷板凳，于是真正能将技术史与文化史融为一体的围棋史论著，也就千呼万唤难出来。”陈老点头称是。他说他也不过是想先做点基础性的工作：释经。至于理论总结，就是我等的事了。

十月去北京参加一个学术会议，接着去了陈老家中。这是我第一次登陈老的家门。那天约好的时间是下午三点半。到他家后，陈老抱歉地跟我说，中间来了一拨客人，所以工作还没结束，让我稍等一会。我说没关系。于是，我饶有兴味地充当了听众，听陈老对着电脑，跟两个助手解说古谱。我知道，这就是“中国围棋古谱精解大系”未来某一本书中的一个专题。完事后，陈老坐下来与我闲聊，他很兴奋地告诉我，最近身体恢复得不错，长了好几斤，并说起每天的日常起居：早上四五点钟起床，准备要评说的古谱，下午助手过来，再跟他们讲解。“大系”第五、六本已交出版社，后面的工作进展得也很顺利……我知道那天上午，陈老刚从医院拿药回来，而他说起进行中的古谱整理工作来，是那样忘我，那样兴致勃勃，我一边劝他还是要注意身体，劳逸结合，心里却生出由衷的敬意与感动……

之后，陈老通过助手跟我联系，把后出的两本书《过周十局》《徐程十局》也寄了过来。我拿到书，急不可耐地拜读起来。这“拜读”可不是常见的托词，而是诚心诚意地好好学习，增长见识。我在棋上也是属于前面所说的那类“半拉子”式的“专家”，高谈阔论，洋洋洒洒，可实实在在地在作为文本的“棋谱”上下的功夫不多。今年申请到一个国家社会科学基金课题《中国围棋思想史研究》，在论证报告上说道：“在考察中国围棋思想史时，其材料来源既需要‘引经据典’，又需借助各种传说、有关棋的诗、文、画、出土文物，包括实战棋谱，等等，从中发掘围棋的思想内涵。”而实战棋谱，就是古人围棋观念的具体实践。我一直认为，一部围棋技术史，同时也蕴涵了围棋思想史、文化史。如何从具体的“招式”中去发掘“思想”，既看古代棋人怎么“口说”的，也看他们怎么“手谈”的，这是中国围棋研究首先要面临的课题。

由此，研究中国围棋史，先从读谱开始，也就是必然的了。陈老的古谱精解大系系列已出的四本，都涉及中国古代著名的争棋。《过周十局》是明末清初过百龄与周懒予的十番棋；《徐程十局》则是徐星友与程兰如的十番棋；《黄龙周虎》是黄龙士与周东侯“弈乐园三十局”争棋中精选出来的十局；加上《血泪篇》中黄龙士与徐星友的授三子十局棋及陈老以前评注过的“当湖十局”，它们构成了中国明清之际著名的争棋系列。这些争棋颇能体现中国古代围棋的竞赛体制和棋手的生存状况：

其一，比赛往往都会有一个或几个后台老板作为“主事者”出巨资赞助比赛，这也成了著名棋手收入的一个重要来源。

其二，争棋除了“当湖十局”是在同时代的两个旗鼓相当的对手间进行，

《血泪篇》是授子棋，其余往往是两个时代的代表棋手间的对决，就像过百龄年长周懒予三十五岁，徐星友年长程兰如四十八岁，周东侯亦年长黄龙士不少，结果当然是青胜于蓝。他们间的胜负，一方面有年龄、体力方面的因素，同时也清晰地标示了中国古代棋艺演进的轨迹。如明末以倚盖定式纵横天下的过百龄负于艺成于清初“渐变明之风气”的周懒予，便让我们感受到古棋从明至清演进的一些脉络；而“棋圣”黄龙士，“极尽心思之巧，遂开一代之盛”，将中国古棋又推向一个新的高度。

其三，独特的十番棋对决制度。今人谈到十番棋，往往首先会想到吴清源。而说到中国古棋，似乎强调更多的是作为“艺”的优雅的一面，所谓“胜固欣然，败亦可喜”，弈来有时难免随意，而很少像当今国手一般，为胜负锱铢必较，绞尽脑汁，陈老将它归结为中国古棋缺乏如日本近代围棋一样的“竞技性”“规范性”。不过，这仅仅是问题的一个方面。我们从十番棋这种争斗形式中，又看到了古代棋手间竞技的残酷、激烈甚至惨烈的一面，不光是胜负导致金钱上的得失。在名誉上，胜者往往从此扬名立万、建立一个王朝，负者则黯然退隐江湖。以身家性命相搏使中国古棋比赛的紧张激烈程度有时其实并不亚于日本。陈老在对局评析中，也多次谈到这一点。中国古棋，常常杀得惊心动魄，恐怕不仅是座子制和规则方面的原因吧！

棋史专家、职业棋手出身的赵之云先生曾提出过“以棋谱证棋史”的主张。确实，棋谱往往是研究棋史的第一手资料。棋史上的一些说法，如果有棋谱为证，最好还是先读读棋谱，再做判断为佳。以《血泪篇》为例，黄龙士让徐星友的十局三子棋，早已成了一段师徒厚谊之佳话。清人李汝珍在《受子谱》凡例中说：“黄龙士与徐星友十局，名‘血泪篇’，是时徐已成二手，黄故抑之以三子，其间各竭心思，新奇突兀乃前古所未有，十局终后，徐遂成国弈。”一“故”一“遂”，便彰显了师徒间的感人情怀，也最切合国人关于老师以“激将法”激励学生上进的美好想象。陈老却提出疑问：其一，黄、徐之间是否是真正的师徒关系，并无确凿材料证明；其二，以陈老对职业棋手心理的了解，黄未必认可旁人眼中的徐“已成二手”的事实（也许某次偶尔赢了一盘），不信，便比划比划……十番棋下来，黄龙士四胜五负一局无胜负，果然旗鼓相当，徐星友就是被黄龙士授三子的水平。

前面说到，我们既要看古人怎么“说”的，也要看他们怎么“做”的。其实古人说的与做的未必都一致。比如，古人最推崇的是不战而胜之棋，以“简易而得之，宽裕而陈之，安徐而应之，舒缓而胜之”（宋白《弈棋序》）为上上境界，所谓无招之招，最为高妙，“斗力”已经被放在九品中的第七品（一品入神最高）。而实际上，古代棋手大多好斗，何尝见过真正的“平淡”之棋。以徐星友为例，翁嵩年在《兼山堂弈谱》序中说徐星友“冲和恬淡，浑沦融和”，徐星友评棋，也喜欢动不动就说人家的棋“不正”，徐星友应该说是中国古棋“平淡自然派”的代表人物了。但徐星友不喜好勇斗狠，这与他学棋较晚，战斗力稍弱有关，并且他为学棋“三年不下楼”，潜心打谱，其棋难免带有“书房棋”的色彩。即便如此，真要看过《血泪篇》，你就会知道，在古人眼里再“冲和恬淡”的角色，真要斗起来，一点儿都不含糊。在今人的眼里再“冲和”其实也是“好斗”的，既是由于古今对棋的理解的差异，也包括规则的不同。如图1（《血泪篇》第四局）。

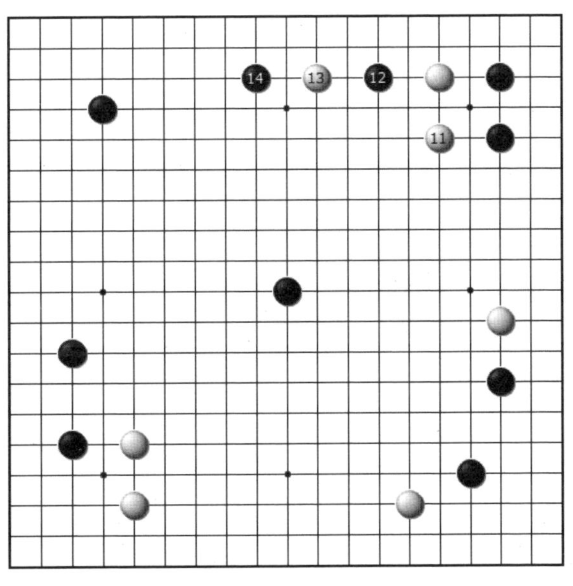

图1

白棋已经单关了，黑12还如此凶狠地逼上去，白13也逼住，黑14再反夹。如此凶悍，陈老在评棋时只好解释，这是“古风”，说这种棋形，恐怕我们只能在古谱中见到，换成现代的棋手，通常不会走得这么急迫。即使“古风”“恬淡”如徐星友，经常也不能例外。至于古棋如此好斗，古代围棋理论又那么推崇不战屈人，以“斗力”为下品，为何如此，则是需要另外专门讨论的话题了。

由此，对古棋的理解，就不能囿于各种“成见”乃至“共识”，也不能停留于“道听途说”，哪怕是棋手自己的“说”，而是要自己去读谱，以谱为证。只有在读谱中，才能理解古棋的丰富性，才能发现其“别有洞天”之处。例如黄龙士，古人对黄龙士评价很高，徐星友在《兼山堂弈谱》中说黄龙士“寄纤秾于淡泊之中，寓神俊于形骸之外”；邓元鏸说黄龙士“神乎其技”“妙极自然”“如天仙化人，绝无尘想”；吴峻在《弈妙》中谓“其艺之妙，殆天授也”。陈老也对黄龙士推崇备至，在棋评中不时为他的奇着妙想击节赞叹，但陈老也会如实地指出他的失误，甚至一些与其水平不相称的低级错误，包括在优势时容易松懈大意，导致被对手翻盘，如此种种，使我们得以理解，其实“棋圣”（黄龙士被列为清初“十四圣人”之一）也是人。另外，在陈老看来，这也与黄龙士的处境有关。黄龙士生不逢时，在棋艺独步天下时，很难找到真正势均力敌的对手，独孤求败，做不到“机锋相抗，智虑周详”，他无法像范、施那样艺至精绝，也就情有可原了。

通过读谱，也可以纠正一些习惯性的说法。比如，《血泪篇》的十盘棋，黄龙士的白棋第一手经常下在小目的位置，徐星友则占另一角的目外。如图2(《血泪篇》第一局）。

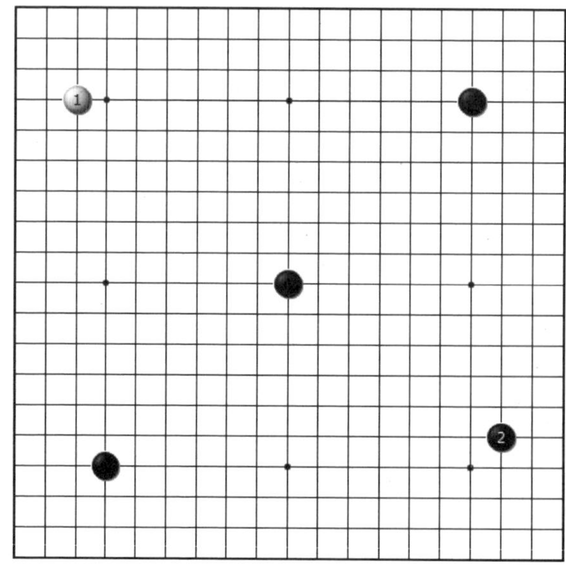

图 2

陈老由此谈道：“小目，在我们惯常的印象里，似乎是围棋传入日本，日本棋手废止了座子制度之后才开发出来的下法，其实不然，黄龙士这一手小目表明，小目在中国也是古已有之，而非日本棋手独享的‘专利’。”（《血泪篇》171 页）据我揣测，中国传统文化，一向强调尊先王祖制，因袭前人，所以缺少革命性的创新。就像在围棋中，对角星座子制确立下来，便很难打破。但棋手一旦有“创新”的余地，他们还是很愿意尝试新的下法的。在让子棋中，星位的各种下法大家早已非常熟悉，作为上手的一方，当然愿意挑一些尚无套路的下法给下手出点难题，小目的下法便应运而生。至于作为下手的徐星友也不占星位，而走目外，其实也有他的道理。古人的让三子棋是对角星加天元，排成一线。对手若小目来挂，黑棋飞压，便很容易形成庞大的外势。为避免这一点，对手也往往选择目外挂，如图 3（《血泪篇》第十局）。

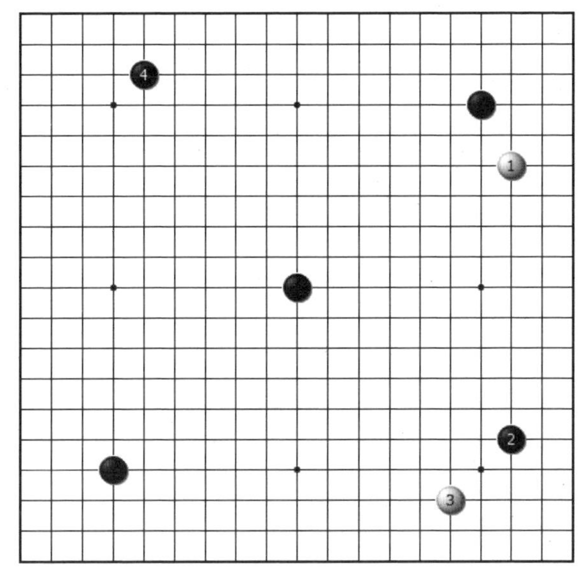

图 3

既然对手不肯小目来挂，占目外也就成了不错的选择了。各自占了目外，按理三三之点就是兵家必争之要点（在现代棋手眼里，是当然的一手），而古人却喜欢往外发展，占据制高点，

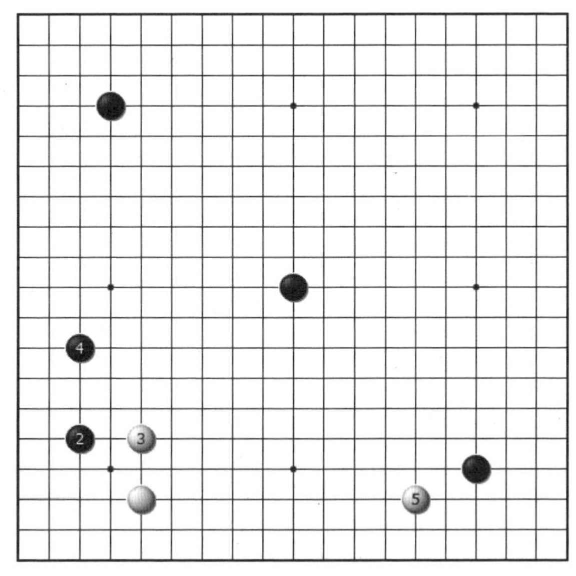

图 4

这就与古棋的棋规有关了。如图 4（《血泪篇》第四局）。

古棋有还棋头一说，每多一块棋，终局计算胜负时，就要多贴还对手一个子。这就是为什么古人更强调入腹争正面，而不大注重边鄙小角之地了。

常言道，知人论世。对古棋而言，知棋规而论棋，也就对古人的一些着法会更多一些理解。陈老评析古谱，他首先是个阅读者，其次才是评论者。所谓设身处地，站在古代棋手的立场，去理解古人的选择，分析他们思考问题的角度跟现代棋手有什么不一样。这样才能“读”懂古人的招式，并予以充分地理解。陈寅恪说对待历史需抱“体贴与同情”的态度，而不是居高临下地说三道四。对古人、古谱，陈老也强调需“抱有一些温情与敬意”。在当时的环境下，高水平的棋手不如现在多，围棋的竞技性与规范性也不如今天完备，而他们在棋上，能够展现出那么高的素质，已经非常不容易了。而后人评棋，无论是赞其高妙还是指其不足，都需要知其然也知其所以然。古棋有的明显不合现代棋理的着法，从古代棋手的立场，可能也有他的道理。一个好的读者、评论家，首先应该是合格的观察者，其次才是评判者。

陈老评古谱时充当的正是这样的角色。古谱欣赏，其实就是与棋手的对话。俄国批评家巴赫金说，对话关系就是“同意和反对的关系，肯定和补充的关系，问和答的关系”。棋手下棋是一种对话，但他只需要把对手的“话”看明白而后做出回应即可。而评棋者，则需要把双方的“话”都看懂，而后做出评论。而当这些棋局已有古人的评说，又构成了多重的对话关系。棋手的选择，是在各种可能性中选择了一种。后来者评棋，则可以探讨各种下法对棋局可能产生的影响，棋的进程便具有了多种可能性。接受理论强调文本的意义是在读者的接受过程中产生的。棋谱作为文本，其意义的发掘，也有赖于后来的阅读者、评述者。细读文本，与作者、与其他的评论者对话，棋局的内容、意义也就变得无限丰富起来。

陈老在“中国围棋古谱精解大系”总序中感叹，在中国古代，特别是康乾时代，棋坛人才辈出，留下了大量的棋谱和各种围棋著作，但令人遗憾与痛心的是历史留给我们的遗产很多，而我们失去的也太多。《敦煌棋经》流落到大英博物馆，祖国几千年前的精美棋具只能在日本“正仓院”的博物馆里看到。即使我们拥有了大量古谱，也少有职业棋手去关注，更无人去做系统的评注。文化需要人去发掘、整理，陈老试图以一己之力，去完成中国围棋古谱精解这样一个浩大的工程，令人想起中国那些古老的传说：精卫填海，愚公移山，夸父逐日……让人生出无限的敬意。祝愿陈老有越来越多的新著面世，也希望有更多的人参与到这一事业中来。陈老说：“要知道中华民族有多智慧吗？围棋古谱告诉你。”我也想说：“要知道中国围棋文化有多丰富吗？去读一读那些古谱吧！”

原载《围棋天地》2012 年第 5 期

“老聂”是用来怀旧的

想写写围棋界的名人“聂棋圣”，脑子里突然就冒出一句：“老聂是用来怀旧的……”

对陈祖德，大家无论当面还是背后，都习惯称其“陈老”，这里面包含着由衷的尊敬。“老陈”这个称呼我没想过，也许他家里的人才这么叫。

对“聂棋圣”，当面都是叫“聂老”。听华（以刚）老、王（汝南）老他们聊天，都是一口一个“祖德”“卫平”，我没这资格这样叫。背后，棋迷都习惯称“聂棋圣”为“老聂”。

这“老聂”，透着一份亲切。

“老聂”，勾起的是我们的一段关于青春的记忆。在那白衣飘飘的年代，那激情燃烧的岁月，对围棋的那份热爱与痴狂，就仿佛“初恋”。

青春无悔，初恋难忘。

二十世纪六七十年代出生的中国棋迷，与棋结缘，大多是因为老聂的那场中日围棋擂台赛。

1985 年的一个秋日，我二十二岁，研一，住在大学青年楼的一间小屋里。那天下午，正在静静地看书的我，突然听到一间宿舍里传来一阵阵的喧闹声。循声而去，但见一屋子的人围着一台电视，屏幕上有一个棋盘，黑白交错，有一个人正在那里指指点点地说着什么。一问才知道正在播放的是中日围棋擂台赛，聂卫平与藤泽秀行的主将对决。尽管我不懂那黑白纠缠的意义，但好奇之下，还是坐了下来，那讲棋的人对局势的分析，也让我的心不断起起落落……

写到这里，突然有点儿怀疑，我的叙述是不是有点过于追求戏剧化了。也许，更真实的情况是，当老聂把日本超一流的棋手小林光一、加藤正夫打下擂台，杀到日方主将帐下，我身边的棋迷们早已津津乐道，决战胜负吊足了人的胃口，于是，我这不懂棋的人，也凑热闹，早早地坐在了电视机前……

我真的记不清，究竟是哪一种更接近“真实”了。

也许，这就是“回忆”的特点，总是要经过过滤、选择、加工、重构。

可以确定的是，那盘棋我“看”（听）完了，并且与那些棋迷一起欢呼、跳跃，只是记不清，热泪是否盈了眶。

此后第二届、第三届，老聂以不可思议的九连胜为中国队赢得三届胜利，成就了一个擂台“神话”，老聂也被称为“棋圣”。

那是1988年的春季，我读研究生的最后一个学期，论文做完后的我无所事事，于是以二十五岁的“高龄”学起了围棋。几年前老聂在我心里播下的种子，终于生根、开花、结果了。

除了蜀蓉棋艺出版社的那套围棋入门书，我那时读过的印象最深刻的两本书，一本是陈老的《超越自我》，另一本就是老聂的《我的围棋之路》了。书后附的《难忘的四十局》，也成了我时时学习、揣摩的“红宝书”。尽管未必都能领会，但老聂出色的大局观、均衡感，取舍自如，不纠缠于一城一池的得失，给我留下了深刻的印象。而老聂对围棋的那份单纯的热爱，也让我感动。

几年前，我在一篇读书笔记里，曾写到读《我的围棋之路》的感受：

> 聂卫平是和擂台联系在一起的。他仿佛将毕生修炼的武功都倾注在了擂台上。第一届中日围棋擂台赛，他危难时刻显身手，力挽狂澜，中国队破天荒赢了围棋老大——日本。顿时在全国上下掀起一股围棋热潮。这个时候，老聂回首来时路，一定是踌躇满志，感觉好极了。
>
> 在书中，老聂自述围棋与人生之路和难忘的四十局棋。老聂这一路行来，与围棋的情感，就像是初恋。一个人在约会的时候，是不会计较天冷天热、是否有蚊子、能否赚大钱、将来孩子长啥样的。老聂那时对围棋大约也是这样。北大荒里对围棋的那份刻骨的相思，一旦

能厮守在一起时的那种快乐、那份狂热，为了围棋，做什么都无怨无悔……有了这一切，还有什么不可征服的呢？

真是激情燃烧的岁月啊！

清贫的日子原来也自有幸福。老聂自述北大荒的艰苦反而磨炼了他的意志。作为一个农场青年，找到陈祖德他们做工的宿舍，逮着谁就是谁，没日没夜地下棋，那份痴情真是令人感动。

《我的围棋之路》从装帧到内容，也一如那份情感，简单、朴素、真挚、自然，但它又曾吸引过多少棋迷，爱着你的爱，苦着你的苦，幸福着你的幸福……

《我的围棋之路》写于1986年，出版于1987年，正是老聂擂台连胜之时。如果说陈祖德代表的是七十年代，老聂则代表八十年代。有人说，八十年代不但是一个充满青春激情的年代，而且也是一个纯真素朴、较少算计之心的年代。围棋界似乎也充满了这样一种八十年代的气息。那时的中国围棋还在“成长”，所以急切地渴望被“承认”。大家的劲儿往一处使，一门心思想要打败日本，以证明自己的能力。再往大点儿说就是为国争光，至于这围棋能换来多少现实的好处，没怎么想过。

八十年代，慢慢远去了。

1989年，老聂的人生也拐了个弯，因为“应氏杯”。

十年后，老聂又出了本《围棋人生》，尽管两本书的内容有不少重合之处，但读起来的感觉，就如同初恋与婚姻，已是大为不同。我在一篇读书笔记中写道：

苦恋多年，终于婚了也。结婚前只有我的那位才风华绝代，我的眼里只有她；结婚后却发现街上的女孩子突然都漂亮起来了，可心的人儿、好玩的事儿多着呢！老聂与围棋的缘分，大约也是如此。

自古英雄怕进城。《围棋人生》就有点儿像一个功成名就的腕儿，该有的都有了，该享受的都享受过了，“圣”也“圣”过了，与围棋的婚姻也经历了无数次的变故，这个时候，来谈谈往事，一样的是围棋，是曾经的人与事，不一样的是场合，是心境。那份痴恋、朴素而动人的情感，已经是再难寻觅了！

沈君山在为《围棋人生》作的序中曾说到，聂卫平就像在荒山大泽中自行磨炼出来的一位在野武士，枪挑东瀛名门正宗的高手。而大漠英雄一旦进了城，在浮华世界的灯红酒绿中，其功力、意志也就慢慢被销蚀了。老聂曾大谈如何代表乘客，跟“东航”讨说法，为民出气。以老聂的声望，我们相信他确实做得到。但全国棋迷更想知道的是，谁能在棋盘上帮他们出出憋在心里已经很久了的那口气啊？！

如今各种媒体上正为“讨厌聂卫平”还是“喜欢聂卫平”争得不可开交。为什么棋迷的立场如此对立？如果看过《我的围棋之路》和《围棋人生》这两本书，也许你便可以找到一点儿答案！

这两本书，仿佛就代表了老聂的两段人生。1989 年 9 月 5 日，成了聂卫平人生的一个分水岭。

那一天是第一届“应氏杯”五番棋决赛，决定冠军的一局，老聂输了。曹薰铉成了韩国的民族英雄，中韩围棋的此消彼长，就此开始。

那一年，老聂三十七岁，正是风华正茂的年龄，却仿佛一下子泄了气。尽管他多次参加世界大赛，并且有好几次进入决赛，尽管他像海明威笔下的那个斗牛士一次次地对周围的人说着我还行……

我们只知道，从此老聂更多地生活在了“回忆”中：

“我真傻，真的，我单知道那趟航班是直飞新加坡的，哪知却中途停在了曼谷……”

“要不是因为感冒，我早就……”

从棋迷的角度，当然也可以问，如果不去香港打桥牌，如果有人陪同……

历史可以有很多假设，结局却只能有一个。

2008 年，老聂在新浪开博，发的第一篇博文就是《误下飞机遗憾“应氏杯”，要做不被忘记的棋手》，接着就是“北大荒”，就是“出息了的弟子如何如何……”

二十年过去了，老聂还在“回忆”啊！

有人说：“回忆多么好啊，连痛苦都可以细细揣摩、品尝，一点点地咽下去。”（李皖《这么早就回忆了》）当一个曾经叱咤风云的人，有一天，却“只能回到记忆左右看看”，那种寂寞、无奈，是常人难以想象的。

写过《同桌的你》《白衣飘飘的年代》的高晓松说：“写歌是一种瘾，就像回忆是一种病，而感伤是终身不愈的一种残疾。”

对老聂来说，下棋是一种瘾，回忆就成了一味药。

在华山围棋大会，在晋城围棋文化节的世界围棋元老赛上……看到老聂一次次对阵曹薰铉，一次次败下阵来。许多次在饭桌上听老聂发表赛后感言：“那棋都赢飞了去了，要不是因为昏着……”于是，就有了著名的聂语录：前五十手天下第一，不出昏着，还是世界第一。

老聂的话，我相信。他的大局观，他对棋道的深刻理解，他的棋艺境界，确实出类拔萃。可惜，一盘棋不止五十手；可惜，“昏着”也是棋艺的一个组成部分。

老聂的话，我也能理解；他的心高气傲，我也能理解。他在棋艺生涯的巅峰却未能拿下一个世界冠军，内心深处的那份遗憾和不甘心……如今看见老聂，我脑海中闪现的一个词就是：悲情英雄。

其实，作为被擂台赛培养起来的一代棋迷，我们都愿意陪着老聂，回忆着他的回忆。而他的“牛”，他的快人快语、口无遮拦……显得他就像个胸无城府的孩子，相对于那些冠冕堂皇的虚伪，自有一种率真与可爱。而八九十年代出生的棋迷，却很难理解这一点，他们经常会对“聂语录”冷嘲热讽，为敢于说世界冠军古力的不是而愤愤不平。为此有许多“老”棋迷在老聂的博客上留言说：

聂大帅和老女排都是那个年代的标志！

每每想起您在擂台赛的过五关斩六将，都会热泪盈眶！

怀念激情澎湃的年代。

没有老聂八十年代的狂飙突进，哪有现在中国围棋的雷霆万钧？我不喜欢骂人，但看到这么多次的骂人，终究忍不住了！

其实，褒也罢，贬也罢，老聂对我们来说就是人生的一部分回忆，一个曾经的偶像。以致后来有许多次近距离接触的机会，我更愿意远远地旁观。相见不如怀念，初恋如此，人生很多时候，其实也是这样。

你曾经对我说 / 你永远爱着我 / 爱情这东西我明白 / 但永远是什么 / 姑娘你别哭泣 / 我俩还在一起 / 今天的欢乐将是明天创痛的回忆

八十年代，罗大佑在唱《恋曲 1980》，唱《光阴的故事》：

流水它带走光阴的故事改变了我们，
就在那多愁善感而初次回忆的青春。

岁月有痕，一晃八十年代也成了一个神话，一个追忆。

不久前在某大学参加一个文学方面的会议，大会主持人跟我同年，但不下围棋。在介绍我时，除了文学方面的成就，还特别强调，我是经常跟聂卫平一起下棋的围棋博士。我自然不好辩白，尽管有很多次与职业棋手对弈的机会，但我却无缘向“聂棋圣”讨教一盘。不过，这让我更确切地知道了一点，在社会大众眼里，聂卫平就代表了中国围棋，这是一个标志，一个象征。

李春波在《一封家书》中，表现了对曾经交流方式的一种追怀。对此，面对老聂，我们能做的也就是借用李春波的歌词，远远地，在一个新的时代，行一个传统的礼节：

此致，敬礼！此致，那个敬礼！

原载《围棋天地》2011 年第 17 期

“坏”女孩走四方

德国女性主义者乌特·艾尔哈特写过一本书《好女孩上天堂，坏女孩走四方》，风靡一时，中国的新女性们也把它当作枕边书，时时诵读。在《读书》上有篇女诗人翟永明的文章，题目就叫《自诩坏女孩，能否走四方》，说在艺术界，“坏女孩艺术家”基本上是一个专有名词，专指那些惊世骇俗，不以性别既定规矩出牌，不按艺术史对女性的传统定义行事，一“坏”（或称“艺术”）到底的女性艺术家。在人类几千年的历史中，女性因为弱势，所以抗争，挑战世俗，为自己争取艺术资源与地盘，因此在男性的世界里，难免留下坏名声。而好女孩“上天堂”（大约相当于中国的立牌坊），是以丧失自我为代价的。作为女性，我坏故我在。一个“坏”女孩（男性视点意义上的坏），可望成为“好”艺术家；一个“好”女孩（同样，是男性视点意义上的好），有可能成为“坏”艺术家。古今皆然。所以，女人一搞艺术，就急于“坏”掉。

重新翻出瞿永明的文章来读，是因为一个女棋手，芮乃伟。读她与江铸久合著的《天涯棋客——我们漂泊的围棋生活》，还有新作《风中的旅人》时，我就想，也许芮乃伟就是这样一个“坏女孩”棋手，因为“坏”，所以走遍天涯，因为“坏”，成就了她在棋盘上的大作为。

在人类艺术史上，最早的女艺术家想要跻身于艺术圈内，往往只能以“花木兰”的形象出现，围棋亦然。《南齐书·崔慧景传》就写过一个“围棋花木兰”的故事。说南朝时浙江东阳有一女子名娄逞，“粗知围棋，解文义”，偏偏生为女儿身，在汉代以来就形成的“博弈，男子之事”的传统下深感无奈，娄逞只好女扮男装，“遍游公卿间，仕至扬州议曹从事”。后来终被揭开真面目，齐明帝肖鸾“驱令还东，逞作妇人服而去”。娄逞无可奈何，叹气说：“我有如此的技艺，却只能回去作一个妇人，可惜啊，可惜！”

在中国古代，女人没有与男性平等竞争的权利。只有“换装”，扮成男性，才能够施展才华，而对那些“好”女子来说，棋便只能是闺中消闲或宫中献媚之物。直到二十世纪后叶，提倡男女平等，才有了真正意义上的女棋手。

不过，男女理论上平等了，实际上鸿沟仍在。就像二十世纪八十年代中国的那批女棋手，当日本女棋手在屡败之下高挂免战牌，在独孤求败中，中国的女棋手们只好进入男人的世界，跟他们同台竞技，一决高下。作家陈村在《围棋乱弹》中说，下棋其实就是“坏心肠的比试”，冒犯、侵略、搜刮、落井下石、给别人做圈套下绊子……动的都不是什么高尚的念头。而女棋手先天就有不足，要跟男人一争短长，只好比男人更“坏”，这大约是女棋手的棋风大都凶狠好杀、蛮横的原因吧！谁见过哪个温柔敦厚、贤淑无比的女棋手能够扬名立万的？

芮乃伟的棋，便是“野性”的代表，因为“野”，巾帼不让须眉，把许多名门正派的男性高手都打下了擂台。不过，女棋手再“狠”，在参加比赛的机会上就已经处在了劣势。芮乃伟举过一个例子，1988 年首届“富士通杯”赛，中国棋手要取得参赛资格，除了参加国内的选拔赛，还有一个机会就是成为男子全国个人赛的冠、亚军（女子冠军却无此优待），芮乃伟倒也有自知之明，只要求屏蔽“女性”身份，去参加男子全国个人赛，竟也不被允许。于是，芮“国手”只能如娄逞一般叹一声：“如此技，只能为女子，惜哉！”

这成了芮乃伟漂泊他乡的诱因之一。还有一个直接的导火线就是发生在三峡的事情，用如今时髦的话说，就是“三峡门”。话说 1987 年的中日对抗赛，中日棋手坐船沿长江而下，一路下棋，一路赏玩风景，好不惬意。队里规定，为了对女棋手负责，上船后，女棋手不得到日本男棋手房间去。一路平安无事，到了武汉，全体成员住在宾馆里。一天下午，芮乃伟、张璇、依田纪基等游玩归来，依田提议下快棋，大家都赞成，只是走廊光线太暗，只好把棋移到依田房里，门开着，不一会对面的加藤正夫、江铸久等也加入了战圈……突然电话响了，芮、张两位女棋手才回过神来：大事不好，违反纪律了！

结果自然是一次次地写检查，直到写“深刻”为止。以为事情就这样过去了，不想芮乃伟偶然看到训练局的年终总结报告，说在当年的中日围棋对抗赛中，两名女棋手行为不检点、不守纪律，队领导及时认真地做了处理，全队提高了认识……

天啊，对一个洁身自爱的好女孩来说，还有什么比“行为不检点”更难接受的呢！无地自容，天崩地裂（对个人而言），剩下的只有一条路：走吧！

但是，“坏女孩”的名声是逃不掉的了。直到第二届“应氏杯”，举办者应昌期邀请在美国和日本的江铸久、芮乃伟参赛（不占中国队名额，用如今的话说，就是“外卡”），中国围棋协会不同意（大约是因为他们的个人主义、目无组织、不热爱祖国），协商未果，然后就有了“退出”事件。

芮乃伟在《风中的旅人》一书中谈道，二十世纪八十年代，给她影响最大的两本书，一本是罗曼·罗兰的《约翰·克利斯朵夫》，一本是周国平的《尼采——在世纪的转折点上》。《约翰·克利斯朵夫》讲的是一个艺术家自我寻求、不懈奋斗、不断超越的故事，尼采更是一个彻头彻尾的反传统狂人、个人主义者。因为尼采，芮乃伟结识了周国平。周国平在一次演讲中强调西方自由主义的核心就是肯定个人本身就是价值，个人价值的实现本身就是目的。而在向西方寻求真理的代表人物严复的译著里，这个核心不见了，而代之以“通过个人能力的发展和竞争，可以使进化过程得以实现，从而导致国家富强”。于是，个人自由成了争取国家富强的一种手段。

芮乃伟曾谈到当年因为“三峡门”写检查，一次次因为欠深刻不过关，看了这段文字，我倒明白了“不守纪律”与她所受到的那种所谓的“自由化”思想的渊源关系。呵呵！当年如果能从这方面深挖思想根源，那检查想不“深刻”都难啊！

不过，真要“深刻”了，从此洗心革面，做个“好”女孩，我们也就看不到如今的芮乃伟了。芮乃伟在《风中的旅人》中说，周国平老师呼吁中国更多立志从事纯哲学、纯艺术、纯学术的人，以精神为目的本身而非为了成为海德格尔、毕加索。这样，几代人之后，我们的民族精神素质也许会有所改观。在芮乃伟看来，学术如此，做棋手也一样。

芮乃伟就是这样一个真正意义上的纯粹的棋手。棋就是她的生命。先做棋手，其次才是女人（先做成了女人，特别是男性心目中的好女人，那“棋手”就可能要打点折扣了）。

不管钱多钱少，不管为谁争光，有棋下就行。用阿城《棋王》中的棋呆子王一生的话说：“何以解忧，唯有象棋，待在棋里舒服。”

在日本，当生活逐渐安定下来，通过教棋基本上做到衣食无忧了，她最大的苦恼就是不能参加职业比赛。所以，被应昌期邀请参加“应氏杯”世界职业围棋赛，就成了她生命中最大的事，她为此不顾经济损失，整整十个月推掉各种指导棋，潜心备战。而在没棋下的日子，看棋也就成了一件大事。芮乃伟曾说，她在日本，看了六年的“富士通杯”赛。只要有比赛，读书、工作就成了第二位了。有时，有人跟她商谈日程，她回答说：“对不起，那几天有‘富士通杯’赛。”人家以为她要参赛，其实她只是为了看棋。

为了棋，芮乃伟从中国到日本、美国，一路漂泊，最后落脚在韩国。因为韩国棋院允许她和江铸久以客座棋士身份参加韩国棋院的所有比赛（有年龄限制的除外，无性别限制，唯一的组织纪律就是“比赛请不要迟到”）。在这里，我们不得不向韩国棋手表示敬意了。从韩国棋院对芮乃伟的接纳与日本棋院对她的拒绝，我们也可以窥见两国围棋彼长此消的一些秘密（韩国女子围棋的兴盛，正是与芮大姐的强势当道有关）。而芮乃伟在韩国最古老的国手战中，先后战胜韩国的“围棋英雄”曹、李师徒，成了大“国手”，韩国棋手与棋迷不仅不愤慨，反向芮乃伟表示祝贺，这不能不让人感动。

当有的女棋手开始回归家庭，相夫教子，做起了贤妻良母，江铸久、芮乃伟夫妇却还一直在“漂”着，从《天涯棋客》到《风中的旅人》，比赛，看棋，参加比他们年纪小得多的棋士们的研究会，旅行……似乎成了他们生活的全部。读《风中的旅人》，看他们背包走欧洲，行走在日本、朝鲜以及美国壮丽的西部大地……我马上想起湖南女作家叶梦的一篇散文《风里的女人》，“长风卷起黄沙，天地一片混沌，风里的女人像一个过客，走过陌生的城市，陌生的街道……”何处是家园，江、芮夫妇说，有围棋的地方就是“我们的家”：

> 因为去的国家多，住的时间也长，我们不得不学习那些国家的语言，虽然很累，但我们还是感到很快乐，因为除了自己的祖国，我们又先后在日本、美国和韩国长住，学了日语和英语，现在又开始学习韩语。我们还结交了很多不同国家的朋友，我们的通讯录就有好几本。在多年漂泊的生活中，我们除了在棋上收获很多外，能够结识了那么多不同国家和地区的朋友，也是我们人生的一笔宝贵的财富。在别的国家住久了，和当地的朋友也就结下了浓厚的友谊，我们觉得就像住在自己的祖国一样。我们经常说的话是：现在我们回祖国去；回日本去；回美国去；回韩国去……如果再说细一点，即便是回祖国，那里也有我们好几个家：北京、上海、太原……可以说，每一个长住过的地方都是我们的家，有围棋的地方就是我们的家。

有了围棋，便有了“家”，人生如此，夫复何求？江铸久曾经讲过一个故事，说有一天他们看了《泰坦尼克号》，夜里芮乃伟做梦，梦见他们坐的船要沉了，芮乃伟连声说：“我们赶快下棋。”江问为什么？芮在迷迷糊糊中说：“赶快下棋，这样就能保证你来生还可以做棋手……”

读到这一段，真的是非常感动。有了对围棋这样一种纯粹的、痴迷的爱，我们也就明白了，为什么直到今天，芮乃伟还是世界女子棋坛的“大姐大”，最近在韩国女流名人战和女流国手战中分别击退赵惠连九段和金仑映二段的挑战，接着又在“正官庄杯”三国女子擂台赛中，作为中国队的主将，立马横刀……

对仗剑走天涯的侠客来说，在路上，便成了一种宿命。今生今世，看来芮乃伟是做不成传统意义上的“好女人”了，但一定是个称职的棋士。为棋而生，以命相搏。也注定了，时间无情，当渐渐老去，前面越来越多的是荆棘、挫折，是最终无可逃避的失败，这是竞技的残酷法则。史铁生在《病隙碎笔》曾谈到约伯的故事：

约伯的信心是真正的信心。约伯的信心前面没有福乐作引诱，有的倒是接连不断的苦难。

不断的苦难才是不断地需要信心的原因……

真正的信心面前，其实是一片空旷，除了希望什么也没有，想要也没有。

芮乃伟说，把“苦难”换作“失败”，把“福乐”改成“胜利”，就是对她说的。那就继续行走吧！漫漫长路，“风里的女人”睁着一双让人看不透的黑眼睛。

夜风撩起她黑色的长裙，哗啦啦黑旗一样飘忽，发出声声凄厉。长发如风中的野草。

她在风沙里吐出长长的一声喟叹。

有人说，谁知道她是不是一个女巫……

2011 年 3 月 23 日，原载何云波新浪博客

棋道与东方CEO之道

“正当西方人努力探索东方法则之际，我们东方人却盲目地追随西方，跟到精疲力竭的时候，回过头来才发现，我们跑到了祖先们曾经立足的地方，也正是我们一直努力逃避自己的地方。”

这是蔡绪锋先生在他的著作《东方CEO》中说的一段话。“东方CEO”，顾名思义，他是企业的首席执行官，而其文化身份，又是“东方”的。当大家都把目光都投向西方的时候，蔡绪锋先生，这位泰国正大集团的副董事长，却一次次地强调，我们祖先曾经立足的地方，其实就有许多丰富的宝藏，等着我们去发现、开掘。

而围棋的黑白子，同样蕴涵着东方文化的智慧。蔡绪锋先生痴迷于围棋，又从围棋中领悟了东方管理之道。当他想将他的这份领悟与人分享时，他又成了一个思想者、传道者。

一、围棋的拓荒者

1959年，正是中华大地风起云涌的时代，七岁的蔡绪锋随父母离开广东潮州，来到泰国，成了一位文化的漂流者。独在异乡为异客，泰国属于印度文化圈，那时中泰之间的往来也很少，中国传统文化的血液仍然在蔡先生身上流淌着。当他学会读书写字时，他既接受着西式的教育，又对中国的《论语》《老子》《孙子》有着特殊的喜爱。同时，来自印度的佛教文化，强调对人的心性的修持，也在他身上打上了深深的烙印。这大约都是成就日后的“东方CEO”的种种文化因素吧。

而在日常生活的游戏中，蔡先生首先接触到的是来自中国的象棋，并很快成为一名业余象棋好手，达到当时的名手让二至三先的水平。但是，当他有一天接触到黑白子，象棋的魅力顿时大减。如果说象棋与围棋都是中国文化的产物的话，象棋这类棋戏总让人觉得对现实人生的模拟过于直接，兵对兵，将对将，楚河汉界，两军对垒，你死我活，几乎没有回旋余地。围棋一方面更简单，更接近自然本身，同时又更抽象，更复杂，更充满丰富的韵味。日后，蔡先生谈到围棋与象棋，他说，象棋侧重于更多局部的战斗，围棋则更着眼于全局。象棋以消灭对方的兵力为目的，围棋比的是谁更多地创造财富。这大约就是蔡先生喜“新”厌“旧”、弃“象”从“围”的原因吧！

在蔡先生看来，围棋是一种很好玩的游戏，是一种很美的东西，同时还可以从中领悟许多人生与管理之道。蔡先生在二十六岁时才从书上认识了黑白子。一学会围棋，他便再也放不下了。这么好的东西，没有人分享岂不可惜。他开始在泰国那片围棋荒漠上一心一意地推广围棋，并把它当作了一种事业追求。1993 年泰国围棋协会成立，作为会长，他无偿地举办各种围棋培训班，从泰国总理的儿子到残疾人学校的孩童，都曾接受过蔡先生的围棋教育。培训班里，最大的学棋者已是八十二岁高龄。蔡先生还与泰国其他一些大型企业联合发表声明，只要年轻人有业余初段证书，就可以保证他在这些企业找到工作。正是通过种种努力，如今，泰国的棋迷从无到有，由少到多，现在已发展到上百万人。而在正大集团内部，也有好几千员工会下棋。蔡先生也由此被称为“泰国围棋之父”。

而今，蔡先生又不再局限于泰国，而是把眼光放在了全球。他积极促成了世界华人围棋联合会的成立，并担任会长。“世华围联”以在世界范围内推广围棋文化为工作重心，一方面，举办一年一度的“炎黄杯”名人围棋赛，给世界各地华人提供一个交流的舞台；另一方面，积极策划围棋申报世界文化遗产的活动。为此蔡先生奔波于泰国、上海、北京之间，开各种座谈会，探讨申遗事宜。与此同时，配合“申遗”，蔡先生牵头，还做了一系列的围棋文化的发掘、推广工作，如编辑出版“中国围棋文化丛书”。丛书包括《二十世纪中国围棋史》《中外围棋交流史》《围棋与中国哲学、美学、思维及东方管理》《围棋规则研究》《中国历代棋论选、诗文选》等，共十本。现在人们更多地把围棋看作一种体育竞技，围棋技术类书籍也很多，而对围棋文化的研究、发掘却不够。丛书力求全面地、多方位地发掘围棋的文化底蕴，展示围棋的独特魅力。蔡先生还在积极推动围棋文化电视系列片《黑白之旅》的拍摄。《黑白之旅》片头题词：

在方圆天地里追踪千年棋脉
在枰声局影中写下岁月章回
在棋道禅道里体味坐隐魅力
出入棋里棋外感悟黑白人生

《圣经》中写到许多使徒为传播上帝的福音，到处奔走，历尽艰辛。蔡先生给人的感觉，仿佛就是围棋传道者。不过，蔡先生坦言，他从中感到的不是辛苦，而更多的是欣慰和成就感，正因为围棋，所以他快乐。

二、CEO 的围棋智慧

中国古人把围棋看作是仙家养性乐道之具，同时，一阴一阳之谓道，围棋在某种意义上又包含了深厚的中国传统智慧。蔡先生在探索管理之道的过程中，他不仅从东方哲学中吸取养分，还有一样东西使他受益良多，被他称为“老师”，这就是中国古老的围棋。

确实，蔡绪锋先生作为 CEO 是成功的。在政法大学经济系学习时，为了不给家里增添负担，他就一边学习一边工作，学以致用，在别的同学毕业后刚开始熟悉社会、适应工作岗位时，他已经是一个老练的部门经理。他 1973 年加入正大集团，二十八岁就成了正大集团下属四家公司的总裁。如今，他已是正大集团副董事长，上海易初莲花连锁超市、上海正大友谊企业发展有限公司董事长。而作为正大 7—11 连锁便利店有限公司的首席执行官，他可以在短短的一年内让这个面临困境的企业扭亏为盈，并蓬蓬勃勃地发展起来，如今连锁店已达到三千家，并且每天还在不断地增长，这种业绩可以说是惊人的。

蔡绪锋先生的成功，在他看来，又是他长期以来尝试着将中国文化的精髓融入到现代企业管理之中的结果，人们称之为东方管理模式。这种模式的核心就是以人为本，和谐竞争，无为而胜。在蔡先生看来，这恰恰也是他从围棋中领悟出来的道理。一个企业就像一座大厦，要由地基、地砖、柱子构建起来，而在各种要素中，最重要的是，如何搭建一个合理的班子，就像围棋中的布局谋篇，如何把每个子放在合理的位置上，充分发挥其效率，至关重要。企业内部最重要的是团结，团结才会有力量，有力量才有利益，就如围棋，子与子之间相互协作最重要。

蔡先生把这叫作企业管理中的“人件”，企业的硬件、软件固然重要。而“人件”更是决定其成功与否的关键。蔡先生强调，在技术全球化的时代，东方的企业应该走管理本地化的道路，不要迷信西方的管理模式。公司不以追求利润最大化为最高目标，而要追求企业的最高力量。团结产生力量，大家和谐、快乐地相处，才能产生最大的能量，这可以称之为一种遵循快乐原则的人性化管理模式。学习西方的管理模式、制度是必要的，但不能背离自己的文化传统。企业的底蕴来自于背后文化的精神力量，这是企业的立身之本。所谓以制度来约束，以文化来引导，才能构建理想的企业管理模式。现在人们学管理，过于注重技术化、技巧性的东西，而作为CEO，更应该把目光放在管理之道上。道与技，便决定了管理者的不同境界。管理如此，围棋亦然。

蔡先生把围棋称作“一门高深的谋略学”。他在《东方CEO》中谈道：“围棋是唯一一门把不同的整体格局浓缩呈现在一个小小棋盘上的策略艺术，教人懂得相互影响和长远效果的‘整体意识’，围棋教我们重视评估对手的能力，以及每一次胜利所付出的代价，围棋叫我们懂得有谋略、有原则地去生活。”当企业发展到一定阶段的时候会出现许多问题，就如围棋下到中盘，要懂得转折，懂得取舍，不能样样都顾及到，要懂得弃子。有的摊子，抢救不回来，看不到回生的希望，就要把它弃掉。有所失才会有所得，这对一个企业向更高的目标发展和迈进很重要。

围棋里包含着谋略，但更重要的体现的是一种精神，一种和谐的精神。围棋强调和谐竞争，看谁围的地多，不以消灭对手为目的，黑白双方可以共活，只要比对手多围出一目就是胜利。而企业的竞争也是这样。企业应该把有限的人力资源组织起来，提高员工基本素质和工作效率，以超越竞争对手，而并非去消灭对方。

真正的胜利，
是达到工作目标，
而不是战胜对方，
不为争赢而取胜，
这是看不见的哲学。

这也正是无为而胜的哲学。“急于想要战胜另一方的人，往往会成为失败者，没有争胜心态的人，反而自然会成为胜利者。”这是老子哲学的精髓，也是蔡先生所理解的棋道与东方管理之道。

三、风景这边独好

初识蔡绪锋先生，是在2001年的贵阳国际围棋文化节。在“围棋之道·名人论坛”上，我和他都是被邀请演讲的嘉宾。我的演讲被安排在上午，而他是下午。那天他讲了些什么，我都模糊了，依稀记得是谈围棋与管理的关系。

真正认识蔡先生，是最近两年的事情。2004年5月，身为世界华人围棋联合会会长的蔡先生，要牵头做一套中华围棋文化丛书。也许是因为我写过《围棋与中国文化》，他把我找去，协助做一些选题策划的工作。因为这一机缘，我便不断有机会接触蔡先生，在各种不同的场合，听他雄心勃勃地谈种种推广围棋文化的设想，陪他下棋。真正感受到他对棋的那份热爱与痴迷。

蔡先生一直强调，一个人一辈子工作的时间有四十年，它占据了人生最美好的时光。如何快乐地度过这四十年，而不是被工作压得抬不起头来，是每个人面临的问题。企业不应以追求利润的最大化为唯一的目标，人生也是这样，要善于合理安排自己的生活。这除了有一个好的工作环境，和谐的团队，围棋就是最好的缓解人生压力的游戏了。

经常有人问蔡先生："你工作任务这么重，怎么还有那么多时间下棋？"他说："一个好的 CEO，就像一个人事总管，应善于调动周边人的积极性，信任他们，充分放权，自然就轻松了许多。CEO 要明白可以不做什么比自己去做什么更加重要。"而他下棋都是在工作之余，就在公司，得闲时下几盘。此时，下棋的胜负也就变得不重要了，而公司又因为他的有所不为反而运转得非常好。

由此想起谢安弈棋退敌的故事，那份淡定与从容，这大约就是蔡先生的无为之道吧！既对公司的业绩了然于心，又从围棋中获得极大的精神满足。正所谓快乐工作，快乐围棋，快乐人生。

蔡先生希望每个人都能如此快乐地工作、生活，所以他会在各种场合不遗余力地向人宣传下围棋的好处。他戏称，经商是他的副业，围棋才是主业。因此，推广围棋也就成了他的工作。最近因为《东方 CEO》一书在北京大学出版社出版，蔡先生应邀在北京大学、清华大学、复旦大学、武汉大学等高校巡回演讲，谈棋道与东方 CEO 的管理之道。"每一名 CEO 都希望成功，但成功只属于谋略者，学会围棋，将是步入谋略境界的第一级台阶。"他在《东方 CEO》中如是说。在演讲中，蔡先生自然时时离不开围棋。有时围棋甚至会喧宾夺主，成了大家关注的焦点。

在几所大学演讲时，蔡先生每次都会让台下的听众举手，看多少人会下围棋。面对那些还不会下棋的听众，他会劝他们，赶快学棋吧，围棋是一种最好的智力游戏，一种很美的东西，当生活走到终点的时候，如果还不会围棋的话，会留下终生遗憾的。在北京经济管理干部学院，当那些来自企业的领导们没有一个举手表示会下棋时，他说那就赶快学吧，学会了肯定终身受益。亡羊补牢，犹未为晚，泰国一位八十三岁的老人还在学棋呢。他倡议，等他们学会了围棋，可以成立企业家围棋俱乐部，与泰国的企业家围棋俱乐部定期开展对话、联谊活动，开辟商贸往来的新渠道，岂不两全其美。在演讲中，蔡先生阐述他的管理理念时，也经常会以围棋来做例证，强调棋道与管理之道的相通之处。

在《东方 CEO》的新书发布暨记者见面会上，来自“围棋报道”“天元围棋频道”“弈坛春秋”和《围棋天地》《围棋报》等电视与报刊平面媒体的记者来到现场，他们提了许多与围棋相关的问题，占了整个记者提问的大半部分内容。而在复旦大学的演讲，学生有感于蔡先生对围棋的挚爱，提的许多问题也经常是把围棋与管理联系在一起。当时提问者太多，有的学生为得到话筒，甚至主动声明提的问题一定与围棋相关，引起一片善意的笑声。不明真相的人，还会以为这是一次纯粹以围棋为主题的聚会。

有记者问蔡先生：“你觉得自己是什么样的人？”蔡先生沉思一会，说：“像一本书。”过了一会，又补充，“一本哲学书。”大约，在这“哲学”里，便包含了他大半生的人生体验，他的东方管理理念，他对棋道的孜孜以求。蔡先生就像一个围棋文化的使者，走到哪里，就会在哪里掀起一股围棋的热潮。而围棋又是中国文化的精粹，包含着深厚的东方智慧。蔡先生在大学讲坛，在记者见面会上，在与人对话的会议室，在餐桌上……到处谈棋道，谈东方管理与文化，这时的蔡先生，就像一个布道者，在传播他的独特的人生与管理之道。他似乎在商场之外，又找到了体现自己人生价值的另一个途径。最上乘的剑术，是“看似无形胜有形”的心剑合一的境界；最美好的人生，是既有事业的成功，又拥有独立的思想、精神的富足。蔡先生想把他对人生的这一份领悟与更多的人分享，于是，他不断地奔波在路上，在这条路上渐行渐远。虽然辛苦，却又其乐无穷。众里寻他千百度，蓦然回首，会心处，人生也就到了另外的一种境界。

原载《围棋天地》2005 年第 11 期

商业湘军的围棋智慧

说起胡子敬，长沙人经常会想到流行的一句话：“无湘不成军，无胡不成商。”湘军，曾经在中国历史上赫赫有名，而胡子敬铸造的友阿集团，就是一支当代的商业湘军。“无胡不成商”对一个商人来说，算得上是极高的评价了。胡子敬，从搬运工到一个商业帝国的董事长，其经历本身，就是一个传奇，一个由湖湘文化与商业精神融合构建的传奇。

一

说起胡子敬的“传奇”，很多人都会从他参加工作时爬拖拉机的那段经历说起。

1974 年冬，胡子敬在益阳沅江市当知青已经整整六个年头。这年，在长沙鞋店工作的母亲为了让儿子接班，摆脱那种面朝黄土背朝天的生活，决定提前退休。胡子敬从当知青的村庄赶到沅江市，才得知省城负责招工的人已经到了益阳。等到他坐班车赶到益阳，那位负责人却返回了沅江。从益阳到沅江的唯一的一班车已经开走，等他赶到轮船码头，船也走了。

造化弄人，难道这改变命运的唯一机会就要这样溜走?

不行，赶路！从益阳至沅江三十五公里，胡子敬一路小跑。碰到有拖拉机经过，爬上去，搭一段。可这拖拉机，不是运粪，就是装石灰，不一会人就受不了了。

“还是要感谢那一路的粪车、石灰车，让我省了些体力。”事过境迁之后，胡子敬仍然对那一段经历记忆犹新。

等他到达沅江，已经是晚上七点了。第二天，招工负责人听说了胡子敬赶路的事也颇为感动。就这样，第三天，他回到了长沙，成了一名工人，在鞋店当上了一名搬运工。

二十四岁的胡子敬，就是从搬运工开始了他的商业生涯。

很多年以后，胡子敬总结自己成功的经验，却是颇为平凡的一句话：认真做好眼前的事情，不要好高骛远。他在大学的一次讲座中说道："我从没想过自己会成为友谊阿波罗的董事长，我只是在自己还是店员的时候，认真把店员这份工作干好，在我是业务经理的时候，用心把业务经理当好，最后友谊阿波罗这边的机会来了，也就是水到渠成的事情。"

胡子敬一直这样践行着。做搬运工，就是想着如何把搬运工做到最好。一开始，鞋店的一些"老油条"向他传授经验："上午拉一车，下午拉一车就回去。工资反正是那么多，不会多也不会少。"他却一天拖六车货，嘴里哼着花鼓戏，满大街跑得挺欢。别人只埋头拉车，他却还注意看"路"。一次，他看到大街上穿圆口布鞋的人特别多，就向经理建议多进点货，结果帮鞋店赚了一把。

一年半之后，因为"板车拉得好"，胡子敬被调去当上了营业员。那时候的营业员常常像"上帝"一样端着架子，他却以热情的服务赢得了好口碑。有一次，一个满脚泥巴的人到店里买皮鞋，胡子敬先打了一桶水给他洗脚，把他的鞋子擦干净，又为他挑了一双合适的鞋子。这名顾客连试了许多双鞋子，最后还是买了胡子敬帮忙挑的那一双。一位顾客看到后，给店里写了一封表扬信。不久后，胡子敬就当上了副经理，并被市商业局送到湖南商专（如今的湖南商学院）深造。

从人民鞋店副经理、南门口百货大楼经理、长沙友谊华侨公司经理到友阿集团董事长、家润多商业股份有限公司董事长，胡子敬一路走来，在什么位置扮演好什么样的角色，做好什么样的事情始终是他工作的基本原则。做搬运工、营业员，做好自己的本职工作就行了。走上了领导岗位，就需要谋划全局，负起更重的使命。1989 年 12 月，当胡子敬接手友谊商店的时候，他发现账户几乎没有一分钱。第二天，当员工们正等着新负责人到来的时候，他已经怀揣着从银行借来的两百万元，踏上了前往深圳的列车。两天后，胡子敬带着五百台康佳电视回来了。四十七万的利润就成了胡子敬主政后友谊商店向上发展的一个基础。

作为一位商人，成功往往需要敏锐的商业嗅觉和对形势的明晰判断。在大家都把目光集中在五一商圈之时，胡子敬果断地将友谊商店布子东塘。后来“五虎闹长沙”，长沙几大百货商店激烈竞争，胡子敬敏锐地意识到湖南商业缺乏的不是商品，而是品位和品牌，于是将友谊商店定位为高端百货，集“奢侈、精品、时尚”之大成，很快使友谊商店脱颖而出。2004 年，面对百货商圈同质化的竞争态势，胡子敬提出“打造湖南首家女性主题商店”，力推差异化经营，使旗下的春天百货来了一次华丽转身。

而当大家都还在长沙市内激烈“厮拼”的时候，胡子敬又把目光转向长株潭结合部的“金三角”——构建“奥特莱斯”（OUTLETS）主题购物公园。随着长沙、株洲、湘潭融城步伐的加快，曾经的边缘便可能成为中心。作为长沙第一家主题购物公园，将商业购物与公园休闲结合起来，集休闲、餐饮和娱乐为一体，以国际国内著名品牌折扣商品为特色，打造国际化、现代化、时尚化的购物中心，这成了胡子敬又一步富有前瞻性的“妙手”。

二

胡子敬喜欢下棋，象棋、围棋兼通，用围棋的原理经商，在棋道与商道之间，便常常有了许多的妙悟。

围棋在序盘阶段，最重要的就是布局。如何抢占要点、大场，布下合理的阵势，就是布局阶段首先需要考虑的问题。对于从事商业零售的人来说，如何选点同样至为重要。胡子敬曾谈到，很多人不理解他的一些做法。比方说 1990 年他到友谊商店，那个时候大家都是循规蹈矩，但 1993 年他就把点布到了东塘，建了一个友谊商城，到 1998 年又顺手牵羊把阿波罗带进来，到 2001 年，又回马拿下了东塘百货。在胡子敬看来，在这样整个大的布局中间体现的就是围棋的思维。

胡子敬说："九十年代初，邓小平同志南方谈话后，所有湖南零售界的人倾巢而出跑到海南、珠海搞房地产，最后全都铩羽而归。只有我不动，我是搞实业的，始终认为股票、房地产是投机。当时我就想到了围棋的抢大场，通过这么多年对围棋的认识，我把整个商业网络的布局看作一盘大棋。棋盘这么大，不能守着角去搏杀，比方说友谊商店'五虎斗长沙'这一阶段我肯定是赢了，杀掉人家一二十目。但围棋是一个整盘，所以在这几年我还要不断地发力去抢大场。"

六年前，大年初五，胡子敬站在一片非常荒凉的土地上面，展望自己关于未来的梦想。当时所有的人都没看懂，公司内部在讨论的时候，都说这么远怎么做,开车半个多小时才能过去,根本看不到路,到处鸡鸣狗叫,这能开商场么?包括那天来剪彩的政府官员听他踌躇满志地讲未来的目标，心里都在打鼓。因为对面有个商家,在胡子敬之前做了两万多平方米的卖场,现在还没开业。结果，"奥特莱斯"（OUTLETS）主题购物公园却成功了。胡子敬说："现在那些政府官员一见到我都抓着我的手说，胡老板真的谢谢你。"

胡子敬说："棋道和商道确实有很大联系。在抢这个大场的时候我们做了充分的分析。我当时想长沙、株洲、湘潭加起来将近有两千万人，在中间找一个点布子。我卖的东西都是有折扣的。今年这个品牌卖得特别火，明年无论如何必须退下来，因为明年有新货要上来，这是一个规律。所以我们就利用一些打折的货品和过季的货品，其实南方没有什么过期。我的布局是在这样一个非常广阔的位置抢到了大场，旁边有更多的子呼应你，可能只要两三手棋就围了大概三十目的棋。这就是棋子的效率，关键是要把它放在一个好的、合适的位置上。"

胡子敬按照围棋布局的思维，把自己的商业网点布在五一、东塘、袁家岭、火车站、朝阳商圈等重要区域，既互相独立又相互呼应，形成可观的阵势。胡子敬强调,他原来是把长沙市看作一个棋盘,现在棋盘扩大到湖南,包括了常德、郴州、岳阳、衡阳、邵阳。基本上这些经济发达的地区，都要在他们核心的城区把棋子布下去，这些棋子都是大场。因为下围棋时，每一颗子要发挥自己的作用，布下去的这颗子一定要在最佳的位置，不能重复。在经商过程中，凭着几十年对商业的理解，通过学围棋对棋理的理解，胡子敬觉得，现在自己真的算是手握千军万马，运筹帷幄，游刃有余。这盘棋越下越大，越下越活。尽管中国经济尚处在调整的阶段，但他手握友谊阿波罗这一盘大围棋，总觉得有一种胜利在望的感觉。他说："因为我觉得我每个子力都发挥作用，可能还有三到五年，五到十年的时间，我的棋会越下越精彩。现在正在布局的阶段，我们还有中盘，还有收官，收官还早呢。"

下棋，还是一个双方相互竞争的过程。象棋以消灭对手为目的，围棋却是以围地、创造财富为目的。围棋尽管也有胜负，但我得，也容许你得，我只需比你多得一点点就算赢了。从这个角度上，围棋更能体现现代社会的竞争法则：共赢，和谐。

一些中国企业，因为经营的领域类似，展开恶性竞争，你死我活，互相攻击、拆台，结果常常是两败俱伤。其实加强自己，而不是消灭对手，才是最重要的。有识者谈道，就像百事可乐与可口可乐，竞争的激烈程度不亚于任何行业的巨头之争，但当可口可乐叛逃者带来秘方，百事可乐却拒绝了这一诱人的"馅饼"，并提醒可口可乐。百事的"谦让"不仅没有损害双方利益，反而让两者始终占据全球饮料市场的绝大部分份额。而阿迪达斯和耐克则是差异化竞争的典型。阿迪达斯作为老牌运动服装生产商，与国际奥委会和各个运动专项组织都有长期稳定合作，这些资源优势耐克公司短期内难以撼动，但耐克另辟蹊径，把注意力集中在拥有巨大号召力的优秀运动员身上，同样获得了不逊于阿迪达斯的曝光率。

胡子敬也谈到如何面对对手的竞争及如何遵循基本的商业伦理。当平和堂、王府井进来的时候，胡子敬公开对他们说："第一，欢迎你们到长沙；第二，我们既是对手，也是朋友。一个市场的发展不是靠我一个企业能够支撑的，是我们所有的人，所有的企业来维护这个市场，这个市场才能发展下去。希望我好，你也好，大家在一个公平的环境下竞争，而且这个环境一定是良好的。你看李昌镐和常昊，李世石和古力，盘上是对手，盘下都是很好的朋友。"胡子敬是湖南商业联合会的会长，很多年前沃尔玛开业的时候，当时家乐福已经营业了，他们是两大巨头，同时也是两大对手。当时家乐福下了一个通知，要求供应商切断沃尔玛的供应，要在沃尔玛开业当天拼一个你死我活。沃尔玛开业前一个星期，作为会长的胡子敬把家乐福、沃尔玛、麦德龙、普尔斯马特四家外企的店长叫来一起吃饭，和他们讲："老板需要的是什么东西？老板需要你们店的效益。你们不要为了一个市场或品牌，为了一时的开业搅得翻天覆地，拼得你死我活。过两天沃尔玛开业，你家乐福说我不要钱把顾客请到你这里来，他们肯定会来，但之后他们一定还回到沃尔玛，两败俱伤。你为什么不把自己的商品做好？"

胡子敬晓之以理，消解了一场恶性竞争。宝洁公司的经理说在中国还没有人能够让沃尔玛和家乐福坐到一块开个会，胡老板真是做了个好事。

这是围棋的智慧，也是胡子敬的商业智慧。

原载《长沙人与长沙精神》，张湘涛主编，湖南人民出版社，2015 年

追忆武坤教授

一

记不起认识武坤教授是哪一年了，反正一见面，就有了一见如故的感觉，因为我们有一个共同的爱好：围棋。

中南大学由原中南工业大学、湖南医科大学、长沙铁道学院合并组建，原各校区都有一批围棋爱好者。但学校刚组建的时候，各校区的棋艺爱好者各自为政，很少来往，其间虽然工会也会组织一些围棋比赛，但往往活动完了大家便散了。

学校意识到这个问题，他们觉得围棋文化是中南大学的一大特色，应该发扬光大。2011 年 11 月，在学校工会的积极支持下，中南大学教职工棋牌协会成立。因为我在围棋界还算有点儿名气，又当过原铁道学院教职工棋牌协会的会长，便被推上会长的位置，当时武坤教授是副会长，李永辉担任秘书长。

这样，中南大学的围棋算有了正式的组织，围棋活动也开始正规化、日常化。那时没有固定的活动场地，我们便在“阳光 100”的一家咖啡店组织每周末的聚会。我和武坤、李永辉是铁三角，基本上每次必到，经常参与的还有谭青、李卫等老师。武坤教授的棋，计算力强，中盘力量强大，但定式不太熟，开局往往容易走得过分，官子不细。我每次跟他下棋，往往都是布局领先，中盘就看能不能扛住他一波又一波的冲击，如不崩溃，官子阶段基本上就有望了。所以他的棋，在熟悉的圈子里胜率不一定高，但对陌生的对手，往往会有威慑力。

那时，中南大学的学生基本上都不是老师的对手。后来，学生中来了康剑一、苏俊夫等冲段少年，再后来，杨烁来读我的研究生，师生之间的对抗便多了起来。在咖啡店里，老师们轮流买单。武坤老师住在原中南工大校区，来去都要经过学生公寓。于是，每次他又充当了学生们的义务车夫。

棋牌协会除了组织正常的围棋活动外，工会还要求我们走出去，与其他名校交流。于是，除了与省内的机构如湘潭棋院、株洲棋院、省棋协、长沙市棋协、湘潭钢铁厂等交流，我们还计划每年走出去跟国内的名校交流一次。于是有了 2011 年浙江大学和 2012 年北京高校之行。武坤教授每次必到。2012 年 11 月在北京，中南大学教职工围棋队与首都师范大学、清华大学、北京邮电大学交流，取得很不错的战果，但那次武坤教授的棋全输了。他笑着说权当作友谊大使了。那次他状态不好，也许正是身体出现了危机的先兆。

二

武坤教授在围棋界的知名，其实主要不是因他的棋，而是因为他在围棋人工智能方面的研究。

还是在 2006 年，中南大学批准成立了比较文学与围棋文化互动研究基地作为校级的重点研究基地（对外则叫围棋文化研究中心），但那时围棋文化这一领域，基本上是我个人单打独斗。

那时武坤教授是学校信息中心的主任。他原来在数学学院，三十四岁就做了教授，三十七岁成为博导。2003 年，武坤教授被学校点将，被任命为“校园一卡通”筹备与建设办公室主任。2006 年，“校园一卡通”工程通过验收，一卡在手，走遍中南。2007 年，该项目获得湖南省首届教育信息化优秀成果一等奖。

以上基本上都是我的道听途说，认识武坤教授以来，他从来没有跟我谈起过这些光辉业绩。在我们的交往中，“手谈”是围棋，“口谈”还是围棋。

那时的武坤教授，对他的“工作”似乎失去了往日的热情，他念念不忘的是如何在围棋与信息技术方面弄出点儿动静来。我也就顺水推舟，不怀好意地撺掇他努力把这一块做起来（他如果继续在原有的领域做下去，本可以轻车熟路，功成名就的）。2009 年我们一起在凤凰参加“炎黄杯”活动期间，又一次谈起这一话题，他后来说，正是那一次与棋界的真正接触，促使他终于下定决心，在围棋与人工智能这一陌生的领域，力争闯出一条新路来。

研究当然需要经费支持，他为此去找校领导。跟校园信息化有关的项目，经费自然不用发愁，而做围棋人工智能，显然属于“私活”，结果可想而知。我又劝他另辟蹊径，申请国家基金项目，也无果。但这丝毫没有影响他的热情，他的硕士、博士生们，便成了他团队的“义工”，后来，还有一些对围棋感兴趣的理工学生，也加入到他的队伍中来。也许，这就是人们常说的湖南人的“蛮”劲吧。吃得苦，耐得烦，霸得蛮，武坤教授也是属于典型的湖南人，一个字：倔。

2012 年的某一天，武坤教授给我打电话，说要跟棋友们聚一聚，在长沙边上的一个度假村待一天，下下棋。去了才知道，那天是他的五十岁生日，去的多是他的学生和同事。在恳谈会上，他正式宣布，要把主要精力投入到计算机围棋的研究上来。

没有经费，没有正式的团队。那时的武坤教授，在我眼里，就是一个堂吉诃德，没有条件，创造条件也要上，带着他的“潘丘”们，要去跟风车作战了。

跟风车作战，居然也成果累累。他们设计的程序，还是三个月的“新生儿”时就拿了全国人工智能围棋大赛的第三名，此后一年一个台阶，直到拿到全国冠军。之后又代表中国，走向世界性大赛的舞台。

其实，武坤教授经常跟我说，做计算机围棋的研究，他的目标并不是竞技的冠军，而是如何借助现代信息技术更充分地发挥围棋的对弈、教育、娱乐功能，或者从另一角度认识围棋。城市围棋联赛开赛前，他委托我主持课题研究。城市围棋联赛信息平台构建的研究，就是武坤教授做的。之后他又为城市围棋联赛专门研制了比赛对弈系统，为此专门成立了一家科技信息公司。公司在长沙市北面，离学校有一段距离。他专门请棋友们去过，他还在大阳台上设了一个茶水间，自豪地说：“以后大家聚会、下棋，就有一个固定的地方了。”

武坤教授还积极致力于围棋人工智能的理论探索。他与我、谭青教授合作的论文《围棋之美与围棋人工智能》在 2012 年发表于《围棋天地》，武坤教授是主创，谭青教授提供了一些思路，我不过是做点文字的修饰工作。后来他又与学生合作，在《围棋天地》上发表《天元：围棋的奇点》，探讨围棋的科学贴目，认为十九路棋盘的最佳贴目为九目，这与李喆六段的研究不谋而合。从科学的角度研究围棋，也许将为我们打开黑白世界的一片新天地。有棋友说，他们也许在接近围棋的一个终极命题，苦无证明，但已经摸到了真理的脉搏。

在路上。

当武坤教授正走得兴起的时候，天不假人意，命运却让他拐了个弯。

可惜！

三

2009 年，武坤教授被查出脑部肿瘤，做了开颅手术。

那时我们刚认识不久，他只是跟中南大学的棋友们说去北京进修一段时间。

后来知道了实情，我跟他说：“以后有什么事，还是要跟我们说一声，虽然可能也帮不上什么忙，但好歹有个照应。”

他说：“好，就是怕麻烦大家。”

2011 年，他脑部又发现肿瘤，然后进行了第二次手术。

常说疾病让人悟道，也许正是因为身体的原因，他在工作岗位上萌生了退意，觉得该是享受围棋的时候了。对他来说，因为兴趣而去研究，就是一种快乐。结合兴趣，他也在中南大学开了围棋人工智能选修课，与我的围棋文化课互为补充。我们经常会到对方的课堂上讲讲棋道，武坤教授说：“一文一武，一科技，一文化，中南的围棋研究就完整了。”

后来，我离开了中南大学，但并不影响我们在棋盘上、在围棋研究上的切磋。2012 年 7 月，第十四届“炎黄杯”围棋赛作为欧洲围棋大会的一个特殊项目在德国波恩举行。我和武坤教授因为一些原因，没能参加前一年举行的“炎黄杯”，这次我们都很想去感受一下欧洲围棋的氛围。武坤教授因为之前动过两次颅脑手术，他夫人很不放心，但他执意要去，他夫人没办法，只好让我多关照一点。

那是我们相处最多的一段时光。为办签证，我们一起去武汉法国驻中国领事馆办手续（因为据说法国的旅游签证比德国好办一点），然后从广州出发，先游法国，一起访卢浮宫、巴黎圣母院，在塞纳河边看日落、吃法国大餐。在荷兰，看梵高博物馆，租自行车游阿姆斯特丹，骑到海边游泳，黄昏坐在阿姆斯特丹中心广场看表演，还有来来往往的美女……

我们在德国过了棋瘾。在“炎黄杯”赛上，武坤教授和我分获炎帝组第五、六名，这可是我们第一次拿到“国际比赛”的大奖，也有了第一次与欧洲棋手对弈的经历。也是在这次活动中，我认识了当时欧洲围棋联盟的理事黎婷，还有清华的由小川教授，然后有了后来的种种交往。

那次从法兰克福机场回国，还发生了一个小插曲。武坤教授带了一套德国产的刀具，没放在托运的行李里，过安检时，被拦下了。他想返回去托运，却怎么也找不到路了。因为语言不通（德语自然都不懂，武坤教授的英语口语也不顺溜，而我学的是俄语），折腾了许久才勉强重新出了关，把那套刀具托运了。我们两个人跑出一身大汗，还好没误机。事后想想，真有点后怕，我应该在旅途中多照顾一下武教授，但那时的自己却什么忙也帮不上，几番折返跑之下，万一他动过两次手术的大脑出点儿故障……

这之前有过一次这样的经历。颅内手术后，有一次武坤教授开车带我去长沙某个地方，他的车与公交车发生了刮擦。他说，手术后的他，大脑仿佛被清洗了一遍，很多东西都相当于要重新学过。难怪有一段时间，他会那么在意还能不能下棋，能不能恢复以前的棋力。下出让自己满意的棋来，他会那么开心。对普通棋迷来说，一盘棋赢了也就赢了，对他来说，却是生命的一次自我肯定，自我证明。

2015 年 3 月，武坤教授又一次住院。这次是可恶的癌细胞转移到了胃里，要做胃切除手术，并进行化疗。身体敦实的武坤教授一下子消瘦下来。也许自知时日不多，他更珍惜每一次以棋会友的机会。他奔波于杭州、北京，参加中国棋院杭州分院国际棋文化峰会、喆理围棋论坛围棋人工智能的主题研讨，还执意参加湖南省“九星杯”围棋赛。一天三轮，总共十一轮的高强度的比赛，他硬是坚持下来，凭实力，拼毅力，打上 5 段。去年 11 月，在清华大学举办的高校第二届教职工围棋赛，他代表中南大学参赛。作为替补，代替不同的队友下了三盘棋。尽管只赢了一盘，却是与北京大学对阵的关键一盘棋，因为这盘赢棋，最终帮助中南大学获得团体冠军。

后来听说，那时他的身体已极度虚弱，晚上经常呕吐……

回来不久，武坤教授给我打电话，说中南校园网的报道不知是谁写的，竟然只提了围棋队另外四名队员的名字。我说，那就再写一篇中南夺冠的详细报道。他说校园网不会再登了，言谈间很是生气。

我知道这次团体夺冠对于武坤教授的意义。武教授对他专业方面的荣誉从不提及，唯独特别在意围棋。这使我想起唐代的诗人们，说他的诗不如人，那没关系，要说棋不行，他一定会着急。何况对武坤教授而言，这是他在围棋赛场里的最后一次拼搏，还是以命相搏。

四

年初，几个棋友聚会，晚上相约去看望武教授。那天，他刚从医院回来。我给他带去新出版的《围棋文化教程》，本来“围棋与信息技术”一章是约他写的，后来因为身体原因，他说实在无力承担了，但我还是把他的名字写在了编委名单里。他拿着新书，非常高兴。那天，他破例拿出了在日本花八千多人民币买回的榧木棋盘和蛤棋子，供我们欣赏，得意之情溢于言表。

没想到，这是我们的最后一面。

后来还常有棋友聚会。他每次都说想来参加，大家便祝他早日康复。他说好，但不让人去看他。

2016 年的“炎黄杯”在株洲举行，5 月 31 日，我收到武教授的一条短信：“云波，我在努力恢复中，希望九月能参加‘炎黄杯’。”

我说：“期待你早日归队。”我以为他的身体有了好转。

不料，这却成了武坤教授的遗愿。

在告别仪式上，看到屏幕上不时放出的武坤教授年轻时长发帅气的照片，看到不时闪现的“天堂里没有痛苦，但有围棋”的文字，想起谭青教授在微信中发的挽联：中南少一大将，蓬莱多一棋仙。我在心中默默地说：“武坤兄，一路走好。天堂里有围棋，你就不会寂寞了。”

回来，与中南大学的几位师生下联棋，以此表达对武坤教授的追思。下着下着，武教授的身影出现在棋盘上……然后，曾经的，在“阳光100”的咖啡厅，在清华校园，在去杭州的路上，大家一边联棋、一边“口谈”的情景，一一浮上心头。

原载《围棋报》2016年7月9日第1、2版

第二辑

棋事

藏棋：雪域高原的一朵奇葩

说起西藏，人们首先想到的是高原、雪山、圣地。有学者把藏文化概括为：古老神秘，博大精深。而说到藏棋，很多人则不甚了解。2015 年 10 月 5 至 7 日，“西藏旅游·全国藏棋文化保护与发展研讨会”在拉萨格拉丹东酒店召开，我有幸亲临盛会，对藏棋与藏棋文化有了更多的了解和切身体会。

一、何谓“藏棋”

说到藏棋，十多年前我在写《围棋与中国文化》时，写到围棋的交流与传播，就注意到藏族地区有一种叫“密芒”的棋。十七路棋盘，十二个座子，下法与汉地的围棋相近，但又有所区别。程晓流有一篇文章《古老的藏棋》（《中国围棋年鉴·1987》），认为藏棋的起源有三种可能：从中原传入西藏；围棋产生于印度，之后从印度传入西藏；藏族人民古老智慧的产物。有日本学者则提出：藏棋就是古代围棋的前身，后来藏棋向南流传到尼泊尔和印度，向东经四川省流传到长江流域，又漂洋过海，流传到了日本。

阎振中先生则在《围棋天地》（1992 年第八期）发表过一篇文章《西藏围棋的民间传说》，里面的一些传说涉及藏地围棋的起源，如其中一个传说是萨迦王自中原学来，为易学易懂，将其简化为十七道盘。文章中还提到了藏棋的用途，藏棋除娱乐外，还可以用来算卦和占卜，据说还有围棋咒语经。藏棋就以这种神秘的方式留在了我的记忆中。

藏棋文化保护与发展研讨会的一项重要议程，就是由有关人士介绍藏棋的各种类别，如由拉萨市北京实验中学的吉美旺布介绍国王与大臣棋，由青海省文联副主席、格萨尔研究所所长角巴东主和青海民族大学传统体育专业教授马小明介绍夹棋，由拉萨市墨竹工卡甲玛乡中心小学校长次仁介绍萨朗楠夏棋，由来自四川阿坝县的达尔基、尼玛扎华介绍久棋，由拉萨市棋类协会副会长尚涛和西藏自治区藏棋协会（筹）秘书长阿旺边巴介绍密芒。来自内蒙古的布林则介绍了蒙古族鹿棋、蒙古族象棋。

听了这些介绍，我才明白：第一，藏棋原来还有这么多棋种。在这些棋种中，“密芒”与围棋是最接近的，应该是同宗同源，在传承演变的过程中产生了变异，其他棋类则各自独立。第二，“密芒”更多的是在藏族上层社会和寺庙中流行，现已接近失传，藏族地区最流行的棋其实是“久”。我在与四川阿坝县藏族协会会长尼玛扎华交流时发现，他讲的藏棋就是“久”，我问“密芒”与“久”是什么关系。他说“密芒”就是“久”，是藏棋。看来，就如有些专家强调的，讨论藏棋文化传承与保护，首先要对“藏棋”有一个明确的界定。而据尚涛先生介绍，尽管青海、四川等地都认为“久”就是“密芒”，但“密芒”在藏语中为“多眼”的意思。“久”为“拼图”的意思，下发迥异，藏棋目前记载有二十种，多以“久”棋为理论依据。第三，藏棋是藏族文化的一个重要组成部分，它的玩法也深受藏族文化的影响。比如萨朗楠夏棋在寺庙中流行，它再现的就是人由地狱到天堂的历程。而作为藏围棋的“密芒”，与汉地围棋规则最明显的不同，一是走出了某些代表吉祥图案的棋型，计算胜负时可加若干子；二是杀棋时，做成了刀把五、直三之类的棋型，不能马上点进去，而先要在其他地方找劫，这样就有可能出现劫尽棋生的情况。这也许与藏地流行的佛教的生命观念有关：珍惜生命，不轻易杀生。

二、藏棋推广的热心人

藏棋文化保护与发展研讨会还有一项议程，就是由各省的与会者介绍各个地方的藏棋文化的开展情况。比如云南省棋类协会常务副主席李方明介绍了云南保护、推广藏围棋——密芒的举措。2005 年 6 月，云南香格里拉就在当时的州长齐扎拉（现拉萨市委书记）的大力支持下，举办了首届藏棋文化节。王汝南、江铸久、芮乃伟、程晓流、张文东、岳亮、权孝珍等职业棋手参与盛会，举行藏棋文化交流研讨会，还进行了两盘“密芒”对局。藏棋文化节取得了不少的学术成果，为藏棋在云南的普及与发展打下了扎实的基础。而在这之前，正在云南省迪庆藏族自治州工作的刘家训先生还专程到西藏寻访学习藏棋“密芒”。

2008 年 9 月，在青海西宁举行了首届全国藏棋民间棋艺大赛。据四川阿坝县藏棋协会会长尼玛扎华介绍，2005 年，阿坝县就成立了藏棋协会，到 2015 年，十年间先后举办了十三次藏棋比赛，其中六次是面向四省十余县的大型比赛。同时还制定了较完善的藏棋下法、比赛规则和比赛方法。2014 年，阿坝藏棋成功申报四川省级非物质文化遗产项目。

说到藏棋文化的传承与保护，不能不提这次藏棋文化保护与发展研讨会的操办者尚涛先生。作为拉萨市棋类协会副会长、西藏禾重文化传播有限公司总经理、雕塑艺术家（拉萨市火车站广场的那件大型雕塑就是尚涛老师的作品），这十多年来，他自己擅长的并且有利可图的雕塑只是他的“业余爱好”，大多数时间他都在从事围棋运动推广和藏棋文化保护方面的工作。为了掌握藏棋在藏族地区的分布与发展情况，他进行走访和调研，足迹遍及青海、云南、四川、甘肃、新疆、西藏多地。2014 年，他又在西藏大学进行教学试点，在西藏自治区佛学院进行了藏棋文化交流讲座，2015 年在拉萨市八所小学开展长期的藏棋教学活动。为了进一步推进藏棋保护工作，他又着手筹划成立西藏自治区藏棋协会。

尚涛先生不计名利地从事藏棋文化保护工作的古道热肠，也感染了他身边的一批朋友。这次藏棋文化保护与发展研讨会的工作人员，基本上都是在尚涛先生的精神感召下，义务而来。例如西藏某单位的干部王宏先生，他说他只懂一点点围棋，纯粹是因为佩服尚涛先生，便做了会议的专职司机、会务总管。还有许多像他这样的人，牺牲了国庆假期，投身到会务工作中来。正是因为有他们无私的奉献与付出，才有了研讨会的圆满举行，也使我们对藏棋未来的推广与发展充满了信心。

三、藏棋的未来

这次全国藏棋文化保护与发展研讨会，由西藏自治区文学艺术界联合会主办，拉萨市棋类协会、西藏禾重文化传播有限公司承办。来自全国各地与西藏本土的专家学者、各界人士汇聚一堂，共商藏棋文化保护与发展大计。会议由西藏自治区文联副主席吉米平阶主持，西藏自治区政协副主席阿沛·晋源出席开幕式并讲话，他充分肯定了藏棋文化保护的意义。

特别让人感动的是，“棋圣”聂卫平尽管有先天性心脏病，又刚动过癌症大手术，尚在康复中，也毅然来到雪域高原、圣地拉萨。聂老说，西藏是他神往的地方，一生不来次西藏，将会是一辈子的遗憾。这次为了藏棋，他不顾高原反应，不仅参加了10月6日的研讨会，还在7号上午出席了在拉萨市海城小学举行的首届拉萨市少儿藏棋比赛颁奖仪式，下午又在天堂时光书屋与参加活动的嘉宾合影留念。

这次会议还有一些嘉宾因故未能到会，其中清华大学围棋文化交流与研究基金会秘书长由小川、四川省围棋队总教练李亮、新疆围棋协会主席韩辉发来了祝贺信。原《西藏文学》主编阎振中一直致力于藏棋的研究与保护，写了不少有关藏棋的文章。他当时居住在重庆，听说要召开藏棋文化研讨会，非常激动，执意要来，因身体原因，在家人的竭力劝说之下才未成行。尚涛还辗转找到了1982年就发表了有关藏棋研究文章的程晓流六段，程老师在与尚涛的通话中，一方面祝藏棋研讨会成功，同时又意味深长地说，这些年他身体不好，已不能再参加社会活动，一代人有一代人的使命和工作，这已经是你们的任务了。尚涛在发言中说，程先生的话让他感动，也有些伤感。我们现在在这里进行轻松愉快的交流的同时，也应该感到肩上担子的沉重。文化保护是一个漫长的苦旅，需要一代又人一代人的共同努力。

也许，正是为了藏棋文化传承后继有人，拉萨市棋类协会才开始在拉萨市的一些小学，如海城小学、第二小学、藏热小学、纳金小学、第五小学、朗顿盲童学校开展藏棋教学试点工作。10月7日上午，与会的嘉宾出席了在拉萨市海城小学举行的首届拉萨市少儿藏棋比赛颁奖仪式。在等待聂老到达时，主办方让我给孩子们讲讲棋艺、棋道。我问孩子们为什么要学棋，他们不约而同地说到开心、高兴、快乐等，还有一个孩子说，一是陶冶情操，二是调节情绪，三是打发时间。概括得真好！下午，在雅致的天堂时光书屋，除了邱继红老师的围棋指导棋，少儿藏棋比赛三棋（密芒、久、国王与大臣棋）的冠军，分别与嘉宾进行了一场别开生面的表演赛。尽管这些孩子棋艺可能还不高，但只要我们持之以恒地开展藏棋文化教育，也许他们就会成为未来的藏棋传承的生力军。

藏棋是藏族文化的一个重要组成部分，棋界内外都意识到了藏棋传承、保护与发展的重要性。与会嘉宾也达成了一些共识，如让藏族不同地区制定藏棋不同棋类的统一规则（云南负责“密芒”，四川负责“久”棋，青海负责“夹”棋，西藏负责“国王与大臣”棋），争取让藏棋成为全国少数民族运动会的正式比赛或表演赛项目。成立有关的组织，加强藏棋文化研究，推动藏棋申报省级、国家级非物质文化遗产项目等。相信经过大家的共同努力，藏棋这朵雪域高原上的奇葩，一定会焕发出夺目的异彩。

原载《围棋天地》2015年第21期

高墙里的围棋

——呼兰监狱围棋行

人生中总有许多的机缘，比如因为围棋，我平生第一次走进监狱。据说黑龙江的呼兰监狱，围棋活动开展得有声有色。围棋进监狱，开创围棋传播与监狱教育改造新模式，这可是新鲜事。我将这个消息告诉了中央电视台大型纪录片《围棋》摄制组，他们大感兴趣，借2015年8月4日呼兰监狱《围棋报》“火凤凰杯”围棋团体赛举办之机，受中央电视台《围棋》摄制组邀请，于是有了聂卫平老师、《围棋报》王振华社长和我的“呼兰监狱围棋行”。对我来说，这也是我围棋人生的一种全新的体验。

一、敬业的聂老

中央电视台《围棋》摄制组下的一着妙手，就是把聂卫平老师请到了现场。聂老刚参加完中国棋院杭州分院的一个活动，接着从杭州赶到哈尔滨。聂老已经二十多天没有回家了，几天后又得去湖州参加中日围棋擂台赛三十周年的一个纪念活动，可谓马不停蹄。中国同我一代的棋迷，大多是在擂台赛的影响之下走上围棋之路的。一晃三十年就过去了，聂老似乎引发了一代人的怀旧情结，关于擂台赛回忆的征文也在网上传播得轰轰烈烈。当此之时，聂老每到一个地方，也就引发了更大的热情与期待。呼兰监狱管理方，狱长、政委、副狱长、工会主席、办公室主任，全部出动，不光热情，在接待的各方面也极为细致周到。聂老也很高兴，一直兴致很高。这次活动的重头戏就是上午开幕式后，聂老与监狱服刑人员一对十六的多面打，通通让五子。将近两个小时，动过癌症大手术、尚在恢复中的聂老一直在来回走动。场地很大，没有空调，加上近千名坐得整整齐齐观战的服刑人员引发的热度，不一会，穿着外套的聂老脸上便开始冒汗了。干警们只好一人提着小风扇，一人拿着毛巾为聂老擦汗。多面打进行到一个小时时，我提醒说让聂老早点休息吧。聂老却说：“没事，我能行。”过了十二点，活动结束，我看他满脸疲惫，连走路都有些困难。他说：“平时连上一层楼都累，今天看那些服刑人员下棋那么认真，那么有礼貌，我每次走到他们面前，都要站起来。不忍心过早结束，还是挺下来了。”

我听了颇为感动。是啊，对于那些服刑人员来说，能有机会面对面地与“棋圣”对弈，实在是太难得了。也许就此成了他们人生的一个新的起点。而聂老的一言一行，也在感染着在场的所有干警和服刑人员。

在饭桌上，呼兰监狱的领导用五个词总结聂老：爱国、敬业、真诚、豁达、豪爽。与此同时，两天的接触，让我也感到了手术后的聂老某些地方的变化，比如除了一如既往地自信与豪爽，聂老变得更温和、更善解人意了。

在饭桌上，当人们叫他“聂老”时，他说：“别这样嘛，我有那么‘老’吗？”大家问：“那你最喜欢别人叫你什么呢？”他说：“‘聂棋圣’，那是国家给的荣誉，邓老爷子就说过，‘棋圣’不好当，还是做凡人好。”“聂老”，那是围棋队的时候，大家叫他聂老师，图省事，就把“师”省掉了。在围棋队当个老师还是称职的，那时社会上很多人还叫他小聂呢。如今没人叫“小聂”了，那就“聂老”吧！

二、围棋的热心人

呼兰监狱的围棋活动开展起来，得益于一系列围棋界热心人的相助。2013年11月的一天，《围棋报》王振华社长接到来一个自黑龙江呼兰监狱的电话，电话是一位名叫李岩的警官打来的，说监狱里一些服刑人员喜欢下棋，希望能把他们组织起来，开展围棋活动，但苦于没有条件。王社长当即寄了一些围棋图书和五十多副云子过去。后来以由服刑人员为主体的“火凤凰”围棋社成立暨呼兰监狱首届围棋赛开幕，王社长又赶过去，担任了棋社的名誉社长。为了比赛的顺利进行，丹朱棋艺的刘健先生又赞助了棋盘，还花一万多元装修了围棋教室。有了棋具、场地和组织，监狱里曾经是自发的围棋活动也就逐渐常态化。

活动是开展起来了，但如何提高棋艺，或者吸引更多的服刑人员参与到围棋活动中又成了一个问题。天华围棋学校的于宙华校长便主动承担了教棋的任务。他基本上每周一次，自己开车，从市中心跑几十公里去监狱上课。虽然没有任何报酬，还要自己搭上油费，但于老师说，能为服刑人员尽点力，并且每次能看到服刑人员那渴求、期待的眼神，他就很满足了。

说到呼兰监狱的围棋，不能不提到一个人，就是监狱的年轻警官李岩。李警官说，他原来并不会下棋，反过来是因为服刑人员中棋艺爱好者的推动，才使他接触到了围棋。服刑人员还把我的书《围棋与中国文化》推荐给他看。他发现，围棋在服刑人员的改造过程中，能起到许多正面的作用，因此才有了向王社长求助，在监狱里开展围棋活动的举措……

三、围棋的正能量

这次活动，除了聂老的多面打，还有就是“火凤凰杯”围棋团体赛和我的一个围棋文化讲座。团体赛以队际赛的方式进行，四个队，每队由一名警官和五名服刑人员组成。本来安排在下午（我的讲座在第二天上午），后来因为第二天有监狱的运动会，活动只好调整，比赛提前到中午进行，我也就没能看到比赛的过程。下午他们告诉我，以我的书命名的“弈境”队战胜以储福金的小说《黑白》命名的“黑白”队，荣获冠军。他们说我听了一定会高兴。

我听了，真有一种很欣慰的感觉，不是因为胜负，而是他们把我当作了“自己人”。下午，与棋社服刑人员交流。呼兰监狱关押的服刑人员少数是原判有期徒刑十五年以上刑期的，多数是原判无期徒刑、死缓的，围棋就成了他们生命中的寄托，一道希望之光。我说，人生可能开局不当，甚至中盘出现重大失误，但只要即时醒悟，掉转方向，继续努力，就有柳暗花明之时。一个服刑人员说，他们之所以走进高墙，往往都是因为性格太暴躁，围棋却能让人安静。

自从有了围棋，他们的心就踏实了许多。围棋社现任社长叫王学华，据说是某重点大学数学系的高材生，因为经济纠纷，被判“合同诈骗”。他在监狱里大力推广围棋，还与李岩警官合作写了篇一万多字的论文《浅谈“围棋文化教育”在监狱教育改造中发挥的作用》，在监狱内刊和公开出版的报纸上发表。他说刑满释放后很想跟着何老师继续做点儿围棋文化方面的事，权当我的编外弟子。我说名分不重要，可以作为棋友多交流（说完就后悔了，我是出于天性，不好为人师，从对方角度，却可能产生误解）。还有一位服刑人员，中学时就学会了下棋，非常喜欢读我写的围棋文化方面的书，因为借图书室我的签名书未果，索性一下子买了四本我的书，让我签名。

交流活动结束后，“火凤凰”围棋社送我一幅书法：笔精墨妙，棋逍枰遥。接过这一件珍贵的礼物，我心中满是温暖，只是遗憾交流时间太短。围棋进监狱，对我来说，真的是一种全新的体验。真希望以后还有机会，与这些特别的棋友有更深入的交流。

过了几天，我接到李警官的电话，说王学华想成立一个“围棋在监狱改造中的作用研究”课题组，请我做指导老师。我说好啊，我将尽我所能，与大家一起开拓围棋文化研究的一个新领域。

在呼兰监狱的宣传栏里，有几行字特别引人注目：落子洗污垢，布局做新人；凤凰涅槃，浴火重生。是啊，围棋让人心静，不仅可以消磨时光，得到快乐，也让人得教训，得心悟。通过围棋文化改造人、提升人，确实开辟了监狱教育、改造服刑人员的一条新路。它具有一种示范性意义，如果能够推广开来，对于监狱、围棋乃至整个社会，都功莫大焉！

原载《围棋报》2015 年

城围联：玩的就是心跳

以新赛制、新玩法、新体验、新运营著称的城市围棋联赛，在 2015 年 6 月开幕，9 月 6 日常规赛落下帷幕，11 月初，季后赛开打。棋迷包括社会大众从不解、好奇，到耳闻、目睹，有了初步的认知。城市围棋联赛以“大众的围棋、城市的联赛”作为宣传口号和追求的目标。那么，它在多大的程度上实现了这一目标，在围棋赛事与商业运营的创新中有何成功之道，或者不足，未来的路该怎么走……这些都是我们值得讨论的话题。

一、接力赛：不一样的围棋

多年来，我们常常为围棋是竞技还是文化纠缠不休。其实，围棋首先是一种在盘上争胜负的游戏，竞争、胜负是它的本质。而文化是建立在竞技之上，人们赋予了这种游戏各种各样的内涵。没有竞技，何来文化？

只不过，我们现今把围棋竞技强调得有些过分，职业棋坛更不用说了。业余的不少大赛也基本上成了业余高段棋手们的舞台，广大棋迷缺乏参与感。于是，围棋变得越来越小众了。

有鉴于此，才有了城市围棋联赛创办的初衷：将大众、娱乐这些围棋本来应该拥有的属性重新回归到围棋中。所谓：

竞技与娱乐的结合，
游戏与艺术的融汇，
文化与科技的联姻，

棋手与观众的互动。

这成了城市围棋联赛的一种理念。说白了，城市围棋联赛就是想提供围棋比赛的一种新玩法，比如将个人赛变成团体赛，以接力赛的方式几个人共同下完一盘棋，有教练，可暂停，可换人。比赛既发挥个人的作用，又强调团队的配合，既重竞技，又把艺术、文化、娱乐的元素引入赛事中，同时，因为是多人下完一盘棋，比赛的不确定性、紧张性就大大增加了。

其实，在城围联接力赛之前，国内有识之士就有队际赛的尝试。两者都以队为单位，以团体赛的形式，多人完成一盘棋。只不过队际赛是双人接力，接力赛是单人接力。我理解，队际赛更具娱乐性，城市围棋联赛则更强调竞技与娱乐的结合。

从城市围棋联赛的进程中也似乎可印证这一点。有参赛棋手说，比赛开始阶段，在南宁开幕式后赛会的前三轮，娱乐的成分似乎更重一些。特别是开幕式上围棋宝贝们的热舞，大舞台中的对决，观众的积极参与，都增加了好玩的感觉。但随着比赛的深入，各队越来越看重胜负，比赛也越来越紧张激烈。而对接力赛这种新赛制的战略战术的研究也越来越深入，甚至必须上场的女棋手，是让她们打头阵还是在官子阶段再出马，各队也有了不同的心得。毕竟，八十万的冠军奖金是一个诱人的蛋糕。

面对首届城市围棋联赛，各俱乐部的心态和策略似乎也不一样，就以组队而论——有的组是纯职业的阵营，如长沙合和围棋俱乐部：王迦南四段、舒一笑三段、马如龙三段、周元俊二段、李必奇二段、张紫良初段、张佩佩二段、李羿蓉初段，清一色的职业“新生代”；有的以职业为主体，再点缀一两个业余棋手，如南京苏中建设、武汉丰达、贵安天元、衢州弈谷、北海弈海清风围棋俱乐部，都是这种模式；有的是职业再配上业余天王级棋手，如唐崇哲在上海同湾，胡煜清、王琛在成都恒泰，白宝祥、马天放在南宁天元；有的则是纯业余组合，如北京华智、广州首联、深圳华蓝、昆明聚投围棋俱乐部。

常规赛十轮比赛结束，十八家俱乐部中有八支队伍出线，分别是南部赛区的前两名：南宁天元（二十分），北海弈海清风（十六分）。西北赛区的前三名：西安秦岭（十六分），贵安天元（十四分），成都恒泰（十四分）。东部赛区的前三名：南京苏中建设（十四分），长沙合和（十二分），上海同湾（十分）。

十八支队伍中，南宁天元获得全胜奖，昆明聚投则未尝胜绩。有意思的是，昆明聚投的棋手组成，不仅全业余，还注重社会影响力。九位棋手中，有两位企业老总，两位局长，两位市级围棋协会副主席。看来，他们是真正地重在参与而另有收获。就像领队兼棋手李纪文 5 段所说，他们收获颇丰，参加城围联比赛让他们结识了一批棋界名人，获得了新的商机，并且参加比赛后觉得长棋了。

看来，参加城市围棋联赛，大家各怀目的，各有所得，也许，这正是联赛的价值所在吧！城市围棋联赛在正赛之余，还会组织丰富多彩的活动。比如常规赛闭幕战，除了最后三轮比赛，还有嘉宾围棋邀请赛，棋迷接力赛。“最强大脑”鲍云 6 段带领的闭目围棋队参加了八支棋迷队进行的接力赛，取得第二名的好成绩。他们精彩的表演让观众目瞪口呆，连鲍云的偶像——老国脚容志行也瞬间成为他的粉丝了。

通算起来，城市围棋联赛有十八支队，一百八十多位棋手，其中男棋手一百四十余人、女棋手四十人，段位最高的职业九段，最低的是业余 4 段；年龄最大的六十岁，最小的只有十一岁；职业包括职业棋手、围棋协会领导、围棋教师、企业家、职员、公务员以及在校学生。他们在城围联这一大平台上既龙争虎斗，切磋棋艺，又相交相识，增进友谊，同时还带动了一大批棋迷的参与。城市围棋联赛帮助围棋在竞技化的同时又走大众化、娱乐化之路，迈出了可喜的第一步。

二、赢利模式：赚钱好商量

围棋如果仅仅只是好玩，并纯粹为了好玩去烧钱，难免有玩物丧志之嫌。所谓体育产业化，就是如何让有益身心健康之事在好玩的同时还能产生经济效益。

就围棋而言，过去所谓的产业基本上只限于培训，加上棋具和相关图书的销售。至于比赛，基本上都是赞助模式，出资方赔钱赚吆喝。那么，能不能通过品牌赛事让它本身就带来赢利，这就是广西华蓝集团的雷翔董事长一直在考虑的问题。

很多人觉得这是不可能的事，因为按照通常的体育产业盈利模式，会有门票收入、转播权的收入、赞助商、商品开发的收入等等，但围棋比赛在不少方面都还暂时看不到“钱”途。为了说服投资者，雷翔董事长在很多场合都要谈到城围联的盈利模式，他将之概括为四点：

第一通过品牌赛事吸引投资。赛事当然要拉赞助，但是城市围棋联盟和传统比赛拉赞助的区别在于，传统的赛事没有赞助就不能搞比赛，而城市围棋联盟是由投资者投资来搞比赛，之后再吸引赞助。比如城市围棋联盟揭幕战厦门万安智能公司的冠名就是一例。短短三个月，城市围棋联赛已经引来了二百四十万的赞助，算是一个不错的开端。

第二个是衍生产品的开发。现在城市围棋联盟已初步开发出文化衫、纪念U 盘等产品，下一步还将继续开发一些新产品。

第三是线上开发。在“互联网 +”的时代，把线上的产品和线下的比赛结合起来，构建一个属于城围联的平台。

第四是综合性多功能的体育场馆的建设、经营。南国弈园就是一个范例，将过去的“政府投资——经营——财政补贴”模式变为“政府优惠给地——企业经营——实现双赢”。浙江的衢州已经在建弈谷，而贵州贵安新区、重庆的场馆建设也已进入实质性洽谈阶段。

为实现围棋产业化的目标，城围联学习美国“NBA”模式，提出“赛事大众化、棋手商品化、运营企业化、组织联盟化”的口号，城市围棋联赛以城市围棋联盟为运营平台，由“城围联体育投资有限公司”具体负责运营，致力于创造围棋商业化传播的一种新模式。联赛的第一年，就吸引了十六个城市十八家俱乐部的参与。而且，常规赛刚结束，就已经有不少新的投资者申请加盟。

这些投资者不少本身并不懂棋，他们凭什么肯投资围棋项目？也许他们看中的是国家推动体育产业化的大趋势，是城围联的盈利模式所体现的良好的“市场造血机能”。正如上海银湾物业管理连锁集团董事长胡祝帮在城市围棋联赛闭幕战投资者沙龙中所说：“我们是做物业的，在全国有上千家加盟连锁，我们可以在管理的小区里开发围棋衍生品和围棋教育培训门店，做一些围棋的普及工作，拓宽城围联盈利渠道和规模。”成都飞龙恒泰投资有限公司董事长杨先蓉直言：“我一点儿也不懂围棋，但是体育文化产业发展的前途无量，现在不捷足先登，以后后悔就来不及了。”江苏苏中建设集团股份有限公司副总经理顾少军则强调：“我们是做建筑工程施工的，加入城围联就进入了这个产业链，城围联要在全国各地复制围棋文化综合体，就为我们带来了商机，我们就有了用武之地。”

城围联以类似众投的方式吸引投资者加盟，十八个俱乐部，他们来自建筑、设计、互联网、物业、投资、传媒、文化传播等多个行业，本身的总资产就达六百亿，构成了一个巨大的产业链。赚钱好商量，大家一起奔小康。城围联的提出的目标是：

一亿人口：推动围棋发展，普及围棋人口超过一亿人。

十亿估值：城围联赛事品牌估值三年内达到十亿。

一百座城市：推进主场运营，在全国一百个城市建设标准化棋院。

一千亿产业：打造围棋及相关产业年产值超过一千亿元。

当然，投资有风险。做产业，也需要一些新鲜的刺激，一点儿玩的就是心跳的感觉。如果成功，它将真正开辟围棋产业化的一条新路，正所谓风景这边独好！

三、未来的路怎么走

城围联一亮相，就给人酷炫、惊艳之感，引来四面八方的关注。闭幕战的开赛仪式，八位嘉宾分为两队剪彩。一边是中国围棋协会主席王汝南带领林建超将军、王东副市长、雷翔董事长三位副主席；一边是全国政协民宗委副主任杜鹰、原全国人大预算委员会副主任黄建初、广东省体育局局长王禹平、广西壮族自治区体育局副局长张冬梅，这阵势本身就构成了一个强大的气场。

王汝南主席多次出席城围联的活动，他在闭幕战开赛仪式上致辞，强调城围联作为首个市场化运作的围棋赛事，紧扣商业价值和体育产业两只眼，进行赛事创新、运营模式创新和商业模式创新，把围棋这项高雅的智力运动办得非常有趣和热闹，让大家乐于参加，以此推动围棋产业的发展。此外，王汝南主席还参加了嘉宾围棋接力赛，坐镇嘉宾南队，亲自担任教练进行指导。还有，中国围棋协会副主席华以刚、世界女子围棋冠军徐莹联袂讲棋，让棋迷大呼过瘾。罗洗河、丁伟、梁伟堂等众多明星教练同台 PK，众多职业新锐和四大天王领衔的业余高手齐上阵，使比赛本身精彩纷呈。而棋迷也对这一新兴赛事大感兴趣，议论纷纷，跃跃欲试，想一展身手。

应该说，就先声夺人、吸引眼球、引发话题而言，启动三个多月的城市围棋联赛已经初步达到了目的。接下来的问题是，如何让城市围棋联赛真正地深入人心，真正体现其“大众性”与“城市性”。

以比赛本身论，如何让娱乐性与竞技性更好地结合，使比赛更精彩、更吸引人，是城围联需要考虑的问题。以已经结束的常规赛而论，由于实力上的原因，南部赛区的南宁天元全胜，西北赛区的昆明聚投全败，让比赛早早地失去悬念。而东部赛区，后三名苏州园林、衢州弈谷、武汉丰达则同积八分，与第一名十四分仅有六分之差。从比赛的观赏性、吸引力的角度论，这应该是一种理想状态。为使各队实力更平衡一些，城围联以后在制度设计上是不是可以有所作为。美国 NBA 就有一些成功的做法。

一些棋迷认为城市围棋联赛还是过于高端，过于“职业”，与其标榜的“大众化”“娱乐化”还有一段距离。这便涉及城市围棋联赛的定位，是走高水平竞技之路还是去大众娱乐之路。第一届城市围棋联赛基本上选择的是前者（很多队以职业棋手为主就是明证）。如果选择后者，那么就需拓展参赛棋手的广泛性、代表性，同时限制一场比赛中每个队职业棋手上场的人数。现在的规定，职业棋手等级分排名一百五十名之后方有参赛资格，对城围联来说，无异于作茧自缚。其实，一个高知名度的职业棋手比一群普通的棋手更实用，也更能吸引眼球。

还有一些棋迷说，城市围棋联赛看起来很热闹，但真正受益的是高端的棋迷群体，普通的棋迷难有切身之感。既然是“大众的围棋、城市的联赛”，“大众性”与“城市性”如何体现，这就不仅是城市围棋联盟，而是每个俱乐部都需要进一步努力的方向。

目前不少围棋爱好者觉得现有的一些赛事的相关服务质量有待提高，职业乃至一些业余赛事“曲高和寡”，广大棋迷的参与空间太小。这些赛事赛前宣传寥寥；赛中宾馆大门紧闭，仅有的互动环节大盘讲解参与人数也相当有限；赛后来去匆匆，悄无声息。

而城市围棋联赛相对于传统围棋赛事，最大的优势就在于：第一，强调团队概念；第二，互动、参与性强。这种互动既包括棋手与教练的互动，更有对局者和观众的互动，观众不再可有可无，可通过网络和大盘讲解了解对局，参与对局，喝彩，竞猜甚至议论，适度地干扰客场队员，这一切都是为了提高观众的参与性，提高比赛的观赏性。

而城市围棋联赛既然是以城市为基本组成单位，它代表的是一个城市围棋文化、品牌形象，如何让联赛接地气，加强与当地棋迷的互动，就成为需首先考虑的问题。每个城市都有自己的围棋文化，城围联也可以考虑编一本《中国城市围棋地理》，介绍各城市的围棋历史、文化、现状以及各自俱乐部的状况。这样，城市围棋联赛便有了深厚的文化底蕴，也有了广泛的社会基础，可以吸引棋内棋外的更多人士来关注围棋和城市围棋联赛。

再说赛事文化衍生品的开发，其实也大有可为。有围棋爱好者总结，他们需要的比赛周边服务环境应该具有“切身的可参与感”和“可展示的回忆”两大特点。前者指爱好者作为主人翁的形式出现，参与比赛讨论，加入团队阵营；

后者指赛事相关的衍生品销售，可供参与者购买后作为分享经历的物质载体。这些方面往往被赛事举办者忽视，不是棋迷没有需求，而是我们无法提供足以吸引人的“产品”。

城市围棋联赛在很多方面都有进一步开拓的空间，它带给了人们许多不一样的体验与感受，让我们重新找到了那种心动、心跳的感觉。我与四川眉山的涂永安先生为城围联合作写了一首歌，题目就叫《弈起来》：

既然黑夜有星辰闪烁，
那么白子就能穿越阻隔。
既然白天有花开花落，
那么黑子也能突破自我。
既然道路有平坦坎坷，
那么人生就有悲欢离合。
既然梦想有清晰脉络，
那么我们就有美好生活。

虽然同样是黑白颜色，
但是我们拥有别样品格。
虽然竞争是惊心动魄，
但是我们懂得团结协作。
虽然较量有百十回合，
但是接力就有趣味多多。
虽然对局者依然沉默，
但是旁观者可大声吆喝。

弈起来，大众的围棋，城市的联赛。
弈起来，黑白的活力，生命的精彩。

弈起来，带来黑白世界的可爱。

弈起来，创造美好世界的未来。

弈起来，唱起来，我们在一样的黑白世界里，感到了不一样的精彩。

原载《围棋报》2015 年

围棋嘉年华：感受“炎黄杯”与欧洲围棋大会

一

一年一度的“炎黄杯”世界华人名人围棋邀请赛往年多在中国举行，2012年又来到了德国。2012年7月27日至8月1日，来自中国、美国、加拿大、泰国、欧洲各国的六十余名棋手，齐聚德国历史古城波恩，以棋会友。比赛分炎帝组和黄帝组，采用积分编排制，共进行六轮比赛，结果来自新疆的韩辉5段和来自欧洲的华人棋手朱威4段分获两个组的第一名，夺得了冠军奖杯。

值得一提的是，这次比赛因为在欧洲举行，不仅欧洲的华人棋手积极参与，在“炎黄杯”赛场上也首次出现了外国人的身影，其中就有好几位德国的棋手，他们都有3、4段的棋力，实力不容小觑。我第一轮就碰上了一位4段棋手，对手下得非常认真，大局把握得很好。我本是裁判身份，因棋手成单数，临时顶替参赛，第一轮就败给了外国人，我对外国棋手的实力也有了真切的感受。最后一轮，又对上了这次“炎黄杯”德国围棋协会方面的组织者梅凯（Kai Meemken）3段。一上来我就吃住了对手的几颗棋筋，形势大优，可对手却很能搞，七弄八弄，逼我的大龙与他的角对杀。如果不是对手紧张出现失误，最后我可能又要在欧洲棋手面前再吞苦果了。虽然最后我侥幸得了个黄帝组的第六名，弄了个奖杯，但听说梅凯事后在聂老那里连连诉说：“我真傻，真的。”我也只能在心里说：“不好意思，承让了！”

说到聂老，这届“炎黄杯”专门邀请他来参加。聂老是“炎黄杯”的发起人之一，在闭幕式上他说到与沈君山、金庸、林海锋先生在1999年发起举办“炎黄杯”的情景。“炎黄杯”在云南丽江、贵州黄果树、新疆天山天池、重庆三峡共举办了四届。2003 年，泰国正大集团副董事长、世界华人围棋联合会会长蔡绪锋先生将“炎黄杯”接过来，到如今（2012 年）已是第十四届。“炎黄杯”成了世华围联每年一届的常规性赛事，成了联结世界各地华人的纽带，这其中凝聚了许多人的心血。在“炎黄杯”大会期间，聂卫平与棋迷进行多面打指导棋，还挂大棋盘讲棋，回顾在第一届中日围棋擂台赛上他与藤泽秀行的主将对决，题为“中国围棋史上最关键的一胜”。在讲棋现场，中国、日本、欧洲国家的许多棋手、棋迷会聚一堂，感受当年擂台赛的紧张气氛及这盘棋带给中国棋迷的感动。大会还专门为聂卫平六十岁生日举行了庆祝活动，不同国籍、肤色的棋迷在主持人的带领下，共唱生日快乐歌，场面很是感人。

这届“炎黄杯”还多了一项活动：欧亚混合双人友谊赛。由参加欧洲围棋大会的欧洲棋手自愿报名，与“炎黄杯”棋手共同组队，每队棋手必须由不同国家组成，并颁发最佳默契奖给优胜队伍。尽管语言不通，通过棋却可以达到心灵的默契，所谓“手谈”，不需借助语言文字进行交流，这正是棋的特点与魅力。

二

“炎黄杯”的不少改变都得益于欧洲围棋大会。

欧洲围棋大会（European Go Congress, 简称 EGC）自 1956 年创办以来，每年一届，从未间断，被西方围棋爱好者们誉为“没有围墙的围棋大学”。2012 年度欧洲围棋大会从 7 月 21 日到 8 月 4 日，持续整整两个星期。2012 年“炎黄杯”移师欧洲，成了欧洲围棋大会的其中一个项目。于是，华人与欧洲棋手之间便多了许多交流的机会。7 月 27 日，“炎黄杯”报到的当天，筹委会便组织了“世界围棋发展论坛”，世界华人围棋联合会会长蔡绪锋，国际围棋联盟秘书长重野由纪，欧洲围棋联盟会长 Martin Stiassny，德国围棋协会会长 Michael Marz，法国围棋协会会长 Frederic Renaud，韩国明知大学围棋系教授郑寿铉，中国重庆棋院院长杨一，中国台湾围棋协会秘书长秦世敏分别做主题发言，就世界围棋的发展现状与前景展开讨论。如果说亚洲之间围棋的交流尚算频繁，亚洲与欧洲之间，尽管有世界智力运动会，有世界业余围棋比赛，但总的来说，交流还是太少了。

这次亲临欧洲围棋大会，第一次真真切切地感受到了欧洲围棋的气氛。五百六十多人参加的围棋大会，给人的感觉就是围棋嘉年华，一个围棋的狂欢节。比赛丰富多彩，就形式而言有个人赛、联棋赛。就用时而言，有每方两个半小时的慢棋，也有十秒一手的超快棋。还有午夜十二点以后进行的“夜战”，一周五天的赛事后有“周末赛”。记分原则也多样化，联棋自由组合，不同国别、年龄、性别、棋力的组合都可加分。比如两个国家棋手的组合，加一分；两人段级位相差七个等级以上，加一分。个人赛也灵活多样，两人下了一盘，输的不服，可继续挑战，一直下下去。比赛盘数最多的有奖，每周五盘棋中赢三盘以上的也有奖，午夜棋下得最多的有奖，连赛会期间喝啤酒杯数最多的也有奖……奖励多多，每一个棋迷，无论棋力高低，都可以找到合适的位置，找到属于自己的乐趣。不获奖也没关系，就权当是参加一次围棋聚会吧！不像国内的比赛，业余围棋也常常成了少数高手主宰的“锦标赛”，一个省的围棋团体赛，因为可以请外援，也就演变成了全国业余高手的争霸赛，围棋带给广大棋迷的乐趣也就大打折扣了。

不只是比赛，欧洲围棋大会其他不少方面也值得我们借鉴。比如比赛成绩的记录，那么多人的比赛，如果每盘棋都需要裁判去判胜负、记录，那势必需要许多裁判员。他们的做法很简单，每张桌子上有个卡，两位棋手自己判定胜负，只需要在上面填上有关信息、签字，放进大会准备的信箱即可。再就是比赛场地的布置、气氛的渲染，赛场外的大堂里贴满了各种与围棋有关的宣传画。很多画颇有创意，如香蕉里挤出的是黑白子，人的大脑、脊柱也都是黑白子……还有书店的书展，各种与围棋有关的书籍琳琅满目，我在那里买到了一本专门介绍欧洲围棋历史的书，尽管是德文，看不懂，但书中那些珍贵的图片就让你爱不释手了。最让人不可思议的是，我居然还淘到了日本昭和十四年（1939 年）发行的《高等围棋讲座》（全三册），还有日本的《棋道》《围棋俱乐部》杂志。

《高等围棋讲座》每册五欧元，划算啊！

这次欧洲围棋大会，日本、韩国、中国都选派了职业棋手前往。其中日本十人，韩国九人、中国八人。大会既安排了职业棋手的指导棋，还有每天在固定的时间、地点的复盘。这有点儿像医院的专家门诊，当然是为棋迷服务，诊的是棋的常见病和各种疑难杂症。

在这届欧洲围棋大会上，我还认识了来自中国的日本职业棋手黎婷，她长在北京，后去日本留学，在日本关西棋院取得职业段位，现在奥地利维也纳大学攻读亚太文化博士学位，在维也纳大学攻读亚太文化，准备撰写与围棋有关的博士论文。她向我介绍了欧洲围棋的有关情况以及各种常规的五花八门的比赛。本届欧洲围棋大会还选出了2016年的举办城市——俄罗斯的圣彼得堡。2017年主办国是波兰，之后分别是罗马尼亚、捷克。这样，后四年的举办地都已经确定，真有点儿竞争奥运会举办城市的味道啊！这也可以看出欧洲围棋的热度。在本次欧洲围棋大会上，黎婷被选为欧洲围棋联盟七位理事之一，专门负责亚洲地区的事务，这也是欧洲围棋联盟历史上第一个非欧洲籍的理事。作为中国人，我跟黎婷说："在欧洲围棋大会上，处处看到日本、韩国棋手的身影，他们的书籍被译成英文摆在书展的柜台，许多奖品也是由日本棋院提供，连棋的写法也是英文的'GO'，日文的'碁'（来自古汉语）。对此，中国棋界应该予以高度重视，中国作为围棋的发源地，要做的事很多，真的是任重道远啊。"我们希望，在以后的欧洲围棋大会上，能见到更多的中国棋手的身影，也有更多中国围棋书籍、中国文化的元素出现在欧洲，融入到欧洲的围棋文化中。

少儿围棋教育的理念与出路

2011年初，《少儿围棋》杂志主编彭涛先生给我打电话，说他们想办一个围棋论坛，请我去主持一下。我还没问清论坛的主题是什么，就答应了。不管什么主题，只要是围棋就行，谁让我是棋迷呢！

5月到了武汉，见到了编辑部的编辑们，才知道这个论坛是“少儿围棋教育主流论坛”，论坛列了一些主题，如少儿围棋教育未来十年的主流发展，围棋学校教学系统的建立，教师队伍的稳定与壮大，招生模式未来的转变，等等。说实话，对于少儿围棋教育，我是局外之人。许多年前，曾应一位从事少儿围棋教育的朋友之请，去他所在小学开办的围棋班上课。一个学期下来，我的体会就是那些小屁孩太难教了。校方专门配备了一个负责纪律的老师，教室里的孩子还是经常叽叽喳喳，闹成一片。哪个孩子不听话，罚他到教室后面站着去，受罚的孩子就若无其事地站在那里，一点儿没有面壁思过、悔过自新的样子。唉，真是让人又气又恨，一点儿辙儿都没有。一个学期结束了，只好让那位朋友另请高明。事后我反省，是不是我的教学方法有问题，趣味性不够，不能因材施教？我在大学也算是偶像派级别的老师了，人气很旺，上课从来不需点名的。我在课堂上口若悬河，下面的学生听得聚精会神，到了小学怎么就不行了呢。可见隔行如隔山，行行出状元。当得了大学老师，未必就教得好小学生。

正因为有这么一段经历，这次参加少儿围棋论坛，面对来自全国各地从事少儿围棋培训的教学者、经营管理者，我尽管名义上是主持人，其实也是抱着学习的态度，诚心想长点见识。经过两天的讨论，我果然大有收获，结识了许多活跃在围棋教育一线的棋界朋友，此其一；通过会上、会下的交流，对围棋教育特别是少儿围棋教育有了新的认识，此其二。

此次论坛，大家互相交流经验，也提出了面临的一些问题、困惑。大家最关心的虽然是一些实际的问题，如招生、规模、管理、教师、教学、利润等等，但背后其实都涉及一个教育理念的问题。少儿围棋教育有其特殊性，就是它主要由围棋培训机构来承担。这些围棋培训机构以多种名义创建，如围棋学校、棋院、培训中心、围棋教室、道场等等，但万变不离其宗，它们首先是以赢利为目的的带有企业色彩的机构，但又担负着与全日制学校共通的一些使命。这决定了它教育的目的首先是一种技能培训——将学生引进围棋之门，然后尽快提高他们的技战术水平，有特殊天赋的学生，则尽可能让他们敲开职业之门。不少家长把孩子送到围棋学校来，也是带着这一目的。这使不少围棋培训机构为了吸引学生进来然后留住他们，不得不以此作为教学、管理的指挥棒。这就像在全日制学校，高考成绩首先成了他们追求的目标。一些道场也以培养了多少职业棋手作为他们教学的亮点，但这种以技能培训为唯一目的的围棋教育，其实是有弊端的。陈祖德先生在出版的“中国围棋古谱精解大系”自序中就谈道：

> 我们的祖先发明的围棋给我们带来了快乐和无穷乐趣！可惜，当前，围棋和其他体育项目一样，竞技性越来越突出。现在有不少孩子的家长为了把自己的宝贝培养成“常昊”“古力”，大人孩子付出太多代价，使快乐的围棋变得沉重。在北京集中了全国各地那些非常聪明优秀的小棋手，有些孩子家长甚至宁可孩子学业荒废，或者连小学都不上，只是希望孩子成为职业棋手。这不是围棋的盛事，这是围棋事业发展的一个异化现象。何必都要挤上职业棋手这独木桥呢？

围棋有多种功能，如竞技功能、娱乐功能、陶冶功能、思维训练功能……既然如此，技能训练当然应该只是围棋培训的其中一个目标而已。围棋培训机构也可以各有侧重，有的以普及为主，有的以提高为主，乃至作为职手的摇篮，大部分围棋培训机构其实是前者。既如此，教育的目标也是不是可以有所调整，即围棋教育既是一种技能训练，又是素质教育的一种方式。

前面说到，我们的全日制学校的教育在高考的压力下，考试成绩常常是家长和老师主要乃至唯一的追求目标。在现有的教育体制下，这是一种无奈之举。正因为如此，各种素质教育班、兴趣班应运而生，以补充学校正规教育之不足。而像舞蹈班、绘画班、钢琴班、书法班等，很少以培养舞蹈家、画家、钢琴家、书法家为主要目标的。很多家长送孩子上这些班，也就是希望孩子多点才艺，并未存多少非“分”之想。那么，围棋班何必把自己的目标定得那么高不可攀呢？以培养职业和业余高段棋手为目的，只会让自己的路越走越窄。将围棋教育定位为素质教育中的一种，才会具有雄厚的基础，拥有广阔的前景。

围棋教育理念明确了，师资、教学、教材等许多问题自然迎刃而解。比如招聘教师的时候，既要注重其棋力，又考虑其文化素养。比如教学内容，既要注重技能训练，又要适当引入与围棋文化相关的内容。在教学方式上，既要以课堂教学为主，又可以组织一些课外教学活动，如邀请有关专家和在其行业中有一定建树的人士，面向学生或家长，进行一些棋文化、棋与人生智慧之类的素质教育讲座，所费不多，其广泛影响又是纯粹的课堂教学所无法达到的。特别是面向家长的座谈、讲座，与家长形成围棋教育方面的一些共识，才是真正的稳定学生之道。

再比如教材，现在国内围棋培训教材五花八门，但万变不离其宗，基本上是技术培训。那么，能不能做一套面向不同年龄层次孩子的围棋文化教材。我自己近些年做了一些围棋文化方面的研究，也写过《围棋与中国文化》、《弈境——围棋与中国文艺精神》（博士论文）、《黑白之旅》、《棋行天下》、《围棋与东方管理智慧》等围棋文化方面的著作，在国内外虽有一定的影响，但深感面向少儿的围棋文化读物的缺乏。去年应《少儿围棋》之约，写过一组面向少儿的围棋故事《黑白英雄会》，再改编成漫画，算是一个尝试。其实，国内少儿围棋培训这么大的市场，少儿围棋文化读物和教材应该是大有可为。下一次的围棋论坛，如果能在围棋教育理念、围棋教学、围棋教材等方面有更深入的讨论，当有更大的收获。

我在本届论坛闭幕的时候曾经说过一句话，世上之“用”有两种：有用之用和无用之用。有用之“用”是看得见、摸得着、可以马上见成效。无用之“用”可能是一时看不出实际的效果，但从长远来看，又有可能影响到个人或行业的未来发展前景。有时，有“用”未必真“用”，无“用”可能又是大“用”，这就是中国式的辩证法。

对于少儿围棋教育来说，把眼界放开阔一点，考虑问题长远一点，而不是眼睛只盯着当下的一时、一地、一用，这个行业才能真正做大做强，拥有更加美好的前景。

2011 年 7 月 18 日

围棋学院：探索大学围棋教育之路

2014年4月14日，无论是在棋界，还是在教育界，都可能还会是一个让人记住的日子。因为这天，我们在南京工业大学浦江学院见证了一个“新生儿”——围棋学院的诞生。笔者有幸主持了成立大会。国际围棋队际赛委员会主席谢骏先生在嘉宾致辞中说，围棋不光是好玩的游戏，更是我们的信仰。我认为，信仰是需要仪式的，何况是让围棋真正走入大学专业教育的这样一个标志性事件。

一

中国古人把围棋当作琴棋书画四艺之一，但进入现代，围棋更多地成了竞技，成了养育身体之“体育”的一个组成部分。围棋教育，很长一段时间也只是停留在技术培训的层面，难有大的突破。其实，早在2001年，教育部和国家体育总局就联合下发了“三棋进课堂”的文件。2016年，教育部又正式批准了围棋专业，全国八十九所院校有招生资格，但围棋还是脱离不了“体育”的母体，其办学思路也就难以超越“体育运动训练”的模式。而浦江学院围棋学院另辟蹊径，在工商管理专业中，设围棋管理与教育方向，2016年开始招生。我们经常说，学术的新生长点往往是在不同学科间的边缘、交叉地带。以围棋而言，将围棋的传统智慧与现代管理理念结合起来，游走于围棋、管理、教育之间，也许正为这个专业提供了巨大的可开发的空间，也预示这个专业未来无限的活力。

笔者在主持围棋学院成立大会时说，围棋学院的诞生乃是天时、地利、人和共同作用的结果，东风已来，万事俱备。

先说天时。围棋走到今天，可以说处在了一个最好的发展时期。国家领导人的重视，竞技成绩的辉煌，围棋文化的繁荣，围棋产业的方兴未艾，预示了围棋春天的到来。那么，如何使围棋真正进入到大学教育体制中发挥它多方面的功能，围棋学院便肩负了重要的使命。

再说地利。南京作为六朝古都，也是三国时期吴国的首都，当年魏蜀吴三国，围棋最兴盛的就是吴国。中国现存最早的棋谱“孙策诏吕范弈棋局面”，出自吴国，中国最早被称为“棋圣”的严子卿、马绥明，都是吴国人。在南京秦淮河边，莫愁湖上，还留下了谢安弈棋退敌、朱元璋与徐达对弈等许多的佳话。在南京这样一个有着悠久围棋传统的城市，诞生中国第一个围棋学院，可以说完成的是一次历史与现实的对接。

浦江学院由泰国正大集团与南京工业大学合作创办。正大集团在蔡绪锋副董事长的积极倡导下，以围棋作为企业文化的一大特色。蔡绪锋先生还担任世界华人围棋联合会（简称世华围联）的会长，致力于围棋的国际推广。蔡绪锋先生还著有《东方 CEO》《围棋与东方管理智慧》，主编了“中国围棋文化研究丛书”。正是正大集团的围棋传统催生了围棋学院，也为围棋学院未来的发展打下了良好的基础。将围棋引入到大学专业教育中，百年树人，让围棋薪火相传，正可谓功在当代，利在千秋。

再说人和。成事在人，围棋学院的成功创建离不开棋界和社会各界的大力支持。蔡绪锋副董事长亲临现场，为围棋助威。出席成立大会的有江苏省和南京市各部门的领导，南京各大媒体的记者，浦江学院领导、老师、同学，还有棋界的许多朋友，像中国围棋协会副主席、总参原办公厅主任林建超将军，国际围棋队际赛委员会主席谢骏，江苏棋院杨伊明院长，中央电视台节目主持人黄子忠先生，山西人民出版社社长、总编辑姚军，还有陈祖源、张如安、胡廷楣等棋文化研究专家，丁波、王海钧、孙远、李喆、王香如等职业棋手，中国业余棋王胡煜清先生等，他们大多是围棋学院要聘请的客座教授和兼职老师。成立仪式的一个活动，就是蔡绪锋董事长亲自向围棋学院客座教授授聘书。另外还有浦江学院副校长高建国先生为围棋学院的四位兼职教师孙远、李喆、王香如、胡煜清颁发聘书。以后，围棋学院还将陆续聘请棋界、学界、企业界的有关人士担任客座教授和兼职教师。我想围棋学院正是有了社会各界和棋友们的大力支持，在通向未来成功的路上迈出了坚实的第一步。

二

在祝贺围棋学院成立时，蔡绪锋先生说到，浦江学院的围棋学院不仅要做好围棋专业教育，还要在全校普及围棋。现在浦江学院无论老师还是学生，大家都在学太极，他希望不久的将来，浦江学院的每一个学生也都会下围棋，使太极与围棋成为校园文化的两大亮点。

将围棋专业教育与普及教育结合起来，可谓任重道远。谢骏在嘉宾致辞中强调，围棋是解读生命与自然的密码。现在大学毕业生经常感叹就业难，很大程度上是知识与能力的脱节，而围棋是把知识转变为能力的最佳工具。谢骏用四句话来概括围棋：围棋是喜怒哀乐、七情六欲的全景旅行，可以锻炼人的情商；围棋是目标策划、实施评估的职场缩影；围棋是道法自然、上兵伐谋的沙盘演练；围棋是生老病死、安身立命的人生概括。

谢骏先生说他一直对围棋带有一种宗教信仰般的敬畏。敬畏围棋，追逐梦想，让我们一起努力！江苏棋院的杨伊明院长在致辞中也表达了同样的愿望。

中央电视台著名围棋节目主持人黄子忠先生也在开幕式上发表感言，说羡慕围棋学院的学生，过去学棋，连书都买不到，现在竟然有这么多优秀的老师，不光传授棋艺，也传播棋文化，真好。以就业而论，《谁是棋王》节目，几十万人参与，已经显示了围棋广泛的影响力和群众基础，只不过还需要媒体的引导，大家的努力。现在围棋比赛与培训都非常红火，也预示了围棋管理与教育专业有着广泛的市场。

围棋学院成立大会的一个重要议程，就是林建超将军做《围棋与中国人的战略思维》的主题报告。林建超将军在讲座中，首先祝贺浦江学院围棋学院的成立，认为其具有特殊的意义，不仅是中国首创，以学院而论，也堪称世界第一（韩国明知大学仅有围棋系）。学院以培养围棋管理与教育人才为目的，这与体育类培养竞技人才有了选择方向的差别。我们国家已经重新回到世界围棋竞技的巅峰，竞技人才的强度与厚度堪称世界第一。但围棋作为一项大事业，一门大学问，一个大家庭，它需要发展，需要广泛的传播，因此不仅需要竞技人才，更需要管理和教育人才。培养围棋管理与教育人才，对围棋的发展与广泛传播具有根本性的意义。围棋学院，这是在历史与现实的交集中出现的一个新生的使者，会把我们带到围棋一个更广阔、更亮堂的世界。而围棋所包含的中国人的战略思维，更是中国文化的一笔宝贵财富，值得我们发扬光大。战略管理也可以给围棋管理带来许多的启示。

三

这次会议，既是围棋学院成立大会，也是围棋专业系列教材编委会。与会嘉宾到浦江学院来的一个议题，就是参与中国第一套围棋专业系列教材的编撰。

目前中国围棋教育主要集中于各大围棋培训机构的少儿围棋培训，同时围棋也逐步进入中小学和大学的课堂。然而教材始终是制约围棋教育的一个重要因素。目前面向幼儿和少年读者的围棋技术类教材很多，面向大学生的围棋教材却很少，特别是专业的围棋教材，可以说是个空白。2016 年，教育部正式批准了围棋专业，八十九所院校有招生资格，浦江学院的围棋学院也设了围棋管理与教育专业，编撰一套大学围棋专业亟需的教材，也就势在必行。

拟议中的大学围棋专业系列教材暂定六本。《围棋学概论》致力于建构围棋学基本理论，内容包括围棋本质论、围棋系统论、围棋思维论、围棋价值论、围棋形态论等。《世界围棋简史》则涵括中外各个国家围棋发展历史及围棋的国际交流、传播，力争将围棋的技术史、文化史、交流史高度融合起来，构建一幅完整的世界围棋地图。《围棋产业学》致力于研究围棋产业运行及其机制，围棋产业管理的理论与实践相结合，构建围棋产业的结构类型、经济模型、政策研究、资本模式、市场营销以及传播模式等。《大学围棋教程》（初级篇、中级篇、高级篇）则适应学生四年学习的需要，建立围棋技艺从初级到高级的培训体系。

林建超将军对这套教材寄予了很大的期望。他在编委会上提出教材要有新体系、新观点，能体现最新的研究成果，能占领世界围棋文化高地，拥有围棋文化的话语权。这也成了大家努力的目标，嘉宾们在教材研讨会上纷纷建言献策。如《大学围棋教程》如何打破原有的布局、定式、中盘战斗、死活、官子的分类，构建一个新体系。初级、中级、高级教程如何既循序渐进，又有所侧重。比如初级教程侧重基础知识，中级教程侧重专题研究，高级教程侧重棋理阐发与名局欣赏。

一套教材往往意味着研究对象的一整套知识体系的建构，特别是像《围棋学概论》，十几年前，就有棋友呼吁“围棋学”的构建，但一直没有人付诸实践。也许在前无古人的基础上，要建立一套完整的围棋学理论确实太难了。而围棋学院与围棋专业的诞生，使构建围棋学基本理论变得迫在眉睫，因为这是建立一个独立学科的基础。《围棋学概论》既包括围棋的基本原理，也包括围棋的具体形态。以棋局论，从棋子到棋子的组合（如飞、尖、立、跳等），再到棋形、完整的棋局，下棋作为“手谈”，是否也有一套从字、词、句到话语、篇章完整的“语言”系统，有一系列“词法”“句法”“语法”的规则，我们能否把棋局的这套“语言”系统与规则建立起来，这成了大家热烈讨论的问题。

而《围棋产业学》更像是一个新生事物。在中国乃至世界范围内，围棋产业都是刚刚起步。而这个时候，就要去构建“围棋产业学”的理论体系，既是对现有的围棋产业实践的理论总结，又要具有超前的理论预见性，难度可想而知。在这次教材编委会上，雷翔（因临时有要事未能与会）、谢骏、胡煜清三位先生，都各自提供了一份围棋产业学的大纲，怎么集思广益，拟出一个大家基本都能认可的方案来，便成了编委会首先面临的问题。

总之，万事开头难，无论是围棋学院，还是围棋专业系列教材，都需要我们在实践中不断去摸索，以此开辟出大学围棋专业教育的一条新路来。

关于围棋教育的地位，林建超将军有一句很经典的话：“基础是昨天，产业是今天，科研是明天，教育是后天。”为了围棋的未来，就让我们共同努力吧！

棋　迷

人生世上，无论做书迷、球迷，抑或棋迷，大多都是亏本的买卖。迷书者分明知道“书中自有黄金屋，书中自有颜如玉”只可作遥远的追想，可“典尽春衣为买书”者仍不乏其人。迷棋者自然也明白“胜敌无封地之赏，获地无兼土之实”，可仍旧迷而不悟，以至“虽有太牢之馔，韶夏之乐，不暇存也”。棋之魅力，可谓大矣。

古人多有关于棋迷的记载。纪昀《阅微草堂笔记》有云：

> 景城真武祠未圮时，中有一道士，酷嗜象棋，人以棋道士呼之，其本姓名乃转隐。一日，几上置局，止三十一子，其人亦不知去向，忽闻窗外喘息声，审视之，乃二人四手相帛，共夺一子，力竭声嘶，尚未肯让也。

这里讲的是象棋，围棋也是一样，都属于容易让人着迷的“痴物”。清末画家吴友如以社会风俗画出名。《吴友如画宝·风俗志图说》便刻画了不少嗜棋如命的棋迷形象。有一篇《棋癖》，说一人去县城为女儿置办嫁妆，见棋而忘“儿女琐事”，乐不思蜀，待如梦方醒，回到家来，女儿已出嫁矣！其妻极为恼怒，大加责罚，经亲友解劝，将所买嫁妆送至婿家，夫妻才重归于好。还有一篇《手谈扼喉》，说宁波某羽士素好围棋，与甲乙二生时相过从，古松流水，花影石幢，棋声不辍。一日，甲乙二人至羽士家，适羽士外出。家人遂敲冰煮茶，留之对弈。过了一会，忽闻局中人作倾跌声，一看，甲将乙放倒在地，紧扼其喉，乙力弱不能解脱，两足向地乱蹬。幸羽士自外回来，急将两人分开，问之，原来甲误投一子，欲悔棋，乙不肯，遂有这一场争斗。

没任何实际价值的胜负，竟让人如此在乎，可见棋媚惑人的力量。有时，棋盘更成了人的身心寄托之所。民国时黄铭功的《棋国阳秋》，写过金陵的一奇人：

> 瓮公者，不知何许人也。背一瓮，腰一布囊，乞食金陵市。或畀届之饭，自瓮出菹并啖之。啖已，探囊出纸局，陈市门，囊中累累，皆棋子也。有好者辄与弈，以数十钱为一局，胜负无不偿。得钱则买菜实其瓮。其弈固不高，一日而得者，或一日而失之，故频日乞。而瓮公无戚容。人曰："子独不可去此求乎？何自苦？"瓮公曰："天下求活之途，皆有苦境，宁独吾耶？吾自视苦为乐。去苦以就苦，智者尚不为，况去乐以就苦耶？"人曰："子有家乎？"曰："有。往者吾叔任于闽，召吾为主计。簿书出纳，手笔烦劳，吾期月而去之。从兄为京曹，荐吾于藩邸，衣冠进退，背若负芒，三月而去之。妻父为淮商，挟盐筴而利薮。吾偕妇往省，见其骄蹇侈汰，颇不善之，彼亦厌余之放旷也，曰：'是有穷骨。'余三日而逃之，因以弃妇，今无家矣。兄姊之庐，岁一过从；先人之墓，岁一扫谒，死则恃为殓葬耳。君视天下之大惟二途：求人与给人之求耳。求人而不谐，则忮生；给人之求而不至，则怨至。忮怨相互，陷阱以乘。吾宁以一瓮之菹，售当道之荆棘哉？"市人曰："此子非人，情不可信。"洪杨入金陵，瓮公遁为定林僧，不知所终。

正是忘忧清乐在棋枰。棋中虽无黄金屋、颜如玉，在困苦的生活中，棋也足以让人自得其乐了。

棋一般是两人下的，但有时实在找不到对手，心痒难熬，便不妨自己跟自己下。陆游《渭南集》写宋代一文人兼棋迷郑侠，以刚直名天下，棋瘾极大，"宾来酒一樽，兴来棋一局”“好强客弈棋，有辞不能者，则留使旁观，而自以左右手对局，左白右黑，精思如真敌。白胜则左手斟酒，右手引满。黑胜反是。如是凡二十年如一日”。

琴、书、画都可以自娱自乐，而围棋本来一般须两人对弈，既娱己也娱人。“独弈”则使围棋与其他艺术一样，成为一种纯粹的自娱方式，围棋也就显示了它多方面的趣味。独弈之人，一手胜了酌酒以示鼓励，一手输了大概就要挨板子了。如此乐此不疲，真棋痴也。自得其乐犹不过瘾，还强人旁观，真是霸道得可爱。

今之迷棋者，更是盛况空前。大街小巷，时闻棋子剥啄之声。虽无松风竹影、流水之声相伴，已大可自得其乐。古人称围棋为“坐隐”“忘忧”，世上不如意事居多，昔山林隐士之风，今已难于追慕，何妨安居闹市，于三尺之局中暂作“仙界一日”之游。人谓“小隐隐于山林，大隐隐于朝市”，能于忙里偷闲，闹中取静，方为真善隐者。清茶一杯，以棋为伴，忘忧清乐，消此永昼，不亦快哉！

宋人宋白有《弈棋序》：“观乎散木一枰，小则小矣，于以见兴亡之基；枯棋三百，微则微矣，于是知成败之数。”一定要将弈之小技与兴邦治国平天下联系在一起，以为其争得一席之地，未免过于腐儒气、道学气。汉代韦曜感时人“好玩博弈，废事弃业”，故作《博弈论》，感叹时人“假令世士移博弈之力，用之于诗书，是有颜闵之志也；用之于智计，是有良平之思也；用之于资货，是有猗顿之富也；用之于射御，是有将帅之备也。如此则功名立而鄙贱远矣”。可话说回来，“勉精励操，晨兴夜寐，不遑宁息”，以求立言立功，长此以往，也未免负累过重。有道是“不为无益之事，何以遣此有涯之生”，迷棋到抛却一切的程度，固不可取。劳心于家事国事，体乏神疲之余，又何妨暂时放松一下，玩儿一局？

原载《三湘都市报》1998 年 11 月 15 日

快乐围棋

世界上什么事情最快乐？

下棋。这里的棋当然是指围棋。小时候，玩过军棋、跳棋、象棋。自从学会了围棋，就像唐玄宗遇到杨贵妃，顿时“六宫粉黛无颜色”。军棋是赤裸裸的军长吃师长，师长吃旅长，旅长吃团长，遇到地雷，通通同归于尽。象棋稍好一些，但每个子的身份、地位、行为规范都是固定的。大王最无能耐却最受尊崇，小兵勇往直前，到头来还是个兵。这跟现实太接近了，玩起来还有什么劲。

初识围棋，我与我的同辈人大约都有一个共同的机缘，这就是中日围棋擂台赛，特别是聂卫平的神奇表现。那是 1985 年，我刚开始读研究生。第一届围棋擂台赛几起几落，这年年底，终于迎来了双方主将的大决战。周围几个懂棋的同学在收看电视直播。出于对胜负的关心，我也不由自主地凑了上去。对棋本身，我是一窍不通，真正牵挂我心的是解说者对形势的分析、判断。而黑白子相互缠绕，在我看来，本身就是一幅极美的画面，仿佛中国传统的水墨山水画，给人无限的遐想。我真正走近围棋是在 1988 年，研究生最后一个学期，论文已写完，等待答辩，正好有时间干点儿“无益”之事，于是，我便跟着几个学友，一边在棋盘上操练，一边拼命从书上学习各种克敌招数。

那真是一段“初恋”般的日子。如切如磋，如琢如磨，耳鬓厮磨地相守，朝朝暮暮地相思，围棋仿佛成了生命中不可或缺的一部分。在家里，看书、打谱，相伴入梦的是大头鬼、小猪嘴。出门时，简单的行囊中永远会有一副旅行磁性棋盘、几本棋书。因为喜欢围棋，而对与围棋有关的一切都有了兴趣。看电视，首选的总是围棋节目。好几次，有围棋比赛的直播，因为学校停电或中转故障我急得直跳，连忙驱车赶往市区其他人家，因棋盘上的输赢而来的喜悦与懊恼可以纠缠我很长时间。生活，因为棋而多了许多色彩。

我在大学里教的是文学，文学便成了饭碗。把玩围棋，则纯粹是游戏。其实，想想，人的一生无非就是由劳作与游戏组成。劳作是谋生的需要，游戏则纯粹是为了精神的快乐。人们工作的时候，总是一副严肃、神圣而又辛苦的样子，而只有在游戏中才能完全放松，全身心投入，体验到一种发自内心的快乐。

我经常想，假如工作也能像游戏一样快乐，或者说，在游戏中便能玩出点学问，该有多好！

有一天，当我尝试走进古老的围棋文化园地，我似乎突然发现了一种可以让我一辈子有滋有味地投入其中的“学问”。我在写《围棋与中国文化》时，感觉就仿佛是在一路的游玩中，不经意间发现了中国文化的一块新天地，风景这边独好。而深入进去，就不断地会有新的发现，新的惊喜。写所谓的学术著作，不过是把沿途所见所感记录下来而已，一路行来，差点儿把自己也陶醉了。

人到中年，形势所迫，只好再做一回“学子”。好在导师开明，竟同意我以围棋做博士论文。说起来，棋在中国古代也算是“四艺”之一，既然现今有那么多的诗歌美学、绘画美学、书法美学、音乐美学之类，咱做一回《中国围棋美学》，总不算辱没学术吧。有学友羡慕地说：“还是何师兄最潇洒，书读得最轻松，每天下棋、打谱，竟也成了‘功课’。”我笑答：“哪里哪里，不好意思。”

经常跟人说，如果哪个大学开设围棋专业，我立马就会请求去教围棋史、围棋文化，兴许还能培养出几个围棋硕士、博士什么的。妻子老笑我：“看你美的，围棋一旦成了你的‘饭碗’，你还会那么入迷？”我想也是，一旦撰写围棋专著、论文成了任务，学校还得规定你每年必须堆砌多少字，凑够多少篇，刊物是什么级别，像我现在正在写的这类“没正经”的文字还不算“成果”，那样一来，在我的爱好里，多了个文学，却可能没有了围棋。曹大元曾无限感慨地对棋迷说：“这辈子我至少比你们少了个爱好：围棋。”看来，有的时候，喜欢上一个人，却并不一定要把她娶进门的。

有人说，业余爱好是恋爱，职业就像婚姻。那么，对我来说，文学是“妻子”，围棋便是“情人”。文学是朝朝暮暮里一蔬一饭的厮守，围棋是在水一方中海枯石烂的诉说。每天守在一起，没有了任何距离，难免少了点激情，多了份平淡，不过，没有了“妻子”，你可能心里不踏实，生活没了着落，连吃饭穿衣都成为问题。这么一想我等也该知足了，文学这位“妻子”，已经算得上是美丽、浪漫、善解风情，何况，还有围棋这一红粉佳人相伴。

马晓春一句“说不上热爱围棋”的话，曾经引来许多棋迷的指责。我倒是挺能理解马晓春的。首先，问话的人就很愚蠢，这就像在众目睽睽之下问一个公众人物爱不爱自己的妻子。其次，多年夫妻，她可能早已与你血肉相连，却还要口口声声把“热爱”之类挂到口头上，多酸！

其实，许多棋迷挺羡慕职业棋手的。他们把围棋这个美丽迷人、风情万种的精灵娶进了门，每天可以厮守在一起，夫复何求？但是，有的棋手似乎并不快乐，是他们身在福中不知福，还是这“婚姻”本身便有什么问题？

父母望子成龙心切，就送小小年纪的孩子进围棋训练班。本该是天真无邪、天真烂漫的年华，可以打打闹闹，可以自由嬉戏，父母却过早地把这“嬉戏”看作在为“婚姻”做准备，对待围棋就像对待童养媳。似乎谁得到了她，便有了大富大贵的命。

而后，他们中的一部分人，终于将这“媳妇”明媒正娶。十几岁的孩子，便只能套在这“婚姻”的牢笼中。世上还有许多可能妖媚、丑得可爱、温柔、任性的“女孩子”，他们却从此无缘结识。

终于长大了，这“婚姻”加给了他们太多太重的负担。挣钱当然不用说，还要为国争光，要肩负起全民族的责任、使命。负重太多，“私心杂念”太多，反而可能失去一颗平常心，失去平常人的许多快乐。

就这样人到中年，自然再难有那种“心动”“心跳”的感觉！

由此想到米卢到中国来，似乎并没有让中国球员的技战术水平提高多少，但一句简单的“快乐足球”，却仿佛突然一下子让不堪重负的中国足球轻松和解脱了，爆发出巨大的能量。

其实，早在1998年中国队止步世界杯外围赛时，我曾经写文章探讨中国足球一次次失败的文化根源，其中便谈到体育游戏精神的丧失：“看中国球员踢球，仿佛他们都是在完成一件神圣重大但又力不能胜任的工作。从领导的语重心长、教练的严肃表情到队员的沉重心理，让人感觉足球不是一种激情的宣泄、生命的自由发挥，而是生命中不堪承受之重。失去了游戏的平常心，乐趣更谈不上了，水平发挥也难免大打折扣。”只是，我等只是小民，说了也白说。幸运的是，米大爷终于让中国足球开了点儿窍。

不光是足球，中国围棋、中国体育、中国人的人生，何尝不都是这样？

我们现今把很多游戏都变成了工作、职业。反过来，我们也可以把工作当作游戏的。就像读书人做学问，商人经商，赌徒赌博，只要他不再纯粹以某种功利目的，比如把钱作为唯一的追求，而陶醉于过程之中，迷人的就在“探索”，就在“赌”的本身，这时，他便成了一个游戏人，可以从他的“工作”中获得极大的快乐。这种“快乐”又成了他不断前行的最大动力。沉迷于此，执着于此，反而最有可能达到某种境界。

我们要的是快乐围棋。无论是把围棋当“妻子”，还是“情人”，本来都是可以其乐无穷的，关键是心态。当今社会，功利主义盛行，职业棋手在巨大的“名利”面前难以完全超脱倒也罢了，不少业余棋手也把“情人”推向名利场，无赌不成局，就让人不知该说点什么了。也罢，也罢，他人的“爱情”“婚姻”是否幸福、快乐，如鱼饮水，冷暖自知，本来用不着我等多嘴，还是省省心，好好陪陪我亲爱的“黑白狐仙”。孔子说：“吾未见好德如好色者也。”既然棋即“色”也，好色之心人皆有之，让人快乐的围棋也就有了永远的魅力。

原载《围棋报》2002年10月19日

下棋记

我面向全校学生开了门素质教育课：围棋文化。第一节课上，我总会问："有会下棋的吗？"结果，举手的同学总是寥寥。这时，我会说，不会下没关系，你们才上大学呢，而你们的老师，在二十五岁读研究生时才开始学棋，你看，现在……

然后就是回忆。

一

我第一次接触围棋，是在 1985 年，研究生刚入学。第一届中日围棋擂台赛进入最后的高潮，聂卫平与藤泽秀行的主将对决。这届擂台赛充满了戏剧性，从上一年度开始，先是中方第二个出场的江铸久狂飙五连胜，接着小林光一六连胜，之后孤胆英雄聂卫平挺身而出，将小林光一、加藤正夫打下擂台，终于赢来了最后的决战。在这之前，这局棋已在社会上炒得沸沸扬扬，我身边那些会下棋的同学早就等着看中央台的直播。尽管在这之前，我基本上没怎么听说过围棋，但也被这种气氛所感染，跟着那帮同学，早早就等在了电视机前。那是我第一次看围棋的电视直播，棋的着式自然是不懂，只能听解说者对局势的分析，心情也随之乍喜乍忧。还有，就是黑白子纵横交错本身就组成了一幅奇妙的黑白山水画……

后来，翻看资料，才知道那天是 1985 年 11 月 20 日，我与围棋的第一次约会。

只是，真正地走进围棋，与之相知，已经是两年以后了。

研究生第五个学期，学位论文初稿出来了，交给导师，他看后，就说可以了。接下来，第六个学期，等待答辩。闲下来能干点什么呢，那就学棋吧！

擂台赛播下的种子终于要发芽了。

同专业的研究生同学中只有两个会下棋，其中一个是我们的班长，姓龚，年纪最大，我们叫他龚兄，不过他更喜欢女同学叫他老龚（公）。我从被让六个子与他开始下起，被蹂躏了几次之后，痛下决心，发愤看书，个把月，就把龚兄打下去了。后来才知道，我眼中的第一个围棋高手，水平实在是不入流。不过，龚兄却从此有了炫耀的资本。有一年，我们去给两位导师祝寿，他们一位七十岁，一位八十岁，龚兄也六十岁，准备退休了。路上聊天，龚兄说我现在是围棋界的名人了，可当初他还是我的启蒙教练呢。说起来，他也应该算是我的围棋导师之一。席间，我祝酒，祝两位老师健康长寿。我又说龚兄也想升级，取得跟两位导师一样的资格，这次就算了。十年后，再来为他们一起做七十、八十、九十大寿吧！大家便笑，纷纷说好！龚兄也笑说好啊！好啊！只是下次不能让某某同学参加了。他远道而来，手机都没有一个，还要借那些本科的学弟学妹的手机打电话，幸亏人家不知道他是谁，不然把老师们的脸都丢尽了。

龚兄就是这么一个幽默的人，人也长得像圆圆的棋子，慈眉善目。他原在一个地级市学校教书，有两个孩子，老婆户口在农村，没有工作，龚兄自己又出来读书，家里经济自然紧张，但从来没有见他叹过气，抱怨过什么，总是一副乐呵呵的样子。他棋上的不长进，我们也就理解为胜固欣然败亦喜了。

我的第二个围棋启蒙老师是本科时的同班同学，姓邱，人称邱老，我们平时叫他邱毛。邱老大学毕业后去了内蒙古大学读研，三年后回到母校湘潭大学教书，俨然成了围棋高手。我是参加工作两年后才回母校读研的，一群研究生与青年老师都住在同一栋楼里，除了读书，有大把的时间踢球、聊天、玩牌。而一旦迷上棋，其他的都退居其次了。自从把龚兄之流打了下去，下一个目标就是高高在上、高不可攀的老邱。从被让九子开始，一子一子艰难地往上攀登，半年后，我与他终于能分先了。毕业后有一次回母校，我在老邱家下棋，上一年级本科的一位姓谢的师兄（后来当了好几个大学的校长、书记），算是资深棋迷，见了问：“让几子？”老邱说：“对下。”谢哥说：“从来没有听说过何云波会下棋，怎么一下子这么厉害了啊？”我就说：“士别三日哦！”

回想起来，当初那么发愤学棋，其实动力很简单，就是打败身边的“高手”们。人们都说我是个温和、超脱的人，云淡风轻，骨子里却是个好胜之人。专业学习，无论是硕士论文还是博士论文，做得很投入，都是一次性通过，其实就是为了对得起导师对自己的那份信任与期待。而游戏小道我也容易入迷，大学里打排球，一年后就进了系排球队。研究生改踢足球，最后踢进了研究生足球队。研究生要毕业时，学围棋，不小心就差点儿要把棋弄成了终生的事业。归结起来，原因还是那份好胜之心，它激励我拼命地去看书，而我身边的“高手”都是玩玩而已，包括邱老，后来他去了北京，在首都师大，从普通教师、人事处处长、校长助理，一直做到副校长。投身于为国为学的事业，自然难以心有旁骛了。这几年邱副校长又开始关心起围棋事业来，把国学网挂在首都师大官网首页，为支持国学网总裁尹小林从而弄起了“国学杯”。去年我带中南大学教工围棋队去北京高校交流，第一站就是首都师大。“国学杯”在广州棋院举行时，搞了个围棋文化论坛，请我参与。我问广州棋院的容坚行院长还邀请了哪些人，他第一个就说到首都师大邱校长，我说：“我们是大学同班同学啊！”容院长便感叹：“哎呀，你看，这个世界真小。”

我就附和说：“是啊，是啊，因为有围棋嘛！”

二

研究生毕业，我回到长沙铁道学院教书。楼下住着个老师，姓杨，个不高，块头也不大，在实验室上班，不知为什么，大家都叫他杨胖子。杨胖子的棋大开大阖，不拘小节，喜欢三连星，做大模样。有一段时间，如何对付模样棋，便成了我的主攻方向。后来，我对杨胖子的胜率慢慢高起来，便开始寻求更强大的对手。正好铁道学院成立教职工棋牌协会，让我牵头，每周都会有一次固定的活动。于是我有了经常与其他老师下棋的机会。有位教数学的老师，姓袁，思维敏捷，计算又快又准，擅长乱战。与之交手，我没少吃苦头。我的棋属于典型的书房棋，看书学出来的，中规中矩，不喜野战，加上学棋又晚，棋感不好，下棋慢，还经常容易出漏着（长沙话叫勺子）。再就是我基本不去茶馆下带彩的棋（上个世纪八十年代后期，我也曾经去过一些茶室，经常看到里面烟雾缭绕的，且不带彩就没人跟你下，或者胡乱地应付几手，后来就再也没有去过了），没有经历过彩棋战斗的洗礼，面对那些不讲理的对手，就像秀才碰到兵，常常束手无策。与袁老师下棋多了，战斗力得到很好的锻炼。后来，碰到野战派也慢慢适应了不少。

我在铁道学院的时候，还有一个重要的对手，就是余文宇。他本是铁道职工，却停薪留职，在外面弄起了围棋培训（如今已发展为长沙市最大的业余围棋学校）。他是长沙市比较早的5段，《围棋天地》还有过专题报道，称之为“湘军政委”。因为做校长兼教练，就不经常参加比赛了。正好有一段时间，我们住在学校的同一个小区，便有了许多手谈的机会。据说他的棋也曾经很好战，后来身份不一样，觉得应该有高手的风范，棋也就平和起来。我跟他下棋，从让两子开始，到让先，后来，分先也开始有了一些胜绩。也就是在那个时候，我拿到了陈祖德院长授予的业余5段证书。我也进入了业余高段棋手行列了啊！

我有了业5证书，又写了篇与围棋有关的博士论文，便被挂上了“围棋博士”的名头，外界以为我的棋力自然也如何如何。平时下棋，确实也赢过其他的5段，但那是因为没有时间限制，可以从容想棋。偶尔参加比赛，由于缺乏比赛经验，棋不熟练的毛病就暴露出来。2004年我第一次参加中南大学教职工围棋赛，那时刚拿到博士学位不久，声誉正隆，比赛下来，却只勉强进了前八，便被打回了原形。还有一次，湘潭、株洲、岳阳几个城市举办领导干部和名人围棋赛，我正兼着湘潭大学的博导，平时跟湘潭棋院的教练们下棋，下得也还像模像样，湘潭方面让我代表湘潭出战。比赛在岳阳举行，岳阳方面早早就在渲染说有个“围棋博士”要来参加比赛，大家充满了期待与好奇。可几轮下来，结果却让人大失所望。去年在德国参加“炎黄杯”，本是作为裁判的身份，因为参赛队员为单数，临时让我补上去，六盘棋四胜二负，好歹拿了个黄帝组（五段以下组）的第六名。可还是输两盘棋，第一盘就输给了一个欧洲4段。还有一盘，对新疆的李文东（新疆围棋协会副主席），一上来就吃住了他的一条龙，实空与厚势兼得，棋型厚实无比，后来却一路退让，退到最后也还是赢棋，因为一处官子本是先手，却走成了后手，懊丧之下，在一处无须用强的地方去用强，就是在这种摇摆之下，一盘大赢的棋硬生生输了。这样的棋也能输，真是比窦娥还冤啊！以至今年“炎黄杯”在汕头，见了李文东，第一句话就是要报仇。可是却不在一个组，以后还得千里迢迢、跋山涉水去寻仇，辛苦啊！

这样的棋也能输，反思一下，还是比赛棋下得少，棋不熟练，不适应比赛的时间节奏，以致后半盘经常被“催人泪下的读秒声”困扰。还有，我的棋经常容易在死活上出毛病。只怪当年学棋用的是蜀蓉棋艺出版社的那套《围棋》合订本，布局、定式、中盘战斗、官子那几本都看了，偏偏嫌做死活题太枯燥，废书不观，以致后来有了报应，还影响到棋的计算力。我的棋，棋理、大局观应该都还不错，重要的是计算力与战斗力的提高，所以有一段时间，睡觉前，包括上厕所的时间，我都要做几道死活题。赵治勋的那本《围棋死活大全》，还有《围棋天地》（里面有死活练习“第一感教室”）就成了枕上、厕上的必备书。坚持了一段时间，果然大有成效。熟悉的人都说，何教授的棋长了。我经常会说：“哪里哪里，不过是棋熟练一点了。”

人生有刻骨铭心的败局，也有今朝有棋须尽欢的时候。与职业棋手下过不少受子棋，三到四子不等，胜少负多，特别是碰到古力之类的大力水手和马晓春之类的“妖”刀，常常战也不是，退也不是，又不好意思“长考”，最后经常是找不到北，稀里糊涂就输下来了。后来慢慢有了让子棋的经验，心态也趋于平稳，没有了那么多心理障碍，棋也就像样一点了。有一年受中国驻蒙古大使馆邀请，与中国围棋代表团一起去蒙古（有一场甲级联赛），在北京停留一天，在中国棋院围棋部与王剑坤七段下受四子的棋，中盘攻击一块白棋，逼得王七段频频长考。平时都是自己苦苦思索，上手随手而应，那种心理压力下过受子棋的棋迷应该都有同感。而如今，生平第一次也让高手长考一下，心里那个舒坦啊……尽管后来几处试应手不成功，有一角上先手又没有及时走掉，棋没下完，据张文东九段判断，已经很细，黑棋不容乐观。但胜负已经不重要了，关键是下棋的过程，享受过就行了。

我参加过为数不多的业余围棋比赛，值得炫耀一下的一场是去年十一月，带中南大学教职工围棋队去的清华、首都师大、北京邮电大学交流，坐镇二台或三台，三场六局比赛，赢了五盘。特别是赢了北邮的两个学生高手，算是超水平发挥！还有一场是2014年上半年，长沙市棋协组织了一个“翼经杯”邀请赛，八人淘汰制，其中有四位5段，我脚扭伤骨折，刚出院不久，拄着拐棍出战，只想着赢一轮即保本，谁知一路进了决赛。冠军奖金五千元，亚军两千元。这可是我下过的“彩金”最大的比赛了，尽管最终败北，只得了两千元，也算是我拿到过的最高额的比赛奖金了。

还有两次印象较深的棋局，都是与西安围棋协会秘书长李刚毅5段的对局。一次是2011年11月1日，在中国棋院杭州分院，我们主持内容展陈设计与文字撰稿的中国围棋博物馆开馆。活动间隙，与刚毅下了两盘，第一盘走平稳的路子，执黑半目胜；第二盘战斗棋，中盘败。第二天，绍兴的老余问战况，我说一胜一负。他问让几子，我说分先。他不信，向刚毅求证，因为刚毅曾代表西安参加过“晚报杯”，棋力应该在我等之上。而老余一直认为我跟他才是旗鼓相当（我与老余在甘肃天水历史文化名城围棋赛期间，有过一次非正式的对局，以他的大龙愤死告终，后来老余经常说，那是一盘没有下完的棋。今年汕头“炎黄杯”，第一轮就对上老余，中途吃住他一块棋，小心翼翼把优势保持到终局，算是为没有下完的棋画了个句号）。

另一次是2012年12月1日在广州棋院的一个活动，又有幸与刚毅兄讨教了一局。仍然是拼功夫、拼官子的棋，执白赢了二点五目。害得刚毅兄说，没想到何教授官子这样厉害，以后不能这么下了。我哈哈一笑，刚毅兄本来一直想堂堂正正、兵不血刃地赢我，而我最不怕的恰恰就是这种棋。能逼高手转换套路、招数，不管胜负，我心里已经知足了。

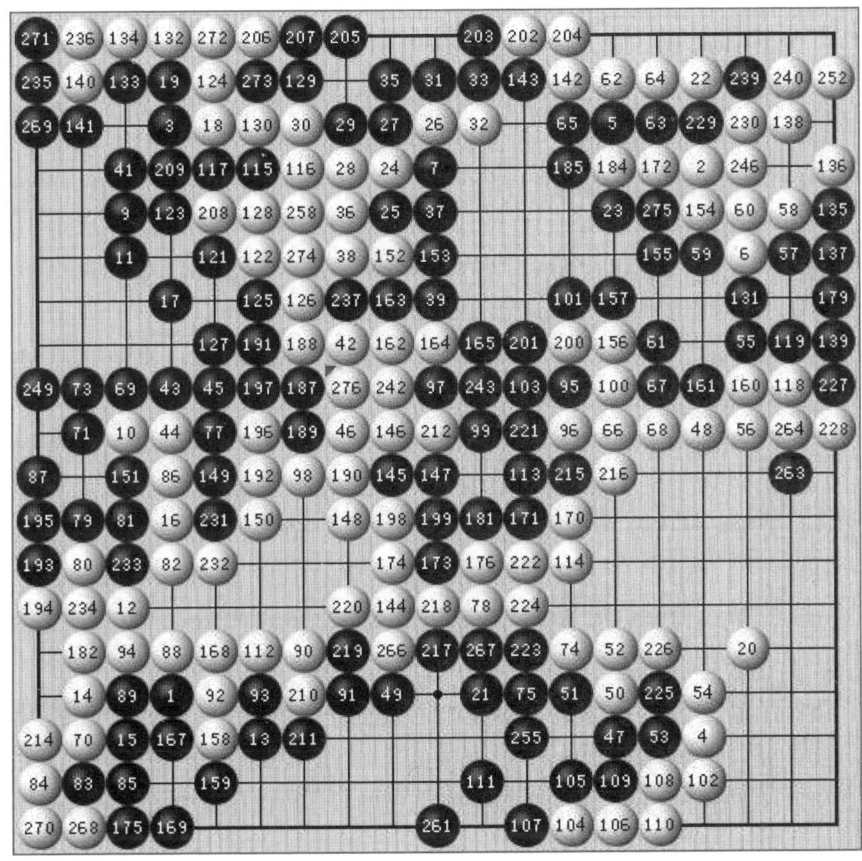

何云波5段（白）对西安李刚毅5段，2012年12月1日弈于广州棋院，白胜二点五目。

附上棋谱，很想让天地的王元八段点评、鉴定一下，这棋究竟怎么样。以前经常听王元八段说对何教授学问的钦佩如滔滔江水……如果话说得中听，我对王元八段的仰慕，更会像那沧沧大海……呵呵。

原载《老屋》，湖南人民出版社，2014年

第三辑

围棋：菊花与刀

围棋，东方的艺术，东方人性格的象征。它把东方人的柔静，东方人的暴虐，东方人式的菊花与刀集于一身。

围棋，如菊之优雅，谦谦君子之风，淡淡幽和之气。它作为一门高雅的艺术，士大夫得其风流，市井辈沾其雅气。人中之琴棋书画，物中之梅兰竹菊，可谓相得益彰。

棋道也是禅道。弈棋台上，松风流水之中，鸟语呢喃之时，花气氤氲之下，弈棋者气定神闲，入圣超凡，万古长风，一朝风月，得瞬间永恒之境界。于是乎，无心无念，万事皆空。

围棋之超凡脱俗，在于那纯而又纯的黑白两道子。中国象棋的将、士、相、马、车、炮、兵，俨然一个大一统的社会，一支等级森严的军队。而国际象棋，“王”字头上的十字架，使人望而生畏，“后”作为三军主帅，总让人忘不了历史上的皇后与教皇、皇后与皇帝的复杂关系。围棋，作为一门艺术，黑白两道子，幻化成变化万千的图案。一些人为了追求这图案的优美，不惜殚精竭虑。于是乎，棋坛上有了华丽的藤泽秀行、飘逸的马晓春、潇洒的武宫正树、沉稳的大竹英雄等等。

围棋的雅、美、禅道，使它成了一门东方的艺术。但是，它在东方人的“禅”与“静”中，又蕴含一种东方式的暴虐。这种暴虐常常是含威而不露，杀人不见红。

文明即压抑，而人类的不幸又在于，他们仅仅是动物界的一个种族，生命本能无时无刻不在寻求发泄的出口。于是，文明又成了暴虐的代名词，战争、凶杀、吸毒、酗酒、赌博……在人类史上上演了一幕幕惨烈的悲剧。现代体育竞技，在强身健体的外衣掩盖之下，终于为可怜的人类找到了一条发泄生命激情的渠道。足球，以其激烈的对抗性和丰富的观赏性，风靡全球。下围棋，作为人的攻击性冲动的另外一种形式的满足，为东方人提供了广阔的发泄之地。好斗的聂卫平一摸上它便再难释手。陈祖德呼唤人们别再去流血牺牲，想满足攻击欲，就到围棋盘上来吧！

三百六十一个交织点，演出了一幕幕东方式的断杀：含而不露，笑里藏刀，温文尔雅地蚕食、吞并、扼杀对方。真是一种东方式的狡猾。

一手拈菊，一手持刀，东方人在发泄他的本能冲动之时，似乎仍在讲究着“风度”。高雅与粗俗、柔静与暴虐集于一身的围棋，成了东方人两重文化心理结构的象征。一位美国记者以“菊与刀”形象地概括日本民族的文化心理构成。其实，它也概括了中国人，概括了围棋。中国人创造了围棋，日本人把它发扬光大。我们从那三百六十一个点浓缩的大千世界中，似乎看到了一种文化心理的积淀。

菊花与刀，这是东方人，这也是围棋。

原载《新闻图片报》1988 年 10 月 7 日

围棋的定位

围棋为何物？是艺术？文化？竞技？抑或是一种纯粹的赌具而已？不同的人对围棋的不同定位也就决定了对待它的不同态度。

自然，现代围棋的发展已经建立了完备的竞赛体制，使之堂而皇之地成为一种体育竞技。人们可以名正言顺地赌输赢，国手也备受人们的尊敬与崇拜。然而在中国古代的很长一段时间，人们将博弈与投壶并称。孔夫子曰：“饱食终日，无所用心，难矣哉。不有博弈者乎，为之犹闲乎已！”下棋仅比“饱食终日，无所用心”好一点。宋白《弈棋序》云：“弈之事，下无益于学植，上无裨于化源，然观其指归，可以喻大者也，故圣人存之。”这就是说，在中国古代，围棋国手的地位始终不高，也从未建立过完备的竞赛体制。棋手棋而优则“仕”，成了棋待诏，也不过是陪皇帝下棋而已。而对于文人士大夫来说，他们之好棋，又往往“棋”翁之意不在“棋”，在乎山水之间。“山僧对棋坐，局上竹阴清；映竹无人见，时闻落子声。”（白居易《池上》）“林间扫石安棋局，岩下分泉递酒杯。”（杜牧《题李商隐居雨斋》）棋，成了文人士子的精神寄托，对人生之道的体悟。围棋被名为“坐隐”“忘忧”，正源于此。

古人把琴棋书画并称四艺。围棋成了一种艺术，但古人把围棋艺术化、雅致化的同时，又在一定程度上抑制了围棋作为一种竞技的发展。相反，在邻国日本，他们接受中国围棋，首先把它当作一种竞技。本因坊、井上、安井、林四大家，为争名人棋所，常常展开惨烈的搏杀，以至于有因彻吐血之局。因此近代以来，是日本把竞技围棋发扬光大了。

有意思的是，当日本人把竞技围棋推向一定高度后，他们又反过来开始追求围棋的艺术性，求道派的大竹、武宫正体现了这一趋势。反过来，中国与韩国棋手为了替国家、民族争面子，憋足了劲要跟日本人较个高低，这成了他们唯一的追求。

于是，实利主义与理想主义构成了两种围棋观。实利主义者只看重胜负，再难看的棋也会下；理想主义者当然也注重胜负，但更看重围棋的艺术美，他们追求的是完美的胜利，两种围棋观难免产生冲突。日本棋手对徐奉洙及一些韩国棋手的棋嗤之以鼻，武宫正树与小林光一互相瞧不起。有一次，大竹与刘小光争斗，刘小光的棋已落后很多却还不断地“胡搅蛮缠”，终局后大竹愤然而起，竟不肯复盘。因为，在他看来，棋谱上已有许多“污点”，这盘棋也就没有再“阅读”的价值了。

问题是，对围棋艺术性的过分追求又必然影响到暂时的胜负与实利。赵治勋的一句感慨发人深思：“哪一天，不用再为生计而奔波，我再去追求棋道吧！”但反过来，将围棋纯粹当作了一种争胜负的玩意，甚至赌具，忽视了围棋所包含的博大精深的文化内涵，作为一种艺术的审美价值是否也是一大损失？

这便涉及对围棋的定位及如何多方面地挖掘围棋作为竞技、艺术、文化的内涵，并推动其发展。毋庸讳言，职业棋手在学养上多有欠缺，并且在残酷的胜负世界里，他们也无心旁顾。而具有深厚文学功底的人，受棋力的限制，对围棋技艺的领悟又有限。况且，围棋乃游戏，围棋文化研究不入学术正统。这导致时下我们在大力推动竞技围棋的同时，对围棋艺术与文化的研究远远不够。让围棋这朵古老的艺术之花放出异彩，便只能寄望于时贤的努力了。

原载《围棋报》，1998 年 12 月 13 日

数巡香茗一枰棋

一

茶与围棋，皆有雅俗之别。

先说雅的。这自然与文人士子、僧道中人有关。茶与围棋，起源都很早。如果说“尧造围棋”有传说的成分，围棋在春秋时确已盛行。茶有荼、茗多种别称，《诗经》《周礼》《尔雅》《晏子春秋》等都有关于“荼”的记载。不过，茶与棋，起初都只在文人士子及僧道阶层中流行。

现代作家周作人有一篇题为《喝茶》的散文，谈到“茶道”的意思有三：其一，忙里偷闲，苦中作乐，在不完全的现世享受一点美与和谐，在刹那间体会永久；其二，喝茶当于瓦屋纸窗之下，清泉绿茶，用素雅的陶瓷茶具，同二三人共饮，得半日之闲，可抵十年的尘梦；其三，往清茶淡饭里寻其固有之味。这里讲的便是文人喝茶。

文人喝茶讲究“品”。茶之味无法用香、苦、涩、甘之类来概括，而在一“清”字，“清”得之于“心”，须在“静”与“闲”中品得。《巢林笔谈续编》有言：“炉香烟袅，引人神思欲远，趣从静领，自异粗浮。品茶亦然。”品茶不仅须有闲，还得有一个清静幽雅的环境。明代文震亨《长物志》描绘过茶室：“构一斗室，相傍山斋，内设茶具，教一童专主茶役，以供长日清谈，寒宵兀坐，幽人首务，不可少废者。”看得出，这是贵族式的专用茶室。品茶讲究清静，所谓“品茶一人得神，二人得趣，三人得味，七八人是名施茶”。清泉幽谷，松间亭阁，得两三素心人，长日清谈，怡然自乐，正可谓“可抵十年的尘梦”。

茶如此，棋亦然。棋之道，也正在于清幽淡雅中一解尘俗烦忧，“心游万里不知远，身与一枰相对闲”。且茶香袅袅，一边喝茶，一边下棋，自是别有乐趣。“移石栽花种竹，烹茶酌酒围棋”，上海辛园的这一楹联，正体现了士大夫生活的“雅趣”。不过文人士子似乎对酒更情有独钟，他们也留下了许多喝酒下棋的诗句。而茶与围棋的结缘，则更多见于方外之人。中国古代的僧人、道士不少都爱好围棋，下棋成了他们的日常功课之一。而出家人不近酒肉，参禅打坐，以茶提神，茶便成必不可少之物。况且，水乃天下至清之物，茶又为水中至清之味，欲入禅悟道，便不可不饮茶。而下棋何尝不是对人生之道的一种体悟。“黑白谁能用入玄，千回生死体方圆，空门说得恒沙劫，应笑终年为一先。”（张乔《咏棋子赠弈僧》）茶有“茶道”，棋有“棋道”，喝茶下棋之间，便有深意在。

茶炉烟起知高兴，棋子声疏识苦心。

——陆游《山行过僧庵不入》

围棋静扫一堂空，烹茶旋煮新泉熟。

——张耒《游楚州天庆观观高道士琴棋》

帘卷茶烟萦堕叶，月明棋子落深苔。

——贯休《将入匡山宿韩判官宅》

茶炉天姥客，棋席剡溪僧。

——温庭筠《宿一公精舍》

系马松间不忍归，数巡香茗一枰棋。

——黄滔《题灵峰僧院》

茶也，棋也，道乎，禅乎，奥妙处，可供你细细品味，但此中真意，只可意会，不可言传也。姑且拈几段禅家故事：

> 一人新到赵州禅院，赵州从谂问："曾到此间么？"答："曾到。"师曰："吃茶去！"又问一僧，答曰："不曾到。"师又曰："吃茶去！"后院主问："为什么曾到也云'吃茶去'，不曾到也云'吃茶去'？"师唤院主，院主应诺，师仍曰："吃茶去！"

胡仔《苕溪渔隐丛话》载：浮山有一高僧法远，欧阳修听说法远高逸，便去造访。起初并没发现法远有何特异之处。后来欧阳修与客人下棋，法远旁观。欧阳修收拾棋局，请法远说法。高僧以棋说禅：

> "若论此事，如两家着棋相似。何谓也？敌手知音，当机不让。若是缀五饶三，又通一路，始得有一般底。只解闭门作活，不能夺角冲关，硬节与虎口齐彰，局破后徒劳绰斡。所以道：肥边易得，瘦肚难求。思行则往往失粘，心粗则时时头撞。休夸国手，谩说神仙，赢局输筹即不问，且道黑白未分时，一着落在什么处？"良久曰，"从来十九路，迷悟几多人！"

结果欧阳修大服，喜叹不已。从容对同僚说："修初疑禅语为虚诞，今日见此老机缘，所得所造，非悟明于心地，安能有此妙旨哉！"

一边在叫吃茶，一边在棋盘上连抛隐语，令人一头雾水。迷也，悟也？且都坐下一边喝茶下棋。兴许不小心便从中品出点禅意，亦未可知。

二

前面说茶与围棋，为一"雅"字，正襟危坐，越说越玄妙。弄到后来，茶非茶，棋非棋，见山不是山，见水不是水，说的与听的，都有些晕晕乎乎，累煞人也。

今次回过来，说点俗界中的茶人棋事。列位看官，不妨放松片刻，玩一局。

十五世纪日本禅僧清严正彻在《正彻物语》中将茶民分为三类：品茶、饮茶、喝茶。品茶者，对茶叶、茶具、煮茶之水都颇为讲究；饮茶者则不太讲究茶具，是能一次饮多服茶的人；至于喝茶者则既不问茶碗大小，也不论茶之精粗优劣，见茶就喝，喝够为止。这里便有雅饮与俗饮之别。品茶为雅饮，饮茶、喝茶者自然属于俗饮了。

魏晋时期，茶与棋，大多还是属于贵族阶层雅聚助兴之物。唐宋以后，才逐渐由上层社会流入民间，市井中人才得以一亲芳泽。这得力于茶的大量种植。开门七件事，柴米油盐酱醋茶。茶日益成为人们日常生活中不可或缺之物。正如宋代王安石《议茶法》中所说："夫茶之为民用，等于米盐，不可一日以无。"而随着封建社会后期商品经济的萌芽，城市的繁荣，市民阶层的扩大，围棋也逐渐越出贵族生活的圈子，在市民阶层中得以广泛流传。使茶与棋在俗世中结缘的最佳纽带，便是茶馆。

茶馆典型地代表了一种城市市民文化。宋代出现了不少说书、唱曲、游戏玩乐的场所，瓦舍勾栏，茶楼酒肆，成为三教九流聚会之地。某些茶馆其实就是棋室，一些棋手栖身于此，通过下彩棋维持生计，也许，这就是最早的"职业"棋手。因为茶馆的出现，以雅致为务，带有浓厚贵族文化色彩的棋与茶也就日益平民化了，所以茶馆成了中国民俗文化的一大景观。

文人士子和方外之人品茶讲究茶境的清幽。徐文长在《徐文长秘集》中所列宜茶境界是：

宜精舍，宜云林，宜永昼清淡，
宜寒宵兀坐，宜松月下，宜花鸟间，
宜清流白云，宜绿藓苍苔，
宜素手汲泉，宜红妆扫雪，宜船头吹火，
宜竹里飘烟。

而茶馆，却属于"荤者杂陈"之类。经营者是为赚钱的，当然越热闹越好。特别是作为棋室的茶馆，虽然也卖茶，但来茶馆的主要是为了下棋。有下棋的，自然就会有许多看客。身负绝艺之人想扬名立万，最好的办法莫过于在此枪挑各路豪杰了。于是，茶馆又有点像武侠小说中经常写到的武馆、山庄，以武功定盟主。加上还有彩，使茶馆之棋颇具竞技色彩，从而异于文人士子的仅仅以棋为消闲之物，"随缘冷暖开怀酒，懒算输赢信手棋"。中国古代围棋从未建立像日本一样完备的竞争制度，而作为竞技的围棋在一定程度上得到发展，茶馆恐怕功不可没。

直到二十世纪前半叶，茶馆仍是国人下棋的主要场所。一些国手靠茶馆谋生，茶馆同时又是培养后进的摇篮。有的人通过在茶馆中的摸爬滚打，练就一身武艺。吴清源先生在自传《天外有天》中曾谈到他小时候去茶馆下棋的经历：

> 到我十岁时，父亲为了让我们见见世面，开始带我们兄弟三人到当时北京唯一的"棋会所"——"海丰轩"去下棋。其实那里与日本的"棋会所"不同，门面上是个小吃店，店的里面才是个下棋的场所。当时北京的围棋迷们云集那里，并时常下赌博棋。客人从赌金中抽出一成作为入席费付与店家。父亲好像也是那里的常客之一。另外，当时北京有名的棋手如顾水如、汪云峰、刘棣怀等常常出入于此。

茶馆曾是中国棋手成长的摇篮。茶馆棋往往都带彩，它能够营造一种激烈比赛的气氛。古代不少棋手都是在这种气氛中成长出来的。吴清源既在这里得到了与当时中国最高棋手交手的机会，受到中国好战棋风的洗礼、熏陶，又因为对日本现代围棋的潜心钻研，在棋的境界上很快有了飞跃，这使他用几年工夫便达到甚至超过了当时中国的一流高手。

二十世纪五十年代后，不少茶馆在"破四旧"的浪潮中纷纷销声匿迹了，八十年代后又冒了出来。不过国手早已由国家供养起来，无须也不屑再混迹于茶馆了，茶馆真正成为棋迷的聚会之地。久而久之，其中便形成一些堂口一般的特有的行规行情，你想跻身其中，就得熟悉它的游戏规则。在一些人眼里，去茶馆下棋的，大多文化素养不高，且不赌不成局，其中还不乏一些棋内棋外的“骗着”，所以不入大雅之堂。但无论如何，茶馆从古到今对中国围棋有过重大影响，如果有心人能写一部《茶馆与中国围棋》，倒是颇有意义的事情。

原载《围棋报》2000 年 7 月 2 日、9 日

棋为日月酒为年

酒与围棋能够结下不解之缘，盖因两者皆为解闷助兴、寄托身心之物也。茶讲究清幽淡雅，酒则更多一分豪放与疏狂。辛弃疾《西江月·遣兴》曰：“醉里且贪欢笑，要愁哪得工夫。进来始觉古人书，信著全无是处。昨夜松边醉倒，问松‘我醉何如？’只疑松动要来扶，以手推松曰‘去’！”让人顿生一分张狂之气。

中国传统文人士子大多好酒。“诗圣”杜甫作《饮中八仙歌》，其中写到人称“诗仙”与“酒仙”的李白：“李白一斗诗百篇，长安市上酒家眠，天子呼来不上船，自称臣是酒中仙。”真是生动传神极了。其实杜甫自己也是一酒豪并且好围棋，“且将棋度日，应用酒为年”便是其生活的写照。

酒与棋都是助兴之物。有朋来访，铺开棋局，有酒一壶，一边手谈，一边对饮，酒酣棋乐，岂不快哉！“石上铺棋势，船中赌酒分”（李洞《赠宋校书》），“唯共嵩阳刘处士，围棋赌酒到天明”（白居易《刘十九同宿》），棋与酒，可谓相得益彰。

棋、酒不仅能助兴，更是消愁之物。曹操有诗曰：“何以解忧，唯有杜康。”围棋也是“忘忧”之物。人谓世间事不如意者常十有七八，棋与酒，虽然从功利的角度说都是“无益”之事，所谓酒能“乱性”，棋能“惑人”，但“不为无益之事，何以遣此有涯之生”。白居易有诗曰：“送春唯有酒，销日不过棋。”“兴发饮数杯，闷来棋一局。”苏轼也称：“樽酒乐长春，棋局消长夏。”

中国传统文人面对不如意的现实，不满而又无可奈何，大多只能寄情于酒、棋、山水，以此应对人生的一切烦恼与是非，求得现实中的自我保护，也获得精神的解脱。于是，一卷书，一杯酒，一局棋，一盏茶，成了他们生存方式的一种标志。欧阳修曾作《六一居士传》，谓："吾家藏书一万卷，集录三代以来金石遗文一千卷，有琴一张，有棋一局，而常置酒一壶。""以吾一翁，老于此五物之间，是岂不为六一乎？"客问："如何其乐？"答曰："吾之乐，可胜道哉？方其得意于五物也，太山在前而不见，疾雷破柱而不惊，虽响九奏于洞庭之野，阅大战于涿鹿之原，未足喻其乐且适也。"

清代文人袁枚晚年筑随园于江宁小仓山，优游于诗文、林泉、棋酒中。《随园杂兴》其九曰：

花下开酒觞，觞毕作棋戏。
一杯醉扶床，一局败涂地。
萧萧新竹枝，似有扶我意。
扶起谢东山，一笑吾犹未。

不过，中国文人的放浪疏狂，大多是表象而已，疏狂中往往难掩内心的抑郁。无论酒还是棋，都只能让人暂时在另一世界里陶醉一时。当重新回到现实世界中，面对的可能仍然是无奈。欧阳修有一首《梦中作》：

夜凉吹笛千山月，路暗迷人百种花。
棋罢不知人换世，酒阑无奈客思家。

人生没有不散的宴席，没有不醒的梦。棋罢酒阑之际，正是最为无奈之时。"别后交游定相忆，酒灯棋雨几清宵"，那只能是以后的美好回忆了。中国传统文人，悬梁刺股，寒窗苦读，所赖以支撑的便是冀求一朝金榜题名，从此由江湖入庙堂，实现青云之志。而一旦仕途失意，他们或退隐山林，与诗酒山水为伴，寄托身心；或投身于烟柳丛中，倚红偎翠，把酒临风，浅酌低吟，"十年一觉扬州梦，赢得青楼薄幸名"。对于中国文人来说，似乎只有在潦倒无聊、悲观厌世之时，才会寄情于声色，所谓丧志而后玩“物”也。“龙虎榜中名第一，烟花队里醉千场”，正昭示了中国传统文人的两种人生选择，如果两者不可兼得，便何妨醉卧花丛，在酒和女人中去寻找灵与肉的一块栖息之地，去获得艺术的一份灵感。况且，文人与美人本来就很容易同病相怜的。而围棋，在某种意义上便扮演了女人与酒的角色。王安石称棋枰为“木野狐”，言其媚惑人如狐也。狐者，美女也。在困顿之中，又何妨“落魄迂疏自可怜，棋为日月酒为年”。晚唐诗人吴融有一首《禅院弈棋偶题》：

裛尘丝雨送微凉，偶出樊笼入道场。
半偈已能消万事，一枰兼得了残阳。
寻知世界都如梦，自喜身心甚不忙。
更约西风摇落后，醉来终日卧禅房。

世事如烟如梦，西风摇落，醉中参禅，不知可有何悟？其实，无论酒还是棋，都不过是他们人生中的一种道具。欧阳修在《醉翁亭记》中写道：“醉翁之意不在酒，在乎山水之间也。山水之乐，得之心而寓之酒也。”得酒之真味者，不在酒量的多寡，得棋之真趣者，不在棋力的高低。文人又常常像僧道中人一样，把下棋看作了一种悟道的方式。苏东坡即为一例。

苏东坡好酒，几乎每日必饮，并亲自酿酒，还写了《东坡酒经》，介绍酿酒方法，但他酒量并不大。他曾自称“平生有三不如人：着棋、喝酒、唱曲”。然而正是于这不如人处，他却有过人之悟。其一，他嗜酒但从不挑剔，无论皇家御赐，还是社酒村酿，均来之不拒。他有一位朋友，家贫，好饮，常不择酒而醉。这位朋友常言：“薄薄酒，胜茶汤；丑丑妻，胜空房。”东坡认为“其言虽俚，而近乎达”，特作诗两首，强调“达人自达酒何功”。在东坡看来，人生不过以酒寄情、借酒尽兴而已。其二，东坡不善饮，“然喜人饮酒，见客举杯徐饮，则予胸中为之浩浩焉，落落焉，酣适之味乃过于客”。在劝酒、看人饮酒中，即自有无穷的乐趣，正所谓善饮不如善观也。东坡于围棋也只是粗通而已，他自称“素不解棋”。有一天，他游于庐山白鹤观时，在古松流水之间闻棋子之声，“欣然喜之”。他的儿子苏过与人弈棋，他坐而观之，竟日不以为厌，并作《观棋》诗，以记其事：

五老峰前，白鹤遗趾，
长松荫亭，风日清美。
我时独游，不逢一士，
谁欤棋者，户外屦二。
不闻人声，时闻落子。
纹枰对坐，谁究此味？
空钩意钓，岂在鲂鲤，
小儿近道，剥啄信指。
胜固欣然，败亦可喜，
优哉游哉，聊复尔耳。

与其局上相争，不如退而观之。《菜根谭》曰：“世事如棋局，不着的才是高手；人生似瓦盆，打破了方见真空。”胜固欣然败亦喜，喝酒下棋而能达东坡之境界者，便是近道了。

“一杯连坐两髯棋，数片深红入座飞。”（苏东坡）“林中扫石安棋局，岩下分泉递酒杯。”（杜牧）山水与酒与棋，如此契合无间，令人悠然神往。不过这种古风，在现代社会却是越来越难得了。现代人早已远离了自然，远离了那种于山水中觅酒与棋之真趣的感觉。而不少职业棋手都好酒，大多是为了从残酷的胜负世界里追求一种解脱，那份酒与棋中的闲逸，却是可望而不可即了。

有一次看到一篇写棋人棋事的文章，说一位老者，好酒好棋，怀里总要揣上一小瓶老白干。一边下棋，一边时不时抿上一口。下到得意处，抿酒时也会发出“吧嗒吧嗒”的响声。在这个忙忙碌碌的尘世间有如此的风景，真是难得。

这篇文章的作者、题目和文中主人公的名字我都忘记了，但我记忆里从此有了一个带有符号象征意味的形象：一盏酒、一枰棋、一老人。

原载《围棋报》2000 年 6 月 11 日

棋禅闲话

禅宗不立文字，拈花微笑，于会心处自有妙悟。围棋谓之“坐隐”“手谈”，同样无须言语，在黑与白的无声对话中自有一种境界。于是，棋与禅，便有了内在的相通处，所谓棋禅一味是也。当棋手孜孜于胜负之道，棋外之人不妨超然物外，拈几则棋话、禅话，聊作观棋者茶余消遣。

着棋与挑粪

宋代有一诗人，姓林名逋号和靖，独居西湖孤山，植梅养鹤，终身不仕，亦不婚娶，人称“梅妻鹤子”。这位隐逸诗人曾自谓：“世间事皆能之，唯不能挑粪着棋。”时人一定以为他是围棋的门外汉。可他又有诗云，“坐读棋牖下，眠看酒恰中”“弹弓园圃阴森下，棋子厅堂寂静中”，可见他并非不会下围棋，这其中必有蹊跷。林逋以着棋与挑粪并称，禅家比佛陀为干屎橛、麻三斤，难道这其中便已暗含了禅意？

禅宗谓无念无相无住。人生烦恼皆源于一个“执”字。“前念著境，即烦恼；后念离境，即菩提”，若能“见一切法，不着不切法”，“于诸境上心不染”（《六祖坛经》）。心不执着于外物，你便进入了一个圆融无碍的境界。于是，佛陀与粪土，着棋与挑粪也就并无分别了。林逋并未把围棋看作一种胜负之道，而是一种生存的方式，“棋子不妨临水着，诗题兼好共僧分”“酒灯棋雨几清宵”，生命进入自由之境。花非花，棋非棋，会棋与不会，其实并无大碍。这正如欧阳修在《新开棋轩呈元珍表臣》中所描绘的：

竹树日已滋，轩窗渐幽兴。
人闲与世远，鸟语知境静。
春光霭欲布，山色寒尚映。
独收万虑心，于此一枰竞。

这是山水，是棋，也是禅。

平常心是道

中国古代围棋有一种现象：棋手们在棋盘上拼死搏杀，废寝忘食，直杀得天昏地暗，日月无光。好战，善战，也就成了中国围棋的一大特点。棋手们常常把胜负看得很重，以三尺之局为战场，蜗争于角，龙战于野，机巧用尽，胜则怡然自得，败则急火攻心，久而久之，难免执而不悔，迷而难返。“世间蛮触何营营，蜗角封疆一局纸。”正因为如此，明达之人又常生出与其枰上相争，何不退而观之之想。李笠翁《闲情偶寄》有“善弈不如善观”之说，苏东坡亦有“生平有三不如人：着棋、吃酒、唱曲”。然而正是这不如人处，却自有过人之妙悟。东坡自谓素不解棋，然于古松流水间闻棋子剥啄声，坐而观之，竟日不以为厌，何也？“不闻人声，时闻落子。纹枰坐对，谁究此味？空钩意钓，岂在鲂鲤。小儿近道，剥啄信指。胜固欣然，败亦可喜。优哉游哉，聊复尔耳。”（《观棋》）

这正是禅宗所谓的平常心是道。人生之“迷”皆源于“我”的执着与贪恋，人生之“悟”，即在于“无我”“见性”，清静淡泊。正如文人弈棋，恰如姜太公空钩垂钓，意不在鱼。“输赢都付欣然，兴阑依旧高眠。山鸟山花相伴，翁心不在棋边。”（刘因《清平乐·围棋》）

文人意不在棋，故能胜固欣然，败亦可喜。对于真正的棋手则不然。一局棋，往往关系到他们的切身利益乃至整个国家民族的荣誉，胜则声名鹊起，败则颜面扫地。日本有坊门相争、因彻吐血之局，中国亦不乏以身家性命在棋上一搏之例。争棋固然可激发棋手的旺盛斗志，但也可能因为名缰利锁，患得患失，技术走形。争棋无名局，即源于此。“未去交战意，难忘胜负心，一条玄妙路，彻了没人寻。”（宋代邵雍《观棋》）禅宗把人生的烦恼与解悟都放在一个“心”字上，以平常之心，看世事纷纭，“采菊东篱下，悠然见南山”正是人生的一种境界，人生如此，棋亦然。

行到水穷处，坐看云起时

日本禅学大师铃木大拙讲过一个故事：什么是禅？比如一个人落水，你什么都不想，跳下去，救他上来，然后一声不响地走了，这就是禅。如果你在救人之前，先有激烈的思想斗争，救人之后又有许多的计较，你便远离了“禅”。

这里强调的禅是重视“自然”两个字。依心行动，适意自然，饥来即食，困来即眠，担水砍柴，无非妙道，行走坐卧，皆是道场，人生自可渐入佳境，正所谓行到水穷处，坐看云起时。

围棋亦然。高川格有流水不争先之说，武宫亦认为，与其把他的棋叫作宇宙流，不如叫自然流。在他看来，他的棋不过是顺应自然，就像流水一般，依山而行，借势取径。大模样是流出来的，不是做出来的。也许这正是一般人学宇宙流，但总学不到精髓的原因所在。

棋史上曾有关于清代国手施定庵棋艺大进的传说。一次施定庵与梁魏今同游岘山，梁魏今指着山下蜿蜒曲折的泉水，对施定庵说：“子之弈工矣，盍会心于此乎？行乎当行，止乎当止，任其自然，而与物无竞，乃弈之道也。子锐意深求，则过犹不及，故三载仍未脱一先耳。”施定庵由此得悟，棋艺大进，终成一代国手。

由此，弈棋应如行云流水，行于当行，止于当止，棋艺也便进入了一个新的境界。吴清源先生正是在这个意义上认为围棋的最高境界，不是冲突，而是和谐。

见山只是山，见水只是水

曾有一禅师谈到自己参禅悟道的过程：

> 老僧三十年前未参禅时，见山是山，见水是水；及至皈依佛门，潜心修持，见山不是山，见水不是水；而今得个休歇处，依然见山只是山，见水只是水。

这里通过人对自然的感受，表达了人生的三种境界：第一种以无智之心直观山水，童子也；第二种通过思维活动去感受山水，智者也；第三种重新回归物象本身，对山水自然做无条件的认可，禅者也。

围棋也有这样三种境界：第一种循规蹈矩，着着皆为正着、本手，但缺少创意；第二种悟性极高，聪明过人，新意迭出；第三种大智若愚，大巧若拙，返璞归真。

当今棋界马李争霸，比较起来，马晓春大约属于第二种，其在棋艺上才华横溢，智慧过人，机巧算尽，乃至“妖”气十足。但有时，他又被困于智与巧上，聪明反被聪明误，反而限制了境界的进一步提高。李昌镐则接近于第三种，大智之后返归平淡，其棋看似朴实无华，难见石破天惊的绝妙之招，但蕴含着极大的内力，足以摧毁任何对手。

武侠小说里，武功的最高境界不是有招，而是无招。有招，则一招一式都易落入套路的窠臼中，并且即使再厉害的招数对手亦可寻出破解之法。当内功进入化境，所有招数融为一体，有招化为无招，无招也就无从破解，一切都出神入化，顺其自然，也就进入了一个完全自由的境界。

从有招到无招，也许，这就是见山还是山，见水还是水。马晓春就像一个十八般武艺样样精通且浑身都是暗器的武功高手，碰到李昌镐这类“无招”之人，浑身武功竟使不出来，奈何？

当把所有招式都学会之后，决定武功或棋力高下的便不再是招式，而是悟性与境界了。但这又不可执意求之，禅宗讲究顿悟与直觉，见性即佛，一念相应，便成正觉。围棋亦然。“且道黑白未分时，一着落在什么处？”这就看棋手的悟性了。从来十九路，迷悟几多人？迷也，悟也，都看你自家，非关他人。

原载《围棋报》1999年9月19-26日，10月3、10日

试试二十一道盘，如何？

据《棋艺》杂志2001年第五期载，不久前，日本关西棋院的结城聪和女棋手吉田美香下了一盘有特别纪念意义的对局。这盘棋的“特别”之处在棋盘，它不是通常的十九路盘，而是二十一路盘。这“二十一路盘壮举”，也许会在许多年之后，人们才意识到其意义。

十九路盘已经通行一千多年了，人们早已把这看作是天经地义之事。中国现代学者竹可羽先生还曾通过对十七、十九、二十一道盘边角和中腹的差值计算，证明十九道盘是最合理、最佳的状态。言下之意，十九道盘将是围棋最后定型的棋盘了，不可能再有新的发展。

我们不妨先来看看围棋棋盘的演变情况。

最早的围棋盘是几道，现已不可考。有人认为，“弈”与“易”同源。在原始的符号记事时代，人们划地为盘，折枝为子，以此推卦演绎，那么“万物之数，从一而起”（《棋经十三篇》）。一生二，二生三，“三”为一爻，由此可推演万物之变化，三道盘便是棋盘的最基本道数。“易”与“弈”的关系需做专门讨论，这里暂且放下。

单说以棋盘争胜负。棋子的生存条件是气，纵横三格，正好中间留一“气”，即所谓有了一个眼位。五格成两眼，在五道盘上，无争执的话，双方均可安然活出一块棋。但一方先行，往正中心位置一站，正好雄居各方均为“三三”的位子。另一方再下子，绝无生路。七道盘，正中心位置为“四四”，即现在所谓的星位。如先行一方占“四四”，另一方可从任一角潜入“三三”，所以行棋双方一般都会各占两个“三三”，先自固再求发展。所以，理论上，围棋用来争胜负，棋盘最少应为七道。

但七路盘变化太少，缺少争棋的趣味性。而九路盘变化大为增加，先行一方虽绝对有利，但后手方并非毫无机会。前几手占三三还是其他位置，也有了选择余地。即使实行对角三三的座子制，也并非不可下。直到现在，初学围棋者还往往从九路盘开始学起，职业棋手间还举办过带有趣味性质的九路盘比赛，杀得难解难分。虽无文字和实物佐证，在围棋的演变过程中，流行过九路盘应是大有可能的。

现存有实物发现的道数最少的棋盘是十三道盘。1977 年，在内蒙古敖汉旗丰收公社白塔子大队发现一座辽代古墓，墓内供桌下有一高十厘米、边长四十厘米的围棋方桌，桌上画有纵横十三道的围棋盘。

而已知最早的围棋盘实物出自西汉。陕西咸阳西汉中晚期甲 M6 墓葬出土了一件石棋盘，为纵横十五路。而已发现的最早的十七路盘是在 1954 年河北望都发掘的东汉古墓中的一石棋局。

十五、十七道棋盘从汉代一直延续到唐代，而十九道盘起于何时却成了一道难题。有说在三国时期已流行，理由是北宋棋待诏李逸民《忘忧清乐集》中，收有“孙策诏吕范弈棋局面”，该图谱就是十九道的。不过，这局棋的真伪颇多争议。一般认为，十九道盘至少在南北朝时就开始流行。已发现的十九道盘的最早实物是在河南安阳隋代张盛墓中出土的一具瓷棋局。唐人裴说《棋》中有“十九条平路，言平又崄巇”的诗句。《忘忧清乐集》中所收棋谱也都是十九道的，说明十九道盘在唐代已成为标准制式。而一种围棋制式从产生到流行总有一个发展过程。

棋盘的演变过程是沿着简单到复杂的轨迹。棋盘越大，变化就越多，棋势越复杂，斗智的趣味性也更浓。不少人计算过，十九道围棋盘的变化近似于无穷大了。唐朝冯贽在《云仙杂记》中感叹：“人能尽数天星，则遍知棋势。”那么，棋盘的道数有没有可能再加大？

我们不妨先来计算一下，在十七道盘上下棋，围三路共需四十八子，围出一百二十目，平均每子的价值为二点五目，围四路需四十子，围出八十一目，每子价值为二点零二五目，子效差值为零点四七五目，三路有利；十九道盘，围三路五十六子，一百三十六目，平均二点四三目，围四路四十八子，一百二十一目，平均二点五二目，子效差为零点零九目，四路有利；而假如棋盘增加到二十一道，围三路六十四子，一百五十二目，平均二点三七五目，围四路五十六子，一百六十九目，平均三点零一八目，子效差为零点六四三目，围四路绝对有利。有人据此断言，十九道盘是最佳道数，因为它在三路、四路间落子，其子效差最为接近，在守地与取势之间，最为均衡。

问题是，在二十一道的盘中，双方肯定都不会去占三路，而除星位外，会选择目外、高目、超高目、五五之类的着点。二十一道盘围五路需四十四子，围出一百二十一目，平均二点七五目，虽不如四路，但子效差仅为零点二七目，接近于十九道盘的四路、三路子效差。由此二十一道盘在理论上并非没有可行性。

日本棋院1949年制定、1989年修订的《围棋规则》中，关于棋盘，就规定："使用纵横十九路棋盘，是专业棋手的规则。除了初学者使用的九路盘外，只要在对局双方同意的基础上，将来使用二十一路盘也是可以的。"相对于《中国围棋竞赛规则》（1988年）所硬性规定的"棋盘盘面纵横有十九条等距离、垂直交叉的平行线，共构成三百六十一个交叉点"，似乎更灵活一些。

十九路盘已流传了一千五百年以上，随着人们对围棋理解的进一步加深，掌握得越来越熟练，十九道盘慢慢向二十一道盘演变并非没有可能。至少，现代人可以去感受一下在二十一道盘上下棋的滋味，不说作为创新的一种尝试，即使单纯从提高棋艺的角度说，二十一道棋盘中，棋更为复杂、多变，如果通过理论研究与实战有了一些心得，回过头来也可以加深对十九道盘的理解，提高驾驭棋局的能力。这就像下惯了十九道盘，再去下十七道盘，你会觉得简单多了一样。既然现代棋手可以进行九路盘的趣味比赛，为什么不能在二十一路盘上试一试呢？兴许，能从中发现围棋的更多奥妙，亦未可知。

笔者曾在拙著《围棋与中国文化》（人民出版社，2001年）关于"弈具"的一节中，呼吁试试二十一道盘。书稿尚未面世，日本棋院却已付诸实施。在人们心目中一向比较保守的日本棋院有此不同凡响的壮举，令人钦佩。春江水暖鸭先知，中国棋界不知是否能有所感应？

原载《围棋周报》2000年8月7日

围棋外援：一场静悄悄的革命

从前，有只丑小鸭，长得毫不起眼，没人理睬。有一次，她碰到一个王子，王子爱上了她，把她变成了一只美丽的白天鹅……

世上有许多类似故事，时时在我们周围发生，围棋联赛的突然蹿红不知算不算其中之一。

曾几何时，围棋联赛轰轰烈烈地开锣、热热闹闹地唱戏，捧场、吆喝者却寥寥无几，让人顾影自怜，好不伤感。“羞答答的玫瑰静悄悄地开”“我的柔情你永远不懂”，奈何？

“忽如一夜春风来，千树万树梨花开。”睦镇硕来了，徐奉洙来了，刘昌赫来了……围棋一下子吸引了许多人的目光，成了各大媒体竞相追逐的焦点。连过去人们从不关心的乙级团体赛也一下子成了香饽饽。

当然，中国围棋本来就比“丑小鸭”漂亮，韩国人也不是什么王子，但因为以韩国为主的外援加盟，使中国围棋联赛发生的变化却是有目共睹的。只是，在种种热闹的排场中，人们可能忽视了围棋外援作为新的历史条件下的“洋务运动”正引发着一场静悄悄的革命……

一

这场革命首先体现为机制的转轨，这就是围棋的职业化、市场化。

这种转轨当然不是因为有外援才开始的。当代表专业体制的国家队、地方队被取消，棋手被归入中国棋院或各地方棋院，基本完成“断奶”，以“自食其力”为主，棋手的身份也就发生了变化，他们成了职业棋手，主要通过棋赛或其他方式维持生计。棋手在国际比赛中代表所属棋院出战，在国内各新闻棋战中，则开始拥有了真正的“个人”身份，这正是职业化、市场化最重要的一步。

而当各围棋俱乐部成立，联赛开战，棋手又拥有了一个新的身份。在这里，他既不属“国家”，也已失去“个人”的独立身份，而属于某个群体，这个群体（俱乐部）是完全依照市场经济原则建立起来的。在围棋俱乐部，每个人拥有了一份真正的职业。

但中国围棋联赛的俱乐部体制又是极不完善的。足球职业联赛初期，也带有浓厚的专业体制的残余，地方体委出人，企业出钱，企业经常扮演的是赞助商的角色。而当俱乐部有了自己的造血功能，建立了从各级球队到训练、比赛、经营、管理的一整套机制，中国足球的职业体制才开始真正建立起来，它与企业、媒体、球迷的关注相得益彰，造就了“低水平”的中国足球的“火爆”。

中国围棋联赛便大约处在足球职业联赛的初期，大多数棋队都处在拉赞助的阶段。好不容易拉来一家愿意出钱的企业，那心情，就如一个穷人得到一笔施舍，感激涕零。制约俱乐部真正实现职业化、市场化，主要原因就是企业能否在围棋中有利可图，这又取决于社会对这一竞技项目的关注程度。

围棋外援的到来，正是为围棋的职业化、市场化实现了一个质的飞跃，提供了极好的机遇。现代经济是“注意力经济”，围棋是否能获得广泛的社会关注，恰恰是其能否借“他”力实现自力更生、丰衣足食的重要保证。我们注意到，睦镇硕登录围甲的签字仪式是在北京中国大饭店进行的，中国棋界的头面人物和各大新闻媒体都纷纷前来捧场。连睦镇硕自己都称根本没想到签字仪式会有这么高的规格。当天王级人物刘昌赫出现在昆明机场，迎接他的是少先队员的鲜花和数不清的镜头、话筒。甚至徐奉洙来中国之后的“吃”相，也被记者津津乐道，这种娱乐新闻，如果有一天也像足球一样充斥各大报纸的版面，那对棋界来说，真可以说是甜蜜的痛苦。

也许有人会说，足球的火爆本身有竞技的属性，围棋是静的运动，永远不可能像足球场一样成为球迷狂欢的舞台。但足球的收入，门票也仅仅是其中一小部分而已。当一支球队运动服的冠名就值上千万时，富裕起来的就不光是俱乐部，也包括球员了。

足球运动员与俱乐部是相互依赖的关系，俱乐部靠球员打天下，球员依靠俱乐部获得生存保障。如果球员不能与俱乐部签约，对他来说也就意味着下岗、失业。围棋是个人性很强的运动，所以棋手可以部分属于俱乐部，但如果俱乐部有着越来越雄厚的财力，棋手的归属感就会越来越强烈。在联赛中，作为职业棋手，他不再代表个人，其“国家代表”的身份也趋于模糊。外援的加盟，恰恰使棋手真正实现了这一身份的转变。

职业体育的最大特点就是金钱成为竞技的最大动力，因为它是参与者谋生的一种方式。而像奥运会之类的“业余”竞技，选手的身份则带有强烈的“国家民族”特性，体育竞技成为民族间的一场没有硝烟的战争。特别是像中国这样的国家，近代以来，长期的积弱、受压导致中国民众的一种强烈的民族主义情绪，竞技体育成了为国争光、为民争气的最直接方式。“我的名字叫中国”成了中国运动员最经常挂在嘴边的一句话。二十世纪的中国围棋，也是在这种强烈的民族使命感、荣誉感的激励下走过来的，“抗日”和“拒韩”成了一种民族的集体意识。

可是，当睦镇硕骑上了重庆的“建设摩托”，刘昌赫成了云南“香格里拉·藏秘队”的一员。有人突然发现，昔日的敌人摇身一变成了队友，不知道这是一种什么感觉。不过有一点可以肯定，如果睦镇硕赢了棋并帮助重庆队获得胜利，我们应该不会说是韩国人的胜利；如果“野草”徐奉洙拿出他当年在三国擂台赛上一气横扫中日九员大将的“蛮劲”，在围乙赛场上也所向披靡，国人大概不至于那么咬牙切齿、痛心疾首了吧！如果刘昌赫拿走了胜率最高奖（就像卡西亚诺穿走中国足球的“金靴”），我们也用不着把这看作国家民族的耻辱。这好比齐达内帮助尤文图斯攻入对法国马赛队的制胜一球，人们不会说齐达内是卖国贼。马拉多纳铸就了那不勒斯的辉煌，他便成了那不勒斯人心目中永远的城市英雄。

我们可以说马拉多纳是为了钱，刘昌赫也是为了钱（十一轮比赛拿五十万，对棋手来说不是小数目），但这就是职业体育。一切都天经地义，职业化创造不出白求恩。但是，职业化又把人为构筑的国家、民族的樊篱打破了，这使不同民族的棋手间反而可以心平气和地交流、对话。如果哪一天常昊代表韩国的某某队战胜了云南的刘昌赫，也许，这就是围棋真正的职业化、国际化的实现！因为：

我的祖国是围棋！

二

当睦镇硕登陆重庆，产生的是“多米诺效应”，引来众多韩国外援，这是中国围棋界的大事，也被认为在中韩围棋交流史上具有不同凡响的深远意义。

众所周知，中国是围棋的故乡。围棋在其发展过程中逐渐向周边国家和地区传播，其后又流传到世界各地，从而形成了一个以中国为圆心，不断地向外辐射的传播方式。在古代，围棋的传播大致可分两条路径：一条路是向西，经丝绸之路，传到汉以外的少数民族地区及中亚、南亚各国；一条路是向东，经由朝鲜半岛，再传到日本。当然，这种围棋交流又不完全是单向的。当一些国家和地区接受了围棋，他们又对围棋加以改造、发展，在西藏、锡金等地出现了藏棋，而日本更是把围棋发扬光大，使其完成了从古典到现代的转变，反过来又影响、促进了围棋在其故土的转型。这种文化传播、影响与接受、反刍，形成一种文化互动，成了围棋交流也包括整个文化交流中的普遍现象。

中国围棋也曾有足以骄傲的时代。唐朝国力强盛，文化上也有一种恢弘的气度和开放的心态，大批外籍人士纷纷来华取经，围棋得到了进一步的向外传播。朝鲜遣唐使、日本遣唐使、西方留学生在学习中国文化的同时，也接受了围棋。其中新罗的朴球居然以客卿身份成了一代国手——中国宫廷的棋待诏。

可惜，唐以后，中国社会日益封闭，也导致围棋的闭关自守、夜郎自大，中日、中韩围棋交流日趋减少。二十世纪初，日本四段棋手高部道平来到中国，横扫中国棋坛，才使中国棋界如梦方醒，“山中才七日，世上已千年”。中国棋界开始反省落后的原因，同时也激发了棋手强烈的民族自尊心。在某种意义上说，它直接引发了中国围棋的“洋务运动”，导致了现代中国围棋的变革。

二十世纪的中国围棋，就是一段向日本学习，在交流中逐渐实现平等对抗的历史。而当中国棋界终于觉得开始赶上乃至正在超越日本时，另一个可怕的对手又出现了。曹薰铉在“应氏杯”上偶露锋芒，随后四大天王在世界大赛中争相攫金掠银，让人惊呼，“狼”未走，“虎”又来了。

其实，恰恰是我们近邻的如狼似虎才不断地刺激、鞭策着中国围棋，使中国围棋取得长足的进步。而今，我们又不再停留于一般的交流，而是直接引进国外棋手，以实现深层次的对话。而中国围棋，在这种新的交流方式中，也许将实现革命性的变化。

不是我不明白，而是这世界变化快。几个月前不敢想象的事，转眼间便成了事实。当然，韩国棋手到中国来，并不是说中国的围棋水平已有多高，也许是因围棋联赛新颖的赛制，也许是中国的古老文化、大好河山、报酬，或者三者兼而有之，吸引了他们。同时，我们也很欣赏中国围棋的权力机构——中国棋院在这件事上所表现的积极姿态、办事效率。从刘菁试探性地代睦镇硕提出想来中国下棋的想法到此事操作成功，然后一花引来百花开，不过短短两个月的时间。谁说中国人思想保守、官僚主义、办事拖拉、效率低下？这件事就是最好的回击。

说到这里，我们就不得不提到两个特殊的“外援”：江铸久、芮乃伟。“外援”这个词用在他俩身上，实在有些别扭。据说中国围棋协会从来就没有把他们除名。但事实上，自从 1987 年那个芝麻大的事情被人为地弄成“三峡事件”，芮乃伟不得不开始她的漂泊生涯。我们无意于对双方的当事人做是非曲直的判断，也许大家的所作所为站在自己的角度都有其“合理性”，我们只能说，那是时代的局限（特别是二十世纪六七十年代，那种“为了一个共同的革命目标”而残酷斗争的悲剧实在是太多了）。就像当年曹大元、杨晖谈恋爱时，组织上“关怀备至”，一个劲地劝他们断、断、断，时过境迁，我们还能说什么呢？

塞翁失马，焉知非福。芮乃伟从日本到美国，最终被韩国棋院接纳。她作为一个“文化的边际人”游弋于多种文化之间，吸收各国的围棋文化的养分，促成了她棋艺与人生境界的双重超越（二十世纪取得杰出成就的棋手，往往都是这种“文化的边际人”）。当然，我们也不得不佩服韩国棋院的包容气度。海纳百川，有容乃大。谁说在这件事上受益的仅仅是芮乃伟自己，芮乃伟在韩国棋界刮起的旋风，她对韩国围棋既有格局的冲击，对韩国围棋本身就是一种新鲜的刺激、促进。而韩国围棋的强大，大约就跟它善于包容的心态有关。我们不可忘记，韩国在二十世纪前叶，还在下十七个座子的原始“围棋”，赵南哲、赵治勋、曹薰铉……一代代的人，不断向日本学习，同时又不囿于既有的定式，最终成就了韩国围棋的辉煌。

如果说，二十世纪九十年代初，在第二届“应氏杯”上，我们还在因为江铸久、芮乃伟的参赛资格问题“正气凛然”（其实，“应氏杯”组织者说得很清楚，参赛选手只代表所在城市，不代表国家）。如果说，二十世纪九十年代末，我们的一些棋手还在因为芮乃伟参加了带有游戏性质的“中国围棋男女双人赛”而“坚持原则”，那么这是不是新的世纪会给中国围棋带来了一些新的气象、不同的气度。韩国外援来了，天涯游子也终于回来了（以什么方式回来并不重要），也许哪一天，像足球一样，我们还会有外籍教练，这其中的意义，不是用他们在中国赢了几盘棋可以衡量的（就像人们常常善意地提出的值不值的问题）。

围棋是竞技，既然是竞技，就难免有对抗、冲突。围棋又被称为“手谈”，“手谈”就是用于对话、交流，所谓“友谊第一”。围棋把竞技与友谊两者高度融合了起来，真正的对手可能就是真正的知音。围棋外援所带动的文化交流（而不是国家间的那种对抗），也许将使我们对围棋的真义有更深切的体会。

在一百年或一千年后，围棋史学家在写《二十一世纪中国围棋史》或《中外围棋交流史》，也许会这样记下一笔：

二十一世纪的第一年，中国围棋的重要变化就是随着围棋外援加盟联赛，改变了过去那种围棋比赛的格局（纯粹的个人或国家间的对抗），使围棋在职业化、国际化过程中迈出了重要的一步。这些外援除一人外，其余均来自韩国棋院，他们是：

"围甲"六人：睦镇硕（重庆建设摩托队）、刘昌赫（云南香格里拉·藏秘队）、金荣桓（福建红古田队）、朴升哲（贵州卫视队）、江铸久（中国籍，四川成都娇子队）、芮乃伟（中国籍，上海移动通信队）；

"围乙"四人：徐奉洙（深圳队）、金荣三（深圳队）、金承俊（香港队）、周俊勋（香港队）。

需要说明一点的是棋协规定每队只能有一名外援，深圳队、香港队却被允许有两名，其原因大概是当时的人们都很熟悉的一个词：中国特色。好在从第二年起，随着体制的进一步规范化，这种现象不复存在。

这段"历史"继续写下去的话，不知会不会有这样的记载：

一年后，日本棋手也到中国来了；几年后，韩国、日本也有了自己的联赛；接着，亚洲俱乐部冠军赛开战；接着，欧洲、美洲、非洲……

原载《围棋报》2000 年 7 月 4 日、11 日

无彩不成棋

平生从未下过带“彩”的棋。过去在棋社下棋，总会有人跟我说：意思意思吧！而我总是拒绝。对方要不就不与我下，要不就行棋如飞，不管输赢，草草下完了事。真是无彩不成棋，弄得自己也索然无趣，便不再去了。

于是，我只跟熟悉的人下棋。十几年过去了，棋力也算马马虎虎，但始终难有大的进步。后来反省，是否就是因为“卫生棋”下多了。不经历风雨，怎么见彩虹？没经受过赌棋的考验，棋艺怎能脱胎换骨？弄到现在，使的着总是过于温文尔雅，大局尚可，一到乱战，弱点就暴露出来了。

其实，不少国手，都有过在棋馆中下彩棋的经历。吴清源先生在自传《天外有天》中就谈到过去茶馆下棋的情形：

> 到我十岁时，父亲为了让我们见见世面，开始带我们兄弟三人到当时北京唯一的“棋会所”——“海丰轩”去下棋。其实那里与日本的“棋会所”不同，门面上是个小吃店，店的里面是个下棋的场所。当时北京的围棋迷们聚集那里，并时常下赌博棋。客人从赌金中抽出一成作为入席费付与店家。父亲好像也是那里的常客之一。另外，当时北京有名的棋手如顾水如、汪云峰、刘棣怀等常常出入于此。

茶馆曾是中国棋手成长的摇篮。茶馆棋往往都带“彩”，它能够营造一种激烈的比赛气氛。古代不少棋手都是在这种气氛中成长起来的。吴清源既在这里得到了与当时中国最高手交手的机会，受到中国好战棋风的洗礼、熏陶，又因对日本现代棋的潜心钻研，在棋的境界上很快就有了飞跃，几年工夫便达到乃至超过了当时中国的一流高手。下彩棋的茶馆，在很长一段时间，就成了中国棋手成长的摇篮。

想想，其实棋与赌本来就是联系在一起的，只不过当今职业棋手下棋的赌金特别巨大，且与国家民族荣誉联系在一起，便成了一种名正言顺的竞技。围棋在先秦时就与博为伍，称博弈。秦汉时，博戏非常盛行，各阶层的人“博戏驰逐，斗鸡走狗，作色相矜，必争胜者”，玩得不亦乐乎，围棋反而被冷落。

博与弈的区别，恐怕就在于博戏靠掷骰子行棋，胜负带有很大的偶然性，而围棋的胜负却完全靠实力。所以博是纯粹的赌具，弈则逐渐演变为一种竞技活动。不过，当这种竞技活动不再是单纯的游戏，而带有明显的经济目的，便成为所谓的带“彩”之棋了。东晋时，就有谢安围棋赌墅的故事。而《宋书·羊玄保传》里也有羊保以赌棋获宣城太守一职的记载。《南史·到彦之传》则记到溉以奇石和礼记为彩头与梁武帝赌棋。不过，这里的“彩”都是物，为下棋助助兴而已。这种“赌”棋方式一直延续到唐代。冯贽《云仙杂记》有种种关于王积薪下棋的记载，说他“梦青龙吐棋经九部授己，其艺顿精”，每次出游，“必携围棋短具，画纸为局，与棋子并盛简中，束于车辕马鬣间。道上虽遇匹夫，亦与对手。胜则征饼饵牛酒，取饱而去”。这说明王积薪应是出自社会底层，生活比较清贫，棋具简陋，且不计较对手身份，且取胜也不过是“征饼饵牛酒，取饱而去”。宋以后，棋手可凭一技之长，赌取钱财以致富。而唐律规定，“诸博戏赌财物者，各杖一百”，唯有两种情况不论，即“弓箭既习武艺，虽赌物，亦无罪名”；“赌饮食者，不坐”“虽即赌物，尽用为饮食者，亦不合罪”。王积薪不敢以赌取钱财，但取饮食则不妨。

宋代，随着一批以棋为职业的棋人的出现，赌棋大大流行开来。因为除了棋待诏可以拿官府的俸禄，一般的棋人从棋中讨生活，没点彩，这日子怎么过？洪迈《夷坚志》便记载了一个以棋为生的“门客”的故事：

范元卿的棋品著声于士大夫间……其弟端智，亦优于此技，与兄

> 相埒，而碌碌布衣，独客于杨太傅府。杨每引至后堂，使诸小姬善弈者赌物，然率所约，不过数千钱之值。范常常得之。杨一日谓曰："闻君家苦贫，小小有获，无济于事。吾欲捐金币三千缗，用明日为某妾一局之资。君能取胜，立可小康。"范喜谢归邸，不能旦。同寓之士，窃言范骨相之甚薄，恐无由能致横财。如是，及对局，既有胜矣，思行太过，失应一着，遂变捷为败，素手而出，乃知非分财物，不容妄享。

平常下点彩棋，收入低微，好不容易逮着一个机会，想发笔横财，却因紧张过度，一切成泡影。只能让人感叹，也许命运就是如此，奈何？当然，后面又来一番道德劝诫，所谓"好利忘义之徒，可以内省也"。其实这跟"好利忘义"并没多大关系。

《金瓶梅》《儒林外史》《红楼梦》等小说，包括明清戏曲中也多次写到下棋赌彩的场面。由此可看出，在宋以后，随着围棋在社会各阶层中的普及，赌棋在现实生活中已较普遍。《金瓶梅词话》第二十二回有一段描写：

> 话说一日腊尽阳回，新正佳节。西门庆贺节不在家，吴月娘往吴大妗子家去了。午间，孟玉楼、潘金莲都在李瓶儿房里下棋。玉楼道："咱们今日赌什么好？"潘金莲道："咱每人三盘。赌五钱银子东道。三钱买金华酒儿，那二钱买个猪头来。教来旺媳妇子烧猪头咱每吃。只说他会烧的好猪头，只用一根柴禾儿，烧的稀烂。"玉楼道："大姐姐他不在家，却怎的计较？"金莲道："存下一分儿，送在他屋里，也是一般。"说毕，三人摆下棋子，下了三盘。李瓶儿输了五钱银子。

第五十五回还有一段写白来创与常时节下棋赌彩的场面。《红楼梦》第九十二回也描写过贾政与詹光的赌棋。不过，总的来说，这里的所谓"赌棋"大多不过为了增加下棋的趣味性，来点彩，以示对输赢的奖励或惩罚。《儒林外史》第五十三回有一段写"南京的国手"的让子棋，"国手"则有些"职业赌手”的风范了。

却说国公府的陈四老爷陈木南来烟花地找聘娘，见聘娘正与人下棋。那人叫邹泰来，是聘娘的师父，“南京的国手”。聘娘去准备酒菜，请他们两人下棋。邹提出对下，聘娘知道底细，先帮四老爷排上七子。陈知邹不会“空下”，先取出一锭银子作注。第一局陈勉强获胜，再下时，从九子一直让到十三子，陈老爷还是下不过，气得肚里生疼。幸亏聘娘“抱了乌云覆雪的猫”，把棋盘弄乱，才把四老爷从窘境中解脱出来。

欲擒故纵，先示弱再痛宰，如今茶馆中以赌为业的棋手常用的一招，邹国手早就用得非常娴熟了。

明代郑若庸的戏曲《玉玦记》，也专有一折《博弈》，写临安城中两个帮闲浪子，以博弈哄骗一个专好花酒、声色犬马的员外的故事。这帮闲人，家无二顷田，口有三寸舌。专好帮闲钻熟，结交酒友博徒，骗人钱财，平时每寻个贵公子，吃的，穿的，用的，倒也都有了，但要往家里拿点又不够。听说有个张员外，是个大财主，极好嫖赌，哥几个便寻思同去赚他几两银子。你道这张员外何许人也？“京华游侠儿，金多贱于土，挥霍鬼可欺，手不把书卷，春来日日出，朝从博徒饮，暮有娼楼期”，整个一个花花太岁。看到有人专程找来陪玩，自是来者不拒。他们先玩围棋，赌五十两银子。“雌雄胜负，兵家怎期？盈亏得丧，天心有机，何妨百万输刘毅。”员外输了，改打双陆，百两一注，员外又输了。再掷骰子，玩象棋，员外屡败屡战，一百两银子很快输光。赌兴犹不减，欲再回去取一千两来决一胜负。这些帮闲浪子倒是见好就收，约好第二天再战。正所谓“等闲百万逢场戏，莫问家无担石储”。

这员外，活脱脱就是一只“小肥羊”，这样的冤大头多了，那些帮闲浪子的生计自然也就不用发愁了。

“为赌金钱争路数”，宋以后渐成一种普遍的社会风气。文人下棋，也常常喜欢来点“彩”，不过，彩头大多不是金钱或其他俗物，而是文人的家当——翰墨文宝之类，或者索性就是赌诗。如果说前面的赌棋是“俗赌”，那文人之赌便称得上是“雅赌”了。

宋代画家文同与苏轼便有一段趣事。文同（1018—1079年），字与可，擅长画竹，与苏轼是表兄弟。两人亲密无间，相互往来嬉笑调谑。苏轼与文与可曾在一起下棋，某一次，两人以茶墨相赌，苏轼输了，却始终不见兑现，文同只好作诗索之：

子平棋负茶墨小章督之

睡忆建茶斟潋滟，画思兖墨泼淋漓。
可怜二物俱无有，记得南堂棋胜时。

这里的子平即苏轼。苏轼棋瘾不小，一看棋就是大半天，棋却实在不怎么样，所以只好"胜固欣然败亦喜"了。当然这"败亦喜"中还有一层原因，就是反正我"健忘"，或者索性不认账。那赢棋的人只好以诗来提醒了。前三句先使哀兵之计，说自己无茶驱睡意和无墨写丹青，做可怜状、乞讨状，末句轻轻捅破，原来是提醒友人践约。全诗虽是戏笔，却饶有情趣，既表索物之意，更是抒别后相忆之情。

政治家兼文人王安石也不乏类似的趣事。据《冷斋夜话》记载，王安石老年闲居南京，常与薛昂处士纹枰对坐。有一次，为了助兴，两人约定赌棋罚诗，输者作梅花诗一首。首局是王安石负，他即吟《梅花》：

华发寻香始见梅，一枝临路雪倍堆。
凤城南陌他年忆，杳杳难随驿使来。

次局薛昂负，却蹙眉搔首，难以成诗，王安石等得不耐烦，便代他作了一首：

野水荒山寂寞滨，芳条弄色最关春。
欲将明艳凌霜雪，未怕青腰玉女嗔。

后来薛昂官运亨通，“出知金陵”，有人作诗以嘲之云：

好笑当年薛乞儿，荆公座上赌新诗。
而今又向江东去，奉劝先生莫下棋。

既赌胜负，又不失风雅，增加下棋的情趣而已，这正是文人之赌的别具一格之处。所谓小赌怡情，这大约也算得上是其中一种吧！

原载《围棋天地》2004 年第 6 期

仙妓同源

围棋被视为“木野狐”。狐者，美女妖妇也。“忽然一笑千万态，见者十人八九迷”（白居易《古冢狐》），男性赏而玩之，自是名正言顺。而古代的女性好棋者也不乏其人，只不过消闲之外，更多了一层意思，即弈棋乃为取悦男性，所谓女为悦己者“弈”也。

中国古代的女弈活动，大致有几种类型：闺弈（闺阁之棋）、宫弈（宫廷之棋）、妓弈（娼妓之棋）、仙弈（仙女之棋）。对于官宦富贵家庭的女眷们来说，围棋当然是她们的消闲之物，如同琴、书、画一样，显示其优雅素养，闺房雅戏是也。而古代女子围棋的另一重要阵地，便是宫廷。琴棋书画，乃是有一定身份的女子取悦于人的必要“才艺”。宫廷，正为女性与围棋的结缘提供了一个契机。对于那些命运完全掌握在皇帝喜怒中的人来说，邀宠是她们唯一的选择，棋便成为其中的一个道具。

中国古代，妓弈也颇为盛行。说起来，宫弈与妓弈颇有相通之处。只不过，帝王与宫妃之间是一种纯粹的占有与被占有的关系，卖淫则是色相商品化之后的一种钱色交易行为。作为卖的一方，为提高身价，不仅需要有迷人的色，最好还能多才多艺，所谓色艺双全是也。而围棋，唐代正式被列为四艺之一，自然也就成了较高层次的艺妓们的喜好之物。

唐代传奇小说中，张鷟有一篇《游仙窟》，便反映了初唐的妓弈风气。小说采用自叙的形式，说作者从汧陇到河源，途中夜宿一大宅，大宅即神仙窟，他与女主人崔十娘，以诗相酬，调笑戏谑，宴饮歌舞。宴饮间，他们用诗咏各种东西，其中就有围棋。他咏棋道：“向来知道径，生平不忍欺。但令守行迹，何用数围棋？”五嫂也赋诗说十娘：“娘子为性好围棋，逢人剧戏不寻思。气欲断绝先挑眼，既得速罢即须迟。”棋语、情语双关。十娘与张鹜诗来盏去，两人暗暗情投意合，缱绻一宿，洒泪而别。

崔十娘既有炽热大胆的情欲，又是能诗工棋的才女，可以说正符合男性的愿望与想象。

以上且都按下不表，这里单说仙弈。中国古代有不少动人的仙弈传说，其中最著名的便是刘晨、阮肇入天台山逢仙女的故事。刘义庆《幽明录》载，东汉明帝时，剡县（今嵊县）有刘晨、阮肇入天台山采药，遇见两位仙姑，遂结为夫妇。两人在仙境中过了半年多，仙女还教会他们下棋。当他们回到人世时才发现人间已过了七代，物是人非。于是再上山寻觅仙境，却无法第二次如愿了。不少诗人以此为题材吟诗作画。唐代有一诗《仙子洞中有怀刘阮》：

不将清瑟理霓裳，尘梦哪知鹤梦长。
洞里有天春寂寂，人间无路月茫茫。
玉沙瑶草连溪碧，流水桃花满涧香。
晚霞风灯零落尽，此生无处访刘郎。

1964 年 6 月，上海宝山县顾林镇的一座明代古墓中，出土了一件嘉定竹刻艺术品——《刘阮入天台弈棋图》。画面描绘了刘、阮二人与两位仙姑共同生活的美妙情景：夏秋之际，在古木参天的天台山上，有一深邃山洞，洞外盘旋曲折的古松下，有一男一女于石桌两边纹枰对弈，还有一男子托颐、袒腹露脐在观局，另一美貌仙女手执蕉扇，站在洞门口，呼唤梅花鹿和仙鹤一起来观弈。使人仿佛入了世外桃源一般。

这就是中国人常做的桃源梦。其实，这梦中的仙女充当的不过是“妓”的角色。仙与妓，本为同源，后来才慢慢走向两极。

宋玉在《高唐赋》和《神女赋》写了一个半人半仙似的“神女”。据《高唐赋》序载，楚怀王到巫山游览，因疲倦而入梦，见一女子对他说话：“我是巫山之女，在高唐这里作客，听说大王来此游览，我愿与王同床共枕。”怀王于是便同此女做了露水夫妻。临别时女子对怀王说：“我在巫山南面高山的险要处，清晨为云，傍晚为雨。朝朝暮暮，在阳台之下。”怀王在清晨时观望巫山，果然如她所说的那般光景。为了永久纪念这次性爱奇缘，怀王为高唐女建立了庙宇，题名“朝云”。后来怀王的儿子襄王亦来此游玩，并想重温先父的旧梦，与神女交合，但这次神女似乎只用自己的美炫耀了一番便飘然而去，弄得楚襄王神魂颠倒，怅惘不已。这次未完成的性爱欢愉便构成了《高唐赋》的续篇《神女赋》的题材。

叶舒宪在《高唐神女与维纳斯》一书中认为，高唐神女在某种意义上充当了中国的爱与美的女神，但她并不如西方的阿芙洛狄特、维纳斯那样受人尊崇，在汉民族男性中心的礼教文化中，慢慢被贬为巫女、奔女，“神”与“妓”已相差不远了。古希腊有专门供职于神庙的女巫，即神妓或称女祭司。中国古代传说中也有巫儿、佚女、游女、瑶女等，她们扮演着“处女祭司”的角色，但从正统礼教的眼光看来，总不脱一“淫”字，“圣娼”逐渐被“凡妓”所取代。远古盛行的宗教礼仪转化为神话与梦，存在于文人们的幻想中。于是，人们一方面从凡俗的妓女中去寻找感官的欢乐，一方面在幻梦中与形形色色的“神女”“仙女”“精怪”意淫，各种传说如《白蛇传》《聊斋》中，也就有了许多美女自荐枕席的故事，只不过传说中享艳福的已不限于帝王，也包括世间的凡夫俗子。

在神话中，女性躯体常常与某一容器对应，相传，人类始祖伏羲和女娲就都是葫芦的化身。在这容器意象中，中间部分是母腹的象征，容器入口处象征子宫，母腹的下部是包含在母腹中的地下世界或“大地子宫”。因而，各种有关仙界的传说中，通过某一入口进入洞、穴、室或深渊、峡谷中，便成了“母腹回归”的象征。母腹创造了生命，又是生命的归宿（如同最后的坟墓，仍是人工的大地子宫）。这种通过回归母腹，实现生命的不朽，进入人类永远的桃源。

而在这桃源梦中，不少又伴随着对“仙女”的占有，并且都是“仙女”主动的。“洞里有天春寂寂”便是性、春梦的绝妙暗示。而女性与围棋，在某种意义上本就有相通之处。欧阳修鉴于“弈者多废事，不以贵贱，嗜之率皆失业”，将棋枰称之为“木野狐”，“言其媚惑人如狐也”。狐者，女子也。“千岁之狐为淫妇，百岁之狐为美女”，围棋与美女，其媚惑人并无二致。而杜甫的“楚江巫峡半云雨，清簟疏帘看弈棋”，“楚江”“巫峡”“云雨”在中国传统文学意象中都与性有关，它们与弈棋相对，令人想起宋玉笔下的“神女”，忽隐忽现，令人悠然向往又不可得，其妙处只可意会而不可言传也。

在中国的人仙交合传说中，人总是男性，仙为女性，绝无反过来之说。人若是女子，那另一方肯定是魔，将人强行劫持、占有。于是，高唐神女终无法摆脱被男性意淫的命运。只不过，有的设置了一重婚姻的外衣（如刘、阮遇仙），通过这层伪装，将占有仙女合法化、合乎道德。归根结底，这些传说都源于男性的昼梦。

按照弗洛伊德的理论，梦总是与人的潜意识欲望有关。中国文化被称为“无性文化”，而一个社会，对性压抑得越多，人们吞吃禁果的欲望便会越强烈。当这种欲望在现实中无法获得满足时，往往就会以另一些方式释放与宣泄。在中国父权制文化中，一方面，因为对女性欲望的恐惧，把女性当作玩物、祸水，严加提防和压制，用种种方法将其禁锢于闺阁之内，用三从四德之类的伦理规范奴化其心灵。另一方面，男人又希望能尽情地满足自己的性欲，在现实中，帝王三宫六院；有身份之人三妻四妾，在婚姻之外狎妓纵酒。而在梦境、幻想中，与神女、仙女、妖女、鬼女演绎出一个个浪漫艳情故事。这些故事之多，超过世界其他任何民族，这成了一个独具中华民族特色的文化现象。

有意思的是，在唐传奇《游仙窟》中，妓女成了“仙”，逛妓院美其名曰“游仙”，当然，情浓之处，便是“飘飘欲仙”了。十娘被冠之以崔姓，崔姓是北朝以后最显赫的列于五姓七族的高门望族。他们耻于与非高门的子女婚配。门阀制度和崇尚名门望族的意识在唐代仍很盛行，一些文人士大夫以能娶五姓女子为荣。传奇仍赋予了女主人公崔氏高门的身份，但剥夺了她作为这种门第的女性恪守礼法的本分，把她写成既能诗、能双陆、能围棋，又拥有炽热的情欲、大胆个性的女子。这种将娼妓“仙”化、名门化的写法，包含了绝妙的讽喻和普通人亵渎神圣的恶作剧。仙与妓，正是在人们的潜意识欲望之梦中取得了沟通。

当然，在中国传统中，仙女被妓女化、被俗化的同时，另一方面又被神化、宗教化，逐渐变得只可仰视而不可亲近。《太平广记》中有一篇《云华夫人》，“朝云”被道教化为“云华夫人”，名瑶姬：

> 崇巘之巅，顾盼之际，化而为石。或倏然飞腾，散为轻云。油然而止，聚为夕雨。或化游龙，或为翔鹤，千态万状，不可亲也。

奔女瑶姬成了贞女大仙。慢慢地，可与人亲近的更多的是各种精灵鬼怪（如《聊斋》），仙女则越来越有些不食人间烟火了。有关仙弈的各种传说，仙女经常充当了开解人智慧的角色，就像王积薪赴蜀道上所遇之妇姑。

仙女一方面充当了开解围棋之妙的角色，另一方面又往往激起现实生活中男性的种种性幻想。女子被妓女化与被神化，被妖化与被美化，也许本身都跟男性的欲望与想象有关。女性既是他们情欲满足的对象，又是他们的生命之本（如同母腹），灵与肉的皈依。

不过，传说仅仅代表了人们的一种期望，当女仙托身为人，真要一展技艺时，就难免露出了马脚。宋代国手刘仲甫曾与号为女仙的骊山某女对弈一局，“仙女”被刘仲甫扭住厮杀，难以脱身，最终全局崩溃。此局名“遇仙图”，又名“呕血谱”，实在有些名不副实。

这就像仙女，一旦被人看透，美丽的仙话就会变得索然无味。人类的许多事情，何尝不是这样？

原载《棋行天下》，湖南文艺出版社，2014 年

人鬼棋未了

一个人要迷上围棋，一辈子大约就戒不了了。

人要死了呢？俗话说一了百了。可是，自有虽九死其犹未悔的痴迷者，活着好弈，死了仍不改初衷。人已去，棋未了，真棋迷也。

以道教的眼光来看，人生大约有两条出路：其一，人得道即成神成仙；其二，不得道死后则下冥界做鬼做怪。道教的神话想象便分出两组：一组是关于神仙和仙境的，一组则是鬼魅精怪。

其实说起来，鬼神本为一体，中国人对神的崇拜也是源于鬼的观念。《说文解字》解神："神也，从鬼，申声。"《墨子·明鬼》曰："古之今之为鬼，非他也，有天鬼；亦有山水鬼神者；亦有人死而为鬼者。""天鬼"后来上升为神，"山水鬼神"则为精、怪，有的也升为神（如山神、水神）、仙（如花仙、树仙）。人死为鬼者有的被崇信为神，有的则仍做鬼。随着道教、佛教等宗教的兴起，鬼神间逐渐有了根本的区别，产生了神仙与鬼怪两大对立的系统。

鬼的观念源于原始社会的人死灵魂不灭的信仰。《说文解字》释"鬼"字："人所归为鬼。"人有形气、魂魄，附气之神为魂，附形之灵为魄。按照道教的观念，道分阴阳，阳是温暖、光明、男性，阴是寒冷、黑暗、女性。从阳力中产生了神和人的灵魂的天上部分，从阴力中产生了鬼和人的灵魂的地下部分。人死之后，魂气归天，形魄归地。归于天者为神，归于地者为鬼。而神鬼在宗教中被独立出去之后，又反过来时时影响着人自身。道教告诉人们：神仙是拯救凡人的，也是凡人努力的方向；鬼怪是危害凡人的，也是凡人堕落受罚的结局。而道士则以法术一方面在人神之间进行沟通，一方面在人鬼之间创造阻隔。

从而形成了一个以法术——道士为核心，将人、鬼、神联系在一起的系统。

于是，在围棋的传说中有“仙弈”，也就有“鬼弈”。

唐段成式《酉阳杂俎》中有一则“墓中对弈”的记载：

> 近有盗，发蜀先主墓墓穴。盗数人齐入，见两人张灯对棋，侍卫十余。盗惊惧拜谢。一人顾曰：“尔饮乎？”乃各饮以一杯，兼乞与玉带数条，命速出。盗至外，口已漆矣。带乃巨蛇也。视其穴，已如旧矣。

清《汜水县志》载有“颜真卿林下围棋”的传说：

> 唐颜真卿死，归葬偃师。后有商人至罗浮山，见二道人林下围棋。其一笑谓曰：“烦寄书达吾家。”遂立封一札，题寄偃师北山颜家。商人归访之，则茔庄也。其守墓老仆惊曰：“先太师亲笔也！”子孙卜日发冢视之，冢已空矣。

这两则“鬼弈”故事，带有浓厚的现实色彩。现实生活中，帝王、文人士子，往往是围棋活动中的生力军。帝王的好恶往往影响了围棋在整个社会的兴衰，文人士子则引领着围棋的时尚，所谓林下风流。他们到了另一个世界，没有了俗务的缠身，更可夜以继日地沉溺于棋中了，且无须顾及玩物丧志的恶名。当然，他们哪怕成了仙，成了鬼，现实生活中的身份仍在其身上刻下深深的烙印。蜀先主身为帝王，死后余威仍在，盗贼竟敢“犯上”，可谓自取其咎。而颜真卿生前身为书法家，归天后托生为道人，既不失文人之林下风流，又为围棋增加了一分美丽的诱惑。当然，写“鬼弈”最传神的莫过于蒲松龄《聊斋志异》中的《棋鬼》了。

> 话说扬州督同将军梁公，解甲归田，每天携棋、酒，游林丘间。这天，正是九九重阳佳节，登高与客弈棋。忽有一人来，逡巡局侧，耽玩不去。看这人面目寒俭，穿着破旧，然而意态温雅，有文士之风。

梁公请他坐，指棋曰：“先生当必善此，何不与客对垒？”其人逊谢多时，才就局。局终而负，神情燠热，若不自已。又着又负，更为愤惭。酌之以酒，亦不饮，只缠着客与之对弈，从早晨一直到日头西落，也没见他溲溺。棋盘上正杀得不可开交，忽然书生离席悚立，神色惨然，屈膝向公乞求救命。梁公骇异，扶他起来，说：“游戏而已，何至如此？”书生曰：“乞嘱咐圉人，勿缚小生颈。”公又异之，问：“圉人谁？”曰：“马成。”公派人去看马成，则已僵卧三日矣。公乃呵斥马成不得无礼。忽见书生着地而灭，公叹咤良久，才明白，原来这是一个鬼呀。

过了几天，马成苏醒了，公招来问话。马成方道出书生来历：“书生为湖襄人，嗜弈成癖，荡尽家产。其父忧心忡忡，将他关在屋子里。书生逾墙而出，仍旧下棋去也。无论父亲怎么痛骂，也无济于事。其父活活被气死。阎王以书生不德，没收他的阳寿，将其罚入饿鬼狱，至今已七年。这是，适逢东岳凤楼成，下牒诸府，征文人作碑记。王将他从狱中放出来，使其应召自赎。不料中道迁延，就因为与梁公的客人下棋，耽误了限期。岳帝问罪于王。王怒，派马成来抓他回去。”公问：“那现在怎么办？”马成答：“仍付狱吏，永无生期矣。”公叹曰：“癖之误人也如是夫！”

作者蒲松龄也由此感叹：“见弈遂忘其死；及其死也，见弈又忘其生。非其所欲有甚于生者哉？然癖嗜如此，尚未获一高着，徒令九泉下，有长死不生之弈鬼也。哀哉！”

人最无法超脱的是生与死，一介书生，因为嗜弈而倾家荡产，气死老父，被阎王罚入饿鬼狱。而有了生还机会，又因为弈棋而永世不得超生。迷棋如此，“尚未获一高着”，真棋迷也。天上世界中的“神仙”高高在上，受人膜拜，让人难以亲近，而这一棋鬼反而让人更感到一份亲切与随意，一种浓浓的人情味。

严格地说，在中国传统的“鬼”系统里，又有鬼与怪之分。鬼为人死所变，怪则往往为物成精所至，精怪是也。古人信奉万物有灵，他们认为，像人一样，山川草木、鸟兽龙蛇皆有精灵，甚至家用器具、锅碗瓢盆皆有灵异。它们通过多年修炼，甚至也可化身为人。“物之老者，其精为人。亦有不老，性能变化，像人之形。”“千岁之狐，预知将来；千岁之狸，变为好女；千岁之猿，变为老人。”《白蛇传》就是中国古代著名的传说之一。围棋中也有关于精怪的种种传说，正像关于《南山木强人》的故事：

马举镇淮南日，有人携一棋局献之，皆饰以珠玉。举与钱千万而纳焉。数日，忽失其所在。举命求之，未得；而忽有一叟策杖诣门请见举，多言兵法。……举惊异之，谓叟曰：“先生何许人？何学之深耶！”叟曰：“余南山木强人也。自幼好奇尚异，人人多以为有韬玉含珠之举。屡经战争，故尽识兵家之事。但乾坤之内，物无不衰。况六合之体，殊不坚牢，岂得更久耶！聊得晤言，一述兵家之要耳。幸明公稍留意焉。”因遽辞。公坚留，延于客馆。至夜，令左右召之。见室内唯一棋局耳，乃是所失之者。公知其精怪，遂令左右以古镜照之。棋局忽跃起坠地而碎。似不能变化，公甚惊异，乃令尽焚之。

虽是一棋局而已，但却能识兵家之事，这分明暗示了围棋作为“玩物”之外的一些更深层的意义。

虽然，鬼魅精怪们往往只能活动于暗处，一旦在光明的白昼或碰到照妖之镜便会原形毕露，但它事实上与人被压抑的隐秘的心理活动有关。如果说鬼弈乃是人的夜梦，仙弈则代表了人的白日梦。这些仙弈、鬼弈传说，往往与现实中的孔道——井、室、洞、穴相联系。进入某一洞穴，便到了另一世界：仙境或地狱。从中出来，则又回到人世。这夜与昼、进与出的交替，恰恰是人类的梦与醒、幻与真的一种象征。人生如梦，“庄生晓梦迷蝴蝶，望帝春心托杜鹃”，在碌碌营营的世间，仙也罢，鬼也罢，都曾向人们提供过美丽的梦幻。

原载《围棋报》2000 年 10 月 22 日

围棋与对话

华以刚讲棋时常强调，围棋被称为“手谈”，下围棋乃是一种特殊的“对话”。因而，他对每一着棋的讲解，也喜欢“译”成对话性的言语：我要对你这块棋施加压力了，你补不补？不补，看你能把我怎么着？岂有此理，你竟敢不理我！来吧，我引颈以待……

如果说，严格意义上的对话是由语言文字来完成的，其本质在于信息的传递与交流。而围棋的“手谈”，则是一种默默的交流。棋手在交战前往往要发表一些感想，这是直接的对话。一旦坐到纹枰前，每一着棋都是向对方发出的无声“话语”。正像当年的吴清源与秀哉名人决战，三三·星起手，第五手，更是石破天惊一般打在天元上，这几手棋本身就是向传统和代表传统的权威发出的无声的挑战。

“对话”理论的创造者，俄罗斯思想家、文学理论家巴赫金认为，所谓“对话”，就是“同意或反对关系，肯定和补充关系，问和答的关系”。棋局的进程，就是棋手之间不断地同意或反对、问和答的过程。棋手的每一着棋，都是向对手发出的问话，另一方在考虑应手时，你要先读懂对方的话语，然后做出回应。同时，你下任何一手都需要考虑到对手有可能采取的种种手段，如果只是一厢情愿，构思出所谓的“理想图”，便不是对话，而是独白了。在对局中，棋手都有一个“期望值”，即希望出现的局面对另一方来说，如何识破对手的意图，并使其希望落空，便常常成为双方斗智斗勇、殚精竭虑的焦点。同时，当一着棋落在盘上，棋手都有一个预想图，即对手可能出现的应着。如果对手的应着是在正常的分寸里，另一方可心平气和地表示“同意”，双方继续和平地“交谈”

下去。如果对手的招式过于强硬甚至无理，逼迫你退无可退，便只能正面迎上去，作悬崖肉搏之战，这叫“气合”。而试应手，则只是探问一下对手的“回答”，并不一定无可选择，一条路走到黑。一局棋终，如果一方自觉棋力稍逊，自可坦然接受失败的结局。如果不服，便只能期待下一次的“对话”了。在聂卫平、马晓春、曹熏铉、李昌镐之间，曾经出现同一布局的反复较量，正是体现了棋手的自信乃至固执。

如果说棋手间的对局是一种直接的对话，对职业棋手来说，他的棋还具有表演性。围棋爱好者作为观众，是棋手的潜在对话者。为了弈出爱好者喜欢的棋局，为了留下一份精彩的棋谱，棋手常常要受爱好者所构成的“他人话语”的影响。特别是在一些表演性强、胜负相对来说意义不太重大的对局中，这种影响则更大。一些棋手常在战后发表感想，为了报答棋迷的热情，不想让他们失望，所以有意挑了一些激烈的下法。或者形势已经不好了，为了让棋迷有棋可看，仍然苦苦支撑着，也许正是棋迷给了他力量，使他最后获得了胜机。从这个角度说，爱好者作为棋手的潜在对话者，事实上已经影响了棋局的进程。

当棋局结束，棋谱便定格为供人阅读的文本。棋手作为作者，与作为读者的接受者，同样构成一种对话关系。阅读的过程，就是一个理解与对话的过程。领会“创作者”的构思，揣摩每一手棋的意图，构成了对话得以成立的前提。华以刚先生讲棋时总是强调，阅读需要的是对棋手的理解，而不是居高临下式的评判。高手的棋，哪怕效果不佳的棋，错得也肯定有他的道理。关键是要不断地去想，他为什么要这样下。

当然，理解的前提是必须有一定的棋力和关于围棋的知识。对于不懂棋的人来说，棋的次序、大小、手筋都没有任何意义，他唯一能欣赏到的可能只是由黑白子组成的图案。而了解一定的围棋史知识，对欣赏棋局同样非常重要。正像中国古代棋手都好战，其实跟座子制（对角星）和还子法（每块棋都要贴还一子）有关。而在不贴目的时代，黑棋的走法趋于坚实，随着贴目的增多，黑棋也就越来越积极。棋力越高，围棋知识越丰富，你从一张棋谱中读出的内容也就越多：领悟棋手在较劲过程中的潜在对话，从棋的稳重或铤而走险中捕捉局势的优劣信息，为其精妙之着击节赞叹，为其失着而遗憾；甚至，你还可从中读出棋手的心理、个性、修为乃至整个的人生。而随着时间的推移，下棋者也已随着历史远去，棋谱，却被保存下来，成为下棋者生命的另一种存在方式。翻读古谱，便做到与历史、与古人、与久远文化的对话。会心处，拈花微笑，似有所悟，你与棋手之间也就有了一份心灵的默契。

棋谱作为棋的实战记录，随着棋局的终结它也就完成且固定了。但作为文本，它又具有未完成性、不确定性。许多棋（除了所谓必然的一手）都可能有不同的选择。棋谱仅仅是记载实战中出现的一种选择。事实上，棋手在脑海里构想过许多种变化，而每一种变化都将导致另一种局面的出现。接受者在阅读棋谱时，可以不断地在设想：假如选择另一点，又会怎么样？这种无限的可选择性也就导致棋局永远是开放的，可再创造的。而不同的接受者，对棋手的每一个选择，都可以有自己的不同意见，所谓仁者见仁，智者见智，哪怕是权威的论断，也只能代表一种声音。多种声音的并存，也就决定了棋谱作为文本其意义的不确定性。

每一张棋谱在被阅读过程中，受接受者的水平、修为、观念的影响，其意义是不一样的。文学欣赏中，有“一千个读者就有一千个哈姆雷特”之说，同样对棋谱的阅读，不同的接受者就可能有不同的理解，特别是不同时代的人。每一时代的人都可能超越前人。在同一棋局中不断发掘出新的意义。从棋手的角度说，一局棋终，胜负已分，它的意义也就完成了。但从接受的角度说，棋谱作为文本，其意义的实现又只能在读者的阅读过程中不断地被发掘与翻新，也许，这便是围棋的永久魅力。

原载《围棋报》1999 年 1 月 17 日

奥运与围棋

当奥运圣火在奥林匹克体育场上空点燃，当奥林匹克重新回到它的故乡，这是一个对全世界具有象征意义的时刻。国人的目光都聚焦在金牌榜上，为之或忧或喜，哭哭笑笑。而围棋，这个非奥项目，就变得有点儿像那个卖火柴的小女孩，她一次次点燃火柴，只为照亮寂寞中的自己。于是，笔者也就一边听着电视里嘹亮的国歌，一边借着那火柴的微弱光亮联想起关于奥运，关于围棋，关于申遗，关于游戏与竞技的一系列话题。

奥运霸权与围棋生存

这段时间，全民关注奥运，各大媒体将奥运当作了吸睛的最好招牌。奥运赛场上激战正酣，媒体间也弥漫着看不见的硝烟，它们纷纷辟出奥运专题版，一切为奥运让路。中央电视台除了一、二频道密集地播放奥运项目，体育频道则成了专门的奥运频道。关注奥运，聚焦奥运，倒也无可厚非。我也是奥运迷，每天守在电视机前，看赛场上中国健儿捷报频传，五星红旗一次次升起，自豪感也就油然而生。只是时间久了，有时就会突然想起：那心爱的围棋到哪儿卖火柴去了，咋一点儿踪影也没有了呢？即将开始的“丰田杯”，倒不指望中央台会转播，因为平时的实况转播，如果围棋与奥运项目的比赛时间冲突，围棋就得让步，更何况在奥运期间。每周固定的“纹枰论道”节目也被取消了，更进一步讲，哪怕有围棋世界大赛，届时在中央台可能连一条新闻都挨不上……如此完全、彻底、干净地将非奥项目逐出电视舞台，一切以大局为重，少数服从多数，不知是不是也算中国特色？

由此想到我们生活中由多数人决定的民主，如果不能给少数人留下一点儿自由的空间，给“异类”存在的权利，也就可能演变为一种多数的专制。我们全体都被纳入到奥运轨道中，被强制性地实现整齐划一，步调一致。在这时期体育就是奥运，奥运就是体育，因此难免会有少数人发出一点儿微弱的声音：我们是否还有一点儿选择的权利?

毕竟我们已步入一个多元的社会。倒是希腊人洒脱得多，奥运会在家门口举行，因为是休假期间，想留下的留下，想去赛场的去赛场，想出去的照样出去。赛场空一点就空一点吧，没人为了应景要免费拉大中小学生们去凑数。因为奥运毕竟是奥运，生活就是生活。

游戏、竞技与豪赌

奥运会开幕前，喜爱女排的中国人都为一个消息而振奋：因为小腿骨折离开球场半年的赵蕊蕊回来了，并且有望回归主力阵营。但喜中又难免担忧：因为据说蕊蕊的伤只好了七成，在奥运赛场这种高强度的对抗中，万一……后来“万一”的“一”终于成了残酷的现实，蕊蕊上场不到两分钟，第一次扣球后，就下场了，被送到医院，诊断为同一处地方再次骨折，后来又有人出来说伤并无大碍……

那天是奥运正式比赛的第一天，中国兵团狂掠四金，高居金牌榜首。我在高兴之余，却总难掩内心的沉重：为了成绩，是否一定需要付出那么沉重的代价，是比赛第一，还是人更重要?

体育者，身体的养育也。关于体育的功用，我们曾经流行一个口号：发展体育运动，增强人民体质。而在德国浪漫主义诗人席勒看来，古代奥林匹克运动会弘扬的正是古希腊人游戏精神的理想：自由、和谐、全面发展的人格。体育运动首先满足的是人自身的需要：强壮、健美、聪明。用一句话概括就是追求人的完美。顾拜旦在创建现代奥林匹克运动时，也正是以弘扬古希腊的体育精神作为宗旨，但在现代奥林匹克的发展过程中，“更高、更快、更强”成为新的口号。通过对超出自己身体极限的潜力的发掘（有的甚至不惜采取种种非正当手段），追求压倒他人的征服感。体育，沦为一种纯粹的竞技活动。体育之“育”也就变成了对身体的摧残。

固然，体育场上的竞争是为国争光，但无须讳言，这其中往往又有着巨大的利益驱动。古希腊人赢得比赛的奖赏是一个橄榄枝花冠。而如今，当一块金牌的含金量价值是上百万元，赢得金牌的竞争就有可能变成一场豪赌。于是，人们也就理解了奥运赛场上的大喜大悲，为什么大大超过其他的各种比赛。就像射击队的赵慧颖、谭宗亮，他们拿过世界锦标赛、世界杯，还有亚洲、国内比赛等各种冠军，但每次都是在奥运赛场上失手，于是舆论致使他们认为其他的“桂冠”似乎都不值一提，那些胜利反而成了他们必须赢的一种“负担”。他们都把失败归结为“宿命”。这“命”恐怕更多的是源于“心魔”。毕竟，奥运金牌的分量太“重”了，并不是每个人都能承受起的。

由此想到围棋。围棋本来也是一种游戏，但当现代人把围棋跟饭碗、跟国家民族的荣誉联系在一起，围棋也就负载了它本身之外的许多东西。特别是当中国棋手把国内比赛当作练兵，把双边对抗也仅仅看作一般性的国际比赛，于是，“富士通杯”“应氏杯”“三星杯”之类的世界大赛便成了中国棋手的“奥运”大餐。看得太重，往往使中国棋手失去一颗平常心。尽管“大餐”不断，但一次次地与冠军失之交臂，世界冠军也成了中国棋手生命中不堪承受之重。

申奥与申遗：围棋的家在哪里？

希腊奥运会的口号是“让奥运回家”。当开幕式上，一艘小船驶过“蓝色的爱琴海”，当阿西娜、爱神、酒神、阿伽门农跨越时间的长河，款款走来，当奥林匹亚山上，满山坡免费进入赛场的观众坐在如茵的绿草中观看现代女力士们的铅球“表演”……我们确实体会到了一些奥林匹克回家的感觉。

2008 年奥运来到中国，一些痴情围棋之士提出了以此为契机让围棋进奥运的大胆设想，想法确实诱人。在国家奥运战略之下（对国计民生影响更大更直接的群众体育、全民健身也只能退居其次了），围棋作为非奥项目被抛向市场。如果围棋能跻身于奥运赛场，让世界亿万人关注……想想就够让人神往的了。

不过，其一，在国际象棋都没戏之前，围棋进奥运，更像是一个梦想；其二，富有文化意味的围棋即使进了奥运，彻底地成为一种竞技体育，也并一定就是围棋之幸；其三，许多奥运项目，像射击、举重之类，其实是被养起来的。谭宗亮形象地将奥运会称作“四年一次射击普及教育”，奥运会一结束射击就很难再受到关注，所以奥运金牌才变得如此之重。而断奶的围棋在走向市场，从专业化走向职业化之后，反而打开了一片新天地。就像男子足球、网球、赛车，有了成熟的市场，奥运反而无足轻重了。

围棋的家不在奥运，前不久，《足球·劲体育》《围棋报》等媒体又有了围棋申报世界文化遗产的动向，世界华人围棋联合会也在积极运作，推动围棋申遗的进程。确实，如果把体育理解为养育身体，那么围棋更接近于一种智育活动，属于艺术与文化的范畴。围棋作为中国文化的象征，理应成为世界文明中的一笔宝贵财富。围棋的魅力就在于它既是竞技，又具有深厚的文化意味。于是，申遗便成了让围棋回家的一种努力。

围棋：和之道

2007年，棋子山国际围棋文化节在山西晋城举行，这次活动的主题为“围棋溯源·和谐共享”。围棋是中国文化的象征，作为一种游戏，它体现的又是中国文化的“和谐”之道。围棋在中国文化之河中源远流长，棋子山与围棋有着千丝万缕的联系。“围棋溯源·和谐共享”，追踪围棋的历程，发掘围棋的内蕴，也就构成了一种文化意义上的回归。

一、围棋与中国文化之“和”

提起中国文化，大约首先想到的就是一个“和”字：和谐、和平、和气、和合、醇和、调和、中和、和而不同……当西方人致力于对他者、对自然的征服与掠夺时，中国的先人却在忙于修建万里长城，想要在城墙的保护下构建一个和谐的世界。而其内部，大家和平共处，其乐融融。中国文化追求的正是人与人、人与社会、人与自我、人与自然的和谐境界。儒家谈“仁”与“礼”。仁者，恭、宽、信、敏、惠……也。仁者爱人。儒家的格物、致知、正心、诚意、修身、齐家、治国、平天下，构成了君子的内圣外王之道，而目的都是为了“和”，所谓“贵和尚中”。孔子主张“礼之用，和为贵”，《论语》还多处提到“致中和”“过犹不及”“君子矜而不争”等。《管子》的作者则认为：“畜之以道，养之以德。畜之以道，则民和；养之以德，则民合。和合故能谐，谐故能辑，偕辑以悉，莫之能伤也。”

儒家和谐的最高境界就是“大同理想”和“中庸之道”。“大同”是一种社会理想，“中庸”则是为人处世之道。孔子说：“中庸之为德，其至矣乎。”

（《论语·雍也》）何谓“中庸”？宋代理学家朱熹解释：“不偏谓之中，不易谓之庸；中者天下之正道，庸者天下之定理。”中庸的核心思想就是强调人在为人处世上思想与行为的适度与守常，“文质彬彬，然后君子”。

如果说儒家更多的是在人与人、人与社会的意义上追求和谐，道家则致力于建构人与自我、人与自然的和谐世界。道法自然，守雌守柔，虚静无为，流水不争先，正构成了道家的“和”之道。

然而围棋本来是一种“争”之道，说白了就是一种“打架”的游戏，它体现的是人类为争夺生存空间而发生的争斗，只不过，人们把这种“争斗”游戏化了。中国古人也曾把这种围棋当作“害、诈、争、伪”之物加以贬抑。那么，怎样才能协调“争”与“中”“和”的关系，中国传统文化常常把“争胜之物”纳入到儒家“和”的体系中，一方面淡化棋的胜负，所谓“莫将胜负扰真情”“胜固欣然，败亦可喜”；另一方面，把围棋跟天地人生之大道联系在一起。班固《弈旨》中说围棋：“上有天地之象，次有帝王之治，中有五霸之权，下有战国之事，览其得失，古今略备。”宋代的《棋经十三篇》开宗明义：

> 夫万物之数，从一而起。局之路，三百六十有一。一者，生数之主，据其极而运四方也。三百六十以象周天之数。分而为四隅，以象四时，隅各九十路，以象其日。外周七十二路，以象其候。枯棋三百六十，黑白相半，以法阴阳。局之线道谓之枰，线道之间谓之罫。局方而静，棋圆而动……

这正所谓一阴一阳之谓道。天地阴阳，相生相克，宇宙万物由此化生。“中也者，天下之大本；和也者，天下之达道。致中和，天地位焉，万物育焉。”这是宇宙和谐之道，也是围棋之道。围棋本质上是非常简单的，黑白子纵横十余道格子，棋子性能、走法亦无任何先天的规定性，棋子的功能完全依赖于下棋者的临阵决机，不变而万变，无可无不可。下棋的过程就是一个“时”与“位”的协调过程，讲究均衡，不偏不倚，即为中和。中国传统讲究“天人合一”，黑白子的阴阳交抱也就似昭示了天地之和的意境。

二、吴清源的和谐之道

二十世纪，如果要列举一个围棋大师的话，恐怕非吴清源莫属。吴清源不仅是棋盘上的胜负师，同时还是一位文化大师。他把和谐当作围棋的最高境界，与中国文化遥相呼应，使作为胜负之道的围棋有了更深厚的文化内涵。

吴清源从小熟读《易经》《论语》《老子》等中国传统经典，这种文化的基因影响到他日后的围棋观。《吴清源棋谈》中说："与其说围棋是竞争和胜负，不如说围棋是和谐。""和谐相依，方成棋局"，围棋看起来是交战双方在展开激烈的争斗，但棋如流水，当你委身于围棋的流势，行于当行，止于当止，交战双方心息相通，最终达到的又是一个和谐的境界。

能够超越成规，顺应棋的流势，自然而然地行棋，方能达到和谐之境。吴清源先生在晚年潜心于二十一世纪围棋的研究、探索。在吴先生看来，"二十一世纪的下法"的精髓在于一手一手保持平衡，在全局和谐上下工夫。由此，先生提出了"六合"的概念："我所说的二十一世纪的棋，是指'六合的调和'。六合即天地东西南北，就是宇宙。棋盘似一个宇宙。而定式只不过是局部的得失，因此整体的调和是最要紧的。"

"六合"之棋的本质就是"调和"，天地东西南北之"和"。中国古人认为，世界是由天、地、人"三才"构成的，天在上，地在下，人处其中。上戴天恩，下履地义，阴阳相会，而成为人。因而，人必须以一种不偏不倚的合理态度看待自己和万物，这个合理态度就是"中"，"中"而后能"和"，即为"中和"。吴清源先生可谓深谙此道。

吴清源先生一方面在棋盘内探求和谐之道，一方面致力于"在广阔的世界中谋求和谐"。所谓棋盘小宇宙，天地大棋局，委身于宇宙浩荒中，谋求理想的和谐，才会有棋盘上的自由挥洒。吴清源一直致力于在棋道与人生之道中寻求平衡，"匹夫而为异国师，一着而为天下法"。正如沈君山文章中所说："对吴先生而言，围棋是一种艺术，也是一种哲理，反复争棋的最终目的，是从中领悟建立圆满调和的道。”他遍读中日儒家、道家经典，他对信仰之道的孜孜以求，他对大自然的亲近、发自内心的喜悦，他对世界和平的期盼……这一切，造就了一个具有人生大修为的吴清源。

吴清源在棋里棋外都像是一个诗人，他似乎永远都保有一颗孩童般纯真的心，永远都在以诗人的眼光看世界。他的一生，是围棋的一生，信仰的一生。他下棋当然是为了争胜负，但他很少去考虑胜负之外的功利，这使他心无旁骛，一心投入到棋中，无执无我，心棋合一，正所谓禅意盎然，诗意盎然。吴清源的一生游弋于两种文化（中日文化）、两种人生（胜负与信仰）之间，一生都在各种冲突中寻找和谐。这和谐，既是棋盘内的，顺应棋的流势，在黑白子的冲突中达到和谐，也包括棋盘外的，在人与自我、人与自然、人与他人、民族与民族间，通过努力达到理想的和谐之境。“只要我们心中水草丰美，凡俗的世间也可诗意地栖居”，和谐，成了吴清源棋的艺术、精神的艺术、人生的艺术。

三、围棋与东方智慧

围棋可说是中国文化的象征。

当我们把眼光投向棋盘之外，又发现，围棋之道又是人生之道，东方智慧之道，它与现代企业管理也有着许多暗合之处。

围棋是一种游戏，游戏在某种意义上又是人生的抽象。如果把人生比作一个永不停息的博弈过程，围棋会告诉你如何选择合适的策略达到你认为合意的结果，如何最大限度地利用游戏规则，从游戏中学习怎样与人相处，怎样竞争，怎样适应规则获得人生的最大利益。

就围棋的游戏规则而言，主要有三条：

一是一人走一手，轮流下子，先行者贴目，它遵循的是公平原则。

二是两眼活棋，棋以气生，气尽棋亡。它作为一种生命法则，体现了中国传统的以气为本的生命观。

三是空多为胜，一切战术皆围绕吃子与围空来展开。人多为胜，正是原始时代生存法则的再现。

围棋，作为两个人的战争，正是围绕这些“规则”而展开。围棋是竞技，同时又被称作“手谈”，即强调的是一种不需要语言文字的特殊话语活动。竞技的本质在于冲突与征服，话语的本质则是沟通与交流。博弈的参与者，他们在一系列的选择与行动中都是两个人相互对抗、对话、讨价还价、相互竞争，这是一个限制与反限制，最终达成妥协的过程。一方面，对弈双方都要追求利益的最大化，但另一方面又要遵循均衡法则，这就构成了围棋的定式、本手、正常分寸、两分等等。

在对弈的过程中，你的选择（策略）会得到什么结果，永远取决于另一个人的选择。棋局的进程，就是棋手之间不断地同意或反对、问和答的过程。棋局的每一着，都是向对手发出的问话，另一方在考虑应手时，得先读懂对方的话语，然后做出回应。同时，你下任何一手都需要考虑到对手有可能采取的种种手段，如果只是一厢情愿，构思出所谓的“理想图”便不是对话，而是独白了。

对话性决定了围棋是讲求平等竞争的一种智力游戏，在某种意义上体现了一种现代精神，对话，也使围棋具有一种宽容性。无论中国象棋还是国际象棋，都是直线攻杀型的，以吃子、最终困死敌方首领为目的，颇有些赶尽杀绝的意味。围棋自然也是为争夺生存空间而发生的战争，但在“围地”的过程中，并不非要你死我活，不给对方留一点“余地”。所谓两眼即活，一盘棋终，常常呈现你中有我、我中有你、和平共处的态势。和而不同，正是中国文化精神的体现，也是现代社会在人与人、民族与民族的相处中所提倡的。这就像现代企业的竞争并不追求非要击垮对手，而是在平等竞争中，大家都得一点，当然，多得者为胜。

“手谈”正体现了中国传统的辩证法：冲突中的和谐。对话乃是一种心与心的交流，真正的对手既是敌人，又是契友，真正的棋局也是双方在不断的冲突中最终走向和谐。下棋如此，人生亦然。

而就现代企业的生存法则来说，平等竞争，和谐相处，方为正道。企业要获得长期的良性发展，最重要的是如何加强自己，而不是消灭对手。充分利用各种资源，提高人员的素质和工作效率，营造企业内部和外部的和谐氛围，以超越竞争对手。正如正大集团的副董事长蔡绪锋先生在《东方CEO》中所说：

> 真正的胜利，
> 是达到工作目标，
> 而不是战胜对方，
> 不为争赢而取胜，
> 这是看不见的哲学。

无为而胜，这是老子哲学的精髓，同时也是棋道与东方管理之道的体现。

二十一世纪，如何调适人与人、人与民族、人与国家之间的关系，如何建构和谐社会，实现人的身心之和、社会之和、世界之和，也许围棋可以给我们提供许多新的启示。

原载《围棋文化演讲录》，湘潭大学出版社，2014年

第四辑
棋话

棋子厅堂寂静中

——记“围棋博士”何云波教授

莫默

2003 年 12 月 1 日，四川成都。这个城市的天气一如既往地阴着，也无风雨也无晴。在何云波先生的心中，却已泛起了好几道波澜。他的博士论文《围棋与中国文艺精神》年初就已完成，5 月份即可答辩。万事俱备，却因为那令人谈之色变的“SARS”，不得不推迟。今天，这场让人兴奋、让人期待的答辩终于要开始了。

在四川大学文科楼的一间大会议室里，六位要参加答辩的博士候选人正襟危坐，对面是七位严肃得面无表情的“法官”，两边则挤满了旁听者。整整一天，陈述、提问、回答……但见何先生有条不紊，侃侃而谈。终于要宣布结果了，经过“漫长”的等待，总算听到了那期待中的“宣判”：论文全票通过——世界上第一个以围棋研究获博士学位的学者就这样诞生了。

一

红尘中人都在以各自的方式遣此有涯之生。有的负重累累，酸甜苦辣，五味杂陈；有的却遣得游刃有余，自在逍遥。以学术安身立命的何云波教授，应算是后者了。

湘南新田县的一个小村庄，便是何云波先生人生的起点。新田属永州（原零陵地区），这里属偏远之地。提起永州，人们首先会想到柳宗元的“永州之野产异蛇”。但这里也是一片充满山水之灵秀的土地，潇水、湘水在这里交汇，“潇湘”即得名于此。面对这片秀美的土地，历代文人骚客写下大量的诗文。欧阳修曾吟诗“画图曾识零陵郡，今日方知画不如”，陆游也慨叹“挥毫当得江山助，不到潇湘岂有诗”。山水的灵性滋润了文人墨客们的生花妙笔，他们写就的锦绣文章又使这片土地积淀了馥郁的书香。

也许，正是这片土地给了何云波先生以灵慧。虽然他刚入不惑之年，教授却做了八年了。在中南大学外语院，同事都戏称他为“年轻的老教授”。他师从湘潭大学张铁夫教授治俄苏文学，应该说也已小有名气；研究陀思妥耶夫斯基，让他拿到国家社科基金课题；课题成果《陀思妥耶夫斯基与俄罗斯文化精神》一出版，引起较大反响，连获教育部和湖南省社科成果奖；其后，他又接连出版《肖洛霍夫》《回眸苏联文学》。各种荣誉亦滚滚而来：铁道部青年科技拔尖人才，湖南省首届优秀青年社会科学专家，湖南省“百人工程”培养对象……

正当在俄苏文学研究中游刃有余，眼看功德圆满之时，何教授却突然开始了学术转型，从西学回归中国传统。而这种回归，又出人意料的得益于一种玩物——围棋。

何教授自称，他关注围棋，缘自 1985 年中日围棋擂台赛，那时他正在读研究生。第一届擂台赛风云变幻，他也不由自主地凑了个热闹。对棋本身，是一窍不通。真正让他牵肠挂肚的，是解说者对形势的分析、判断。而黑白子相互缠绕，在他看来，就像是一幅中国传统的水墨画，能给人无限美好的遐想。而真正被围棋这只“木野狐”缠上，是在 1988 年。在他研究生最后一个学期，论文已做完，等待答辩时，他正好有时间干点儿“无益”之事。和几个同学，一边在棋盘上操练，一边拼命从书上学习各种克敌的招数。那段时间围棋被他视为“初恋”期，耳鬓厮磨，如切如磋，如醉如魔，棋艺也突飞猛进。后来，狂热的情感渐渐被代之以朝朝暮暮中一蔬一饭的厮守，在平淡的日子里，棋艺虽不见长，但对其内在魅力，似更多了一些领悟。心心相印中，自有一份味永难言的地久天长。

这真是一段难得的情缘。对于何教授来说，文学是饭碗，围棋则是游戏。想想人的一生无非就是由劳作与游戏构成。劳作是为了谋生，游戏则更多是为了精神的快乐。所谓功利人生、游戏人生、求道人生，其实它们不一定都是矛盾的。就像游戏，有时乃是学问的一种境界。游戏的本质有三：其一，无直接的功利目的；其二，全身心投入；其三，自得其乐且其乐无穷。当一个人游戏的时候，他便进入了一个完全自由的境界。学问如果能做到这个份上，便成了一种游戏的境界。何云波先生经常说，这恰恰就是他最为向往的。要是工作也能像游戏一样快乐，或者说，在游戏中也玩出点学问，该有多好！也许，他从玩围棋到介入围棋文化研究，便为了这样的追求。当他开始尝试着走进古老的围棋文化园地，又发现，这里面其实大有学问，可以让他一辈子有滋有味地投入其中。于是就有了洋洋四十余万字的《围棋与中国文化》（人民出版社“中国文化新论”丛书，2001 年）。不期然，这部游戏之作，竟开辟了中国文化的一个全新的领域。正所谓拈棋微笑，风景这边独好！

何云波先生在《围棋与中国文化》后记中袒露心声，专攻西方文学，使他从陀思妥耶夫斯基那充满了人生的苦难、煎熬与灵魂的分裂与煎熬的小说世界中，感受过一种真实、残酷、深刻、永恒。但他坦言：“其实我骨子里，还是一个典型的中国传统文人，执着于此生此世，一卷书，一杯酒，一盏茶，一局棋，‘林间扫石安棋局，岩下分泉递酒杯’，真是一种挡不住的诱惑。”正是这种传统文人气质，使得他开始从西方文学回归中国传统文化。其实，学者和他的研究对象往往是个彼此选择的过程。学者在挑选自己感兴趣的课题，课题也在等待合适的人来开拓。研究围棋文化，既要懂棋，又需要用中国传统文化的学养做根基，如果曾经研究过西方文化，是再好不过，视野会更开阔，角度也会更新颖。作者如今刚好具备这方方面面的素养，而中国古代四艺中，唯独棋文化的研究乏善可陈，正可供研究者大显身手。这部《围棋与中国文化》便成了作者学术转型的标志。

二

何云波先生在《围棋与中国文化》中写道："天圆地方，一阴一阳之谓棋。"天地阴阳，相生相合，相互感应，相互激荡，宇宙万物由此化生。而黑白子的阴阳交抱，似也在昭示着混沌初开的意境。

这真是一种令人神往的境界。一路行来，风景不断，难怪让作为性情中人的何云波先生如此流连忘返。2001年8月，在中国贵阳首届国际围棋文化节上，何教授作为学界代表应邀在"围棋之道·名人论坛"上做专题演讲，与大侠金庸、中国棋院院长陈祖德等同台论道。

也是在这一年，已做了好几年教授的何云波先生再次成为学子，入蜀道，师从四川大学著名学者曹顺庆教授，攻读比较文学博士学位。何先生似已被围棋所媚，再难自拔。一方面为人民文学出版社编选《天圆地方——围棋文化散文选》，一方面向导师申请以围棋为题做博士论文。他幸运地遇到了一位宽厚的别具眼光的师长，居然获得首肯，并鼓励他尝试从围棋之艺切入，从形而下的层面，为清理中国传统的文学、艺术理论话语，开辟一条新的路径。

于是，便有了这部学术色彩更浓的《围棋与中国文艺精神》，这也可以说是古今中外绝无仅有的博士论文。围棋曾与琴、书、画为伍，中国古代棋论包含着丰富的思想与美学遗产，但到二十世纪，围棋又被纳入到体育竞技体系中，逐渐丧失了"艺"的身份。一方面固然与围棋本来的竞技成分有关，另一方面，也是文艺乃至整个社会的"世界化"潮流使然。而所谓"世界化""现代化"，其实往往与"西方化"脱不了干系。正是因为现代艺术体系都是西方意义上的，当某种事物与现代接轨，也许就会获得发展机遇，但同时也可能使它固有的一些特质被忽视。围棋便成了这样一门被遮蔽的"艺术"。由此，何云波先生谈道，他研究"弈"与"艺"的目的就是"返本溯源"，希望对我们曾经拥有的文学、艺术遗产做一番清理。以中国传统的文、艺及文论、艺论为参照，展开对中国古代围棋及棋论的研究，探讨围棋作为一种艺术，其意义的生成、建构过程。通过对"弈艺"的考察，也许，我们对中国传统的"文"与"艺"也会有一些新的认识。

研究“弈”何以成为“艺”，弈与中国传统的艺、文之间的关系，便构成了一种跨学科的对话。作者提供了围棋及棋论这一路径来反观中国传统艺术与文化，也许会给我们带来一些“陌生”的东西。中国文化史不仅要保持历史记忆的连绵不绝，更要书写“中国”的历史。了解围棋的前世今生，了解关于它的各种言说，了解其怡情载道的雅，也了解它让人思凡的俗，或许可以提供另一种视野，呈现不同面目的文化中国、艺术中国、心灵中国。如果被遮蔽的部分越来越多地清晰呈现，中国文化、艺术才会日益丰富、立体、饱满起来。

何云波先生在《围棋与中国文艺精神》后记中谈道：

> 确实，围棋是一种游戏，一种形而下之技，但它又被当作艺术，虽小道而通于大道。形而下之技与形而上之道究竟是怎么被打通的？围棋这类竞技性游戏，为什么有着审美的意义？弈何以成为艺，艺在中国古代又为何物？弈境与艺境有何相通处？一个又一个的问题接踵而来，深入下去，便涉及整个中国传统知识的构型、意义生成。以游玩的心情进去，越往里走，越像走进了一个诱人的迷宫。歧路彷徨，乱花渐欲迷人眼，不知今夕是何夕。但在寻寻觅觅中，一旦自觉有所发现，有所会心，那种快乐的心情，用一句棋迷的话说，就跟下棋吃了对手大龙似的。

有了这一份精神的快乐，学问也就不再是劳作、苦差使，而成了生命存在的一种需要，可以让你一辈子与她有滋有味地相厮相守。何先生将书房命名为“潇湘听弈庐”，拥一屋书，对窗前月，聆听古今文人、弈人的“手谈”，听他们的娓娓诉说。小楼夜听潇湘雨，棋子厅堂寂静中，在倾听、对话中，有所领悟，有所会心，“共藏多少意，不语两心知”，正可谓妙味无穷、其乐融融。

《围棋与中国文艺精神》成稿后，获得导师曹顺庆教授的首肯，论文评审与答辩专家也高度评价了这一课题研究的意义。认为何先生的论文填补了国内外这一领域研究的空白，对中国思想史、艺术史的研究，也是一种独特的贡献。

答辩刚完，何先生又在筹划他的第三部围棋理论著作《中国围棋思想史》。发掘围棋史的思想资源，相信那又将开辟围棋文化乃至中国思想史研究的一个新天地。同时，何先生也在雄心勃勃地打算，通过实地考察与围棋文化有关的人或物，去追寻古老围棋的踪迹。于是就有了《棋行天下》散文集的构想。《围棋报》和《围棋天地》上曾登过何先生许多相关的文章：《英雄儿女一枰棋》《乌衣巷口夕阳斜》《烟花三月下扬州》《丝路棋迹》《小楼夜听潇湘雨》……光看这些充满诗情画意的题目，就够令人神往了。

看来，何先生后半生是注定要与快乐的学问和围棋这一“木野狐”缠缠绵绵到天涯了。冯友兰先生曾说，每个涉猎过中西哲学的人，都会更喜欢中国哲学。也许中国文化对于今世今生的执着，其人生审美化，艺术人生化，所谓“春有百花秋有月，夏有凉风冬有雪，若无闲事心头挂，便是人间好时节”，让每一个眷恋生命的人都难以抗拒。更何况，这一路上还有棋可下呢？棋音不歇，求索不倦。一旦求索与游戏合二为一，就获得了思想的自由与自由的思想，这是多么让人羡慕，又多么令人期待！

原载《围棋报》2003 年 12 月 15 日

围棋博士第一人

李伦娥

有研究围棋而获得博士学位的人吗？有。日前，中南大学的何云波教授，以二十余万字的《围棋与中国文艺精神》，在四川大学全票通过博士论文答辩，成为世界上第一个以围棋研究而获博士学位的学者。

曾是俄罗斯文学教授

今年四十二岁的何云波，1983 年毕业于湘潭大学中文系。当年，这个来自新田县偏僻山村的十六岁大学生，特别喜欢普希金的诗。他笑说：“那时在湘潭大学的黄土高坡上，大声诵读‘假如生活欺骗了你，不要忧郁’的时候，我可是做梦都没有想到，不惑之年会在围棋中玩出学问。”

1985 年，工作两年的何云波，报考了俄罗斯文学专家张铁夫的研究生。毕业后，何云波在原长沙铁道学院讲授比较文学。用他自己的话说，就是“一支羊毫改之乎者也，两片嘴皮论上下古今”，竟也做得有滋有味。

二十年的桃李生涯和比较文学研究，何云波小有成就。1994 年，他的《陀思妥耶夫斯基及其小说的文化阐析》的课题，获国家社科基金资助。这是长沙铁道学院的第一个国家社科基金课题，当时还引起了小小的轰动。

研究成果累累之时，三十三岁的何云波获教授职称，铁道部青年科技拔尖人才，湖南省首届优秀青年社会科学专家，湖南省“百人工程”培养对象……顶顶桂冠也上了头。

应该说，此时的何云波，其比较文学研究已是游刃有余，眼看将“功德圆满，修成正果”了，可没想到他突然开始了学术的转型：从西方文学回归中国传统。而这种回归，又出人意料地得益于一种玩物：围棋。

痴迷围棋缘自中日擂台赛

何云波说，他关注围棋，缘自 1985 年开始的中日围棋擂台赛。那时，他正在读研究生，聂卫平在擂台赛上的连胜，催生了一大批中国棋迷，何云波也是其中之一。

当然，他真正迷上围棋，是在 1988 年研究生最后一个学期。那里论文已做完，等待答辩，正好有时间干点儿“无益”之事。于是何云波和几个同学，一边在棋盘上操练，一边拼命从书上学习各种克敌的招数。

这真是一段难得的“情缘”。当他开始尝试着走进古老的围棋文化园地，发现这里面其实大有学问，可以让他一辈子有滋有味地投入其中。

“研究俄罗斯文学，作为一个中国人，因为语言和文化背景的差异，总觉得隔了一层，而围棋则不同了。”何云波说。他有西方文学研究的功底，又在中国传统文化的氛围中成长，这一资源对于文化研究十分宝贵。

“而且，在中国古代‘琴棋书画’四艺中，棋文化的研究一直偏弱。真正可供有心人大显身手。”何云波说。

于是，当年俄罗斯文学研究的青年才俊便一头跳进了围棋文化的圈子里。“玩物”未必“丧志”，不期然，竟成了围棋文化研究专家。

2001 年，他就著有了洋洋四十余万字的《围棋与中国文化》（人民出版社“中国文化新论”丛书之一），不曾想，这部“游戏之作”竟开辟了他的学术研究的一个全新的领域。正所谓拈棋微笑，风景这边独好！

2001 年 8 月，在贵阳首届国际围棋文化节上，何云波作为唯一的学界代表，应邀在“围棋之道·名人论坛”上做专题演讲，与大侠金庸、中国棋院院长陈祖德等同台论道。

也是在这一年，已做了好些年教授的何云波再次成为学子，入蜀道，师从四川大学曹顺庆教授，攻读比较文学博士学位。

于是，便有了一部学术色彩更浓的《围棋与中国文艺精神》，这也可以说是古今中外绝无仅有的关于围棋的博士论文。

快乐围棋，快乐学问

回望自己走过的围棋研究之路，何云波说，他在做博士论文的时候，觉得自己对围棋的研究才刚刚入门。他说，现在谈到围棋，人们首先想到的就是比赛。其实，围棋本身蕴涵的文化内涵更值得我们思索。

“从本质上看，围棋和其他众多竞技体育项目一样，都是在游戏中满足人们一种功利性的追求。只不过西方文化外向一些，东方文化更内敛一些。所以，足球成了西方文化的代表，而围棋则代表了东方文化的优雅、和谐。围棋虽然从棋子、棋盘到游戏规则都很简单，但实战起来却变化多端，千古无同局，显出一种玄妙的魅力。”

“因此，围棋深受文化人的喜爱。古时候就不说了，当代就比如学者金克木、作家陈村、演员葛优都喜欢下围棋。”何云波说，“我在围棋上最仰慕的大师是吴清源，因为他不仅是实战的高手，更是围棋的思想家。”

何的学友羡慕地说，还是何师兄最潇洒，书读得最轻松，每天下棋、打谱，竟也成了“功课”。其实，何云波历来不喜欢“苦读书”，主张读书、生活一定要有乐趣。他兴趣广泛，读大学时，爱上排球，成了系排球队主力；读研究生时又踢起了足球，在研究生队“入了伙”；如今，成了外国文学教授，业余研究起围棋来也是有滋有味的。“我现在的围棋水平是业余3段，在网上用‘黑白仙子’的网名下棋、发帖子，反响还不错呢！”

“快乐围棋，快乐学问，乐此不疲。”何云波说，“这才是吸引我不断走下去的最大动力。”

原载《湖南日报》2004年4月16日《双休周刊》

何云波的黑白人生

曹辉等

小时候是一个读书的异类

新闻天地： 二十世纪六十年代出生的人记忆中都有很多“运动”的记忆，当时的社会环境对您的求学有影响吗？

何云波： 我就是读书的胚子，阅读纯粹是出于一种本能，从小对印在纸上的文字就特别地崇拜。我出生那时是没有什么书可读的，我老家又是在一个贫困县，当时主要还是读点报刊，还有就是一些旧的语文课本，只要是印了字的东西我就喜欢。小时候大人给我的钱我都一分一分地省下来，等到有一两毛钱的时候就去买书。那是个物质与精神都贫乏的时代，很多记忆都与饥饿有关，当然也包括精神的饥渴。我小时候总是头疼，外婆当时最担心的不是我不看书、不读书，而是怕我每天只读书导致身体不好，总是要我出去玩一玩，不要总是捧着一本书。因为对文字的喜爱，后来考大学时自然选择了文学系。

新闻天地： 是什么让您感觉到了文学的魅力？

何云波： 我小时候接触文学，一方面是通过那个时代流行的小说、电影，如《红岩》《金光大道》《钢铁是怎样炼成的》《地道战》《地雷战》之类，另一方面是通过听村里的老人讲故事。一般都是鬼故事，那些村里的老人真是天生的小说家，他们可以把那些鬼故事说得活灵活现，非常生动，讲出来就好像他亲身经历过一般。记得我有一个叔外公，在冬天的时候，大家围坐在火炉边，他就开始给我们讲三国和水浒，讲得十分精彩，我也不知道有多少是书里的，有多少是他自己想象的，后来就变成了晚上一个固定的节目。从某种意义上说，这也是我与古典文学接触和受民间文学滋养的开始。在那时候的乡村，现实的生活都过得很辛苦，这些民间文学也是大家精神的寄托，我以后对文学的感情也应该有这些因素的影响。

新闻天地：您如此喜欢读书，在当时有被重视吗？

何云波：那个时代流行的是交白卷的张铁生、反潮流的黄帅那一类的人物，在学校里面大家都是重视思想进步，好好劳动，对于学习没什么人管。而我当时又非常瘦小，考上大学那年我身高才一米五三，体重四十公斤，这样的小孩劳动肯定不好，再加上我平时喜欢读书成绩好，所以就不被班主任看重，我写了很多次入团申请书，都是白写，没有一次被批准，直到要上大学了，才解决我入团的问题。

新闻天地：这样说来您在当时是属于“异类”？

何云波：可以这么说，在当年我比较特别。我在乡下读的中学，条件很艰苦。好在有个很好的语文老师，姓蒋。他课讲得很好，也很喜欢我，经常把我叫到他那里去，给我开小灶。我的作文经常被他当范文在班上念，这对我是很大的鼓励。我就是从他那里得到了文学的启蒙。

新闻天地：能谈谈您大学时代的读书生活吗？

何云波：我曾经写过一篇文章，叫《我的大学》，讲得就是湘潭大学那块黄土地上的野草，不经意间，疯长起来，不小心便泛滥成了一片斑斓的绿色。有一次中文系的一帮校友聚会，大家说起过去的种种，都很兴奋，说其实黄土地也养人，省会长沙的学校，地处繁华都市，诱惑太多，而湘大的学生，被关在山沟沟里，条件又差，反而使我们除了读书，还是读书。那真是一个让人怀念的时代，在艰苦的生活中充满着读书的乐趣。

新闻天地：别人都说读书苦，您读书却十分投入，您怎么看这种态度？

何云波：我觉得读书的时候不能太功利，你为了你的职业、学位去读书，仅仅为了有用去读书的话你很难从书里面找到快乐。为了功利去读书就好像吃药，药对你有利你会去吃它，但没有任何乐趣可言。过去我们一谈起读书就是读书苦、苦读书、读苦书、头悬梁、锥刺股、十年寒窗苦读，都是把书和苦字联系在一起。我觉得读书本来是一件非常快乐的事情，读得这么辛苦干嘛呢？我一直把读书当作一种好玩的游戏，因为好玩产生兴趣，然后吸引你不断地读下去，甚至不再考虑书能否给你带来多少现实的好处，这才是真正的读书人。

现在我的学生总是觉得我过得非常潇洒，喝喝酒、打打球、下下棋，过的是一种闲云野鹤的生活，但是其实只要我有空，每一分钟时间我都用来读书，哪怕我去卫生间也拿着书，我家的卫生间里就放着书，我曾经开玩笑说过要编一套“厕上文丛”。我属于那种没事做不读点书就活不下去的人。

围棋黑白相间就像一幅山水画

新闻天地：您是什么时候开始接触围棋的？

何云波：我很晚才学棋。最早接触围棋是研究生一年级，看 1985 年的中日围棋擂台赛，当时双方主将聂卫平和藤泽秀行进行决赛的时候，我不懂也坐在那里看，那些懂棋的人在旁边解说，我最关注的还是他们对形势的分析、判断。虽然我不懂围棋，但是当时看着棋盘上黑白相间的棋子，真就好像看到了一幅山水画一样。当时围棋给我留下了深刻的印象，但是真正学棋是在研究生快毕业的时候。最后一个学期，论文已经做完，等待答辩，当时没事做，便决定学围棋，正好班上有几个同学也下棋，我就跟着他们下。我是一个做事很容易入迷的人，当时一个同学教我下棋，刚开始的时候让我九个子，我一边和他下棋，一边拿棋书看，经常钻研下过的棋，反省自己的失误，下得多想得多，水平就提高得非常快，半年之后我就可以和他平下了。

新闻天地：您以前其实一直在研究俄苏文学？

何云波：是。我读研究生期间跟随张铁夫老师，读的是世界文学专业俄苏文学方向。毕业后很长时间都在做和俄罗斯文学有关的研究，我当时在长沙铁道学院是第一个拿到国家社科基金的人，那是 1994 年，当时的研究项目叫“陀思妥耶夫斯基及其小说的文化阐析”，后来就有了《陀思妥耶夫斯基与俄罗斯文化精神》这本书，我那时的很多奖项都是因为这本书得到的，我三十三岁破格评教授也和它有关。我有时候开玩笑说，陀思妥耶夫斯基是个残酷的、痛苦的天才，而我们这些研究者却以咀嚼作家的痛苦来获得现实的利益，我不知道自己是该感到羞愧呢，还是该认为这个时代的学术本来就是如此。

新闻天地：那为什么后来会转为研究围棋？陀思妥耶夫斯基和围棋有什么联系吗？

何云波：其实陀思妥耶夫斯基和围棋代表了人生的两种状态，用刘小枫一本书的名字形容就是“拯救与逍遥”，陀思妥耶夫斯基代表的是人生的拯救，他的小说中提供的是一种苦难的世界，让你不得不去面对人生中的苦难，哪怕无路可走也要以一种撞墙般决绝的精神冲出来，所以他的文化很能代表西方文化中一种宗教拯救的精神。

中国文化更多的是一种审美式的人生追求，所谓“春有百花秋有月，夏有凉风冬有雪。若无闲事挂心头，便是人间好时节”。当时我写陀思妥耶夫斯基时候，住在一个很暗很旧的房子里，经常有老鼠出来，在这样的一种环境里写作还真能体验到他的小说主人公那种住在地下室的感觉。但是作为一个中国人，研究外国的文学文化，心里总是有隔阂。而围棋最能体现中国传统文人对审美式人生的追求，中国古人往往是把人生和艺术联系在一起，所谓审美人生化，人生艺术化，中国的人生是一种逍遥的人生。2001 年，我写了一本《围棋与中国文化》，被收入人民出版社的“中国文化新论丛书”，便可算作是学术研究从西方向中国传统转型的开始。

从陀思妥耶夫斯基转向围棋最主要是因为我发现自己的骨子里面还是一个中国传统的文人，“一卷书，一局棋，一杯酒，一盏茶”这就是一种我理想的生存方式，所以回归围棋，其实是对传统的一种回归。“林间扫石安棋局，岩下分泉递酒杯”，真的有一种挡不住的魅力。

玩出来的学问

发现了自己内心真实自我的何云波慢慢把研究的重心放在了中国文化上，尤其是在围棋领域，随着对围棋和中国文化的不断了解，他的面前出现了一个又一个的学术课题，正如他在《围棋与中国文艺精神》中写道：确实，围棋是一种游戏，一种形而下之技，但它又被当作艺术，虽小道而通于大道。形而下之技与形而上之道究竟是怎么样打通的？围棋这类竞技性游戏，为什么会有着审美意义？弈何以成为艺，艺在中国古代又为何物？弈境与艺境有何相通之处？当兴趣与专业结合，就产生了巨大的能量。

新闻天地：您是什么时候开始被称为“围棋博士”的？

何云波：那是在 2003 年，我的博士论文写的是《围棋与中国文艺精神》，在国内这是第一本关于围棋的博士论文，其实我拿的是比较文学博士学位，但外界却习惯把我叫作“围棋博士”。不过在这之前我就已经被邀请参加了 2001 年的贵阳国际围棋文化节，在“围棋之道·名人论坛”上，作为学界代表与金庸和中国棋院院长陈祖德一同演讲。2007 年，中南大学成立了围棋文化研究中心，我们还与世界华人围棋联合会一起，编撰了一套“中国围棋文化研究丛书”。丛书分四本，分别是《围棋与东方管理智慧》《围棋心理学》《围棋的思维科学》《黑白之旅》，向海内外介绍中国围棋文化。看来我这“围棋博士”的帽子是摘不掉了。

新闻天地：下围棋是“玩”，您如何看待做学问和玩之间的关系？

何云波：我们常常把人生分成三个层面，所谓功利人生、求道人生、游戏人生。功利人生是说我们为了种种现实的利益去做事情；求道人生是为了一种价值和信念，为追求终极的真理而活着；而游戏人生更多的是追求人生的一种快乐，一种精神的享受。在以前中国人吃不饱的时候见面经常问“吃饱了没”，那时是没有办法考虑游戏的，但是一旦人吃饱了以后，他就会去追求精神上的快乐。席勒在《美育书简》中曾写过：“只有当人充分是人的时候，他才游戏，只有当人游戏的时候，他才是完整意义上的人。”

游戏有时候也是做学问的一种境界。游戏的本质可以概括为三点：第一，没有直接的功利目的；第二，可以让你全身心投入；第三，自得其乐且其乐无穷。当一个人游戏的时候，他便进入了一个完全自由的境界。而把做学问当作做游戏的境界是我一直以来最向往的，就是玩也能玩出学问来。做学问一定要找到自己喜欢的东西，这样才会做得下去，至于做完之后会有多大的现实利益，这并不是首先要考虑的事情。一件事情只要做得好，总会得到你该得到的。而我更看重的是在做的过程中得到一种精神上的快乐。如果纯粹是为了功利，为了评教授去做学问，那他评上了之后还会做下去吗？不会了，只有把做学问当作你的乐趣，成为了你的一种生活方式，你才会长久地做下去。

新闻天地：在选择围棋作为研究对象时除了兴趣还有其他考虑吗?

何云波：因为我以前一直是做外国文学，按理说中国文化并不是强项，如果再从经典入手开始研究，很难再有大的作为。而我发现在中国古代“琴棋书画”中，对棋文化的研究一直偏弱，可供人大展身手。而且在研究围棋的过程中，我又发现围棋和中国的传统文化艺术有很多相通之处。从对棋的研究中，我对中国传统文化有了一些新的领悟。做学问有时候就是这样，找准了一个入口，你一旦进入，突然之间你会发现前方是一片广阔的天地。

新闻天地：围棋也是从玩物慢慢转变为一种艺术，这种“玩”和艺术之间又有什么关系?

何云波：围棋是一种游戏，一种形而下的游戏，说白了，就是为了争夺生存空间，在棋盘上打架。但是中国古人又不断地赋予它精神的、艺术的意义，这个过程也代表了中国古代知识生成的一个特点，就是把所有的东西都赋予一种道的意义，然后人们才能玩得名正言顺。古代很多士大夫喜欢下棋，但是经常把棋当作一种玩物。孔子说：“饱食终日，无所用心，难矣哉！不有博弈者乎？为之，犹贤乎已。”就是说人无所事事的时候哪怕下下棋也好啊，而孟子更是把棋和不孝联系在一起，因为棋盘上无父子，父子之间也是寸土不让。虽然围棋处于这种地位，但是这些士大夫又喜欢玩，怎么办？最好的办法就是赋予它正面的道的意义，把下棋和天地之象、帝王之治联系在一起。中国古代文人经常把俗的东西雅化，就算狎妓纵酒也能成为雅事，所谓“十年一觉扬州梦，赢得青楼薄幸名”。围棋同样存在着这样一个雅俗转换的机制。像庄子的庖丁解牛，可以把简单的解牛上升到道的审美的高度，所谓技进乎道。从这方面说，围棋很多的意义都是后人不断赋予它的。我的博士论文讨论的就是围棋作为一种游戏，是怎样成为艺术的，一种形而下之“技”如何成为形而上之“道”，它跟中国传统思维的关系，这背后隐含了怎样的知识生成机制。

围棋是我的情人

新闻天地：您现在经常下棋吗?

何云波：我现在下棋反而少了，除了教书，带学生，主要做点比较文学和围棋文化方面的研究。现在有一个下棋的好平台就是网络，想下棋直接上网就可以了，但是在网上下棋还是和与人面对面下棋感觉不一样，网络下棋特别快，平时下棋每个子都是自己放下去的，就好像自己的孩子一样，特别地疼它，轻易不会让人杀“大龙”，网络上双方经常都是要“大龙”，反正很快可以再来一盘。但这又是现代生活方式的表现，现在在现实生活中要找到一个水平相当的人，还要约好地方，下一盘棋不容易，上网下棋可以过过瘾，但让人觉得失去了一些东西，也许就是围棋所包含的传统文化的那份优雅、从容与诗意吧。古人把围棋叫作坐隐、手谈，想想在寂静的院落，或松风流水之中，古朴的棋盘，莹润的棋子，茶一杯，棋一局，这样的境界，是越来越难得了。

新闻天地：围棋在您生活中占有怎样的地位?

何云波: 我曾经写过一篇文章叫《快乐围棋》，在里面我打了一个比方，“文学是妻子，围棋便是情人。文学是朝朝暮暮里一蔬一饭的厮守，围棋是在水一方中海枯石烂的诉说”。也就是说，文学是我的饭碗，每天要和她相守，围棋属于日常生活之外可以提供很多快乐的东西。

围棋不仅可以给你带来快乐，同时下棋也是一种很好的发泄方式。一方面，人性中往往有一种攻击性，就像战争既有种种崇高的目的，其实又是人类攻击性、侵略性的一种表现形式。另一方面，人类为了发泄这些欲望，又创造了很多竞技游戏，比如拳击、摔跤、棋类等，它们为人类的攻击性提供了一个合理的发泄渠道，正是有了这些运动，人类才减少了很多战争。下棋也是这样，你在棋盘上“大砍大杀”声东击西，阳奉阴违，使尽种种诡计，在棋盘上做完了小人之后，在现实生活中你反而能够做一个正人君子，通过下棋，在宣泄中可以达到身心的和谐。从这个意义上说，围棋既是冲突、征服，本质上又体现了一种和谐之道。

原载《新闻天地》2008 年第 12 期

在黑白世界中体验快乐

——“围棋博士”何云波畅谈棋艺与棋文化理论

施绍宗

今年四十六岁的何云波教授是中南大学外国语学院比较文学研究所所长、中南大学围棋文化研究基地负责人、湖南省比较文学与世界文学学会副会长、湖南省首届优秀青年社会科学专家，因撰写博士论文《弈境——围棋与中国文艺精神》获比较文学博士学位，被称为中国第一个“围棋博士”。

由于何云波教授在围棋文化研究与推广中做出了重要贡献，因此，由本报与中国棋院、广东棋文化促进会联合主办的中国棋文化广州峰会特邀请何教授担任峰会组委会顾问和棋文化网络征文的评委，在峰会举行之前，何云波教授数次前来广州为峰会的筹办建言献策，本报记者亦得此良机向何教授请教棋艺与棋文化理论，并进行了一番深入的访谈。

红尘中人都在以各自的方式遣此有生之涯，有的负重累累活得辛苦，有的却游刃有余自在逍遥，以学术研究安身立命的何云波教授，应算是后者了。在闲聊中，何教授给本报记者印象最深的是，他说自己在围棋文化的研究中没有遇到任何困难，做学问有时候就是这样，找准了一个入口，你一旦进入，突然之间你会发现前方是一片广阔的天地。

谈生存方式

“一卷书，一局棋，一杯酒，一盏茶，这就是我理想的生存方式。”

本报记者：围棋是一种竞技性游戏，何教授却从中做出了许多学问，而您原本研究的是俄罗斯文学，您的专著《陀思妥耶夫斯基与俄罗斯文化精神》还获得了国家社科基金项目成果，您三十三岁被破格评为教授也和它有关。您从俄苏文学、比较文学转向围棋文化的研究，其内在原因主要是什么？

何云波：其实陀思妥耶夫斯基和围棋代表了人生的两种状态，就如刘小枫的书名《拯救与逍遥》，陀思妥耶夫斯基代表的是人生的拯救，他的小说提供的是一个苦难的世界，让你不得不去面对人生中的苦难，所以他的文化很能代表西方文化特别是基督教中一种宗教拯救的精神。而中国文化更多的是一种审美式的人生追求，所谓“春有百花秋有月，夏有凉风冬有雪。若无闲事挂心头，便是人间好时节”。但是作为一个中国人，研究外国的文学文化，心里总是有隔阂。而围棋最能体现中国传统文人对审美式人生的追求，中国古人往往把人生和艺术联系在一起，所谓审美人生化，人生艺术化，中国古人的人生是一种逍遥的人生。我自己骨子里是一个中国传统文人，“一卷书，一局棋，一杯酒，一盏茶”，这就是我理想的生存方式。

“拯救与逍遥”我更倾向于逍遥，更能从逍遥中获得共鸣，于是我转向了中国传统文化的研究。从何处着手呢？研究中国文化如果再从经典入手，很难再有大的作为，而我发现在中国古代“琴棋书画”中，对棋文化的研究一直偏弱，可供人大展身手，围棋也特别能体现中国传统文化的精神，而且之前没有人对此进行过真正有深度的学术研究，再加上我本人又是一个围棋迷，于是我就将围棋作为中国文化研究的切入点。回归围棋，其实是对传统的一种回归。“林间扫石安棋局，岩下分泉递酒杯”，真的有一种挡不住的魅力。

谈做学问和游戏

“把做学问当作游戏的境界是我一直以来最向往的,就是玩也能玩出学问来。”

本报记者: 何教授把学问当作游戏的境界很高啊，您如何看待做学问和游戏之间的关系?

何云波: 我读书的时候就不太功利，做研究也是如此。我常常把人生分成三个层面，所谓功利人生、求道人生、游戏人生。功利人生是说我们为了种种现实的利益去做事情；求道人生是为了一种价值和信念，为追求终极的真理而活着；而游戏人生更多的是追求人生的一种快乐，一种精神的享受。席勒在《美育书简》中曾写过：“只有当人充分是人的时候，他才游戏，只有当人游戏的时候，他才是完整意义上的人。”我曾经写过一篇文章叫《快乐围棋》，在里面我打了一个比方，“文学是妻子，围棋便是情人。文学是朝朝暮暮里一蔬一饭的厮守，围棋是在水一方中海枯石烂的诉说”。也就是说，文学是我的饭碗，每天要和它相守，围棋则在日常生活之外可以给我提供很多快乐的东西。

游戏有时候也是做学问的一种境界。游戏的本质可以概括为三点：第一，没有直接的功利目的;第二,可以让你全身心投入;第三,自得其乐且其乐无穷。当一个人游戏的时候，他便进入了一个完全自由的境界。而把做学问当作游戏的境界是我一直以来最向往的，就是玩也能玩出学问来。我更看重的是在做学问的过程中得到一种精神上的快乐。如果是为了评教授去做学问，那你评上了之后还会做下去吗?只有把做学问当作了你的乐趣，成为你的一种生活方式，你才会长久地做下去。

人一方面要依托于现实，另一方面又感到现实的种种束缚与桎梏，有着种种痛苦和烦恼。围棋作为精神游戏和艺术，为人提供了一个由凡俗走向人生自由之境的途径。黑白世界是一个虚拟的世界，又是一个可以供你自由挥洒的世界。在这里，你可以体验到神仙一般的快乐。

谈隐逸精神

“人在满足了基本的需求和欲望后，有时间不妨让心灵得到片刻安静。”

本报记者：围棋精神内核中有一个方面是隐逸精神，这在古代体现得比较明显，那么，在当代生活中围棋也能体现隐逸精神吗？

何云波：我们这个时代有些人过于功利，当代的人活得太累了，一辈子都在为名利奔波。我认为，人在满足了基本的需求和欲望后，有时间不妨让心灵安静片刻，围棋是能让你的心安宁下来的最好的方式。

本报记者：但围棋现在也被功利化了。另外，人们赋予它太多的文化含义。倒是西方的爱好者更愿意将围棋当作是一种单纯的游戏，这好像更接近围棋的本质。

何云波：围棋是一种游戏，一种形而下的游戏，但是中国古人又不断地赋予它精神的、艺术的意义，这也代表了中国古代知识生成的一个特点，就是把所有的东西都赋予一种道的意义，然后人们才能玩得名正言顺。

我的博士论文讨论的就是围棋作为一种游戏，是怎样成为艺术的，一种形而下之“技”如何成为形而上之“道”，它跟中国传统思维的关系，这背后隐含了怎样的知识生成机制。应该说，围棋的发展必然有更多的文化内涵，围棋与人生、商道、管理等都有关系，围棋的意义不断被丰富、被发掘，这不就是我们要举行的中国棋文化峰会的初衷吗？峰会通过各界人士对棋文化的探讨，从不同的立场与视角，给围棋赋予不同的文化意义，这是好事，因为围棋的意义越丰富，就越能让大众感兴趣。

《广州日报》2009年2月25日A 18版棋文化峰会高端系列访谈（6）

楸枰上的艺术之花

——专题访谈：围棋博士何云波的棋局

三峡刘星

导言：

围棋博士何云波对中国当代围棋文化的影响力正在显现。他在早年就为中国围棋文化的探究预设了三局棋，第一局是《围棋与中国文化》，第二局是《弈境——围棋与中国文艺精神》，第三局是《中国围棋思想史》。这三局棋一局一个精彩，一篇一个深度，一部一座高峰，将中国围棋的文化探究导向更深层次。正在研究撰写中的《中国围棋思想史》的消息一出，引起了学界、棋界、网络文化界的诸多关注。三峡刘星适逢其时，针对何云波围棋文化现象，用网络文化交流的形式对围棋博士何云波教授进行了网络访谈。

于是在盛夏的季节，百忙之中的何云波教授耐心地接受了围棋棋迷三峡刘星的专访。是棋迷当然乐意用围棋的方式进行采访：

一、复盘

三峡刘星：“黑白谁能用入玄、千回生死体方圆”说的是棋迷，是文化的棋迷，他们也许更能体会这种来自楸枰的反思——复盘。

十年前，您的专著《围棋与中国文化》一经面世，就让整个棋坛为之欣喜。该书从八个专题的视角梳理、归纳、思考中国的文化和围棋的种种关系。更重要的是您在这种“内省的觉悟的比较中”探索中国的围棋渊源对中国文化的影响。能否介绍一下该书的基本思路，假若，您以为该书有什么遗憾的话，是什么遗憾促使您不断地探索下去?

何云波：《围棋与中国文化》是我的第一本围棋文化方面的著作。我 1996 年就破格评了教授，那年三十三岁。想想人生还有大半辈子，干点什么呢？我的专业是比较文学，又喜欢棋，我就想把两者结合起来，弄点围棋文化吧！于是就有了《围棋与中国文化》。《围棋与中国文化》分八章：第一章“天圆地方：围棋面面观”，第二章“中国围棋的源与流”，第三章“弈具 弈地 弈制”，第四章“围棋与中国古典哲学”，第五章“围棋与宗教”，第六章“黑白人生”，第七章“围棋：文化交流与对话”，第八章“文化的边际人：吴清源”。一开始我就想弄清楚，究竟什么是围棋，围棋的本质是什么，“围棋面面观”就是回答这个问题。而文化一般被分为物质、制度、精神三个层面。就围棋而言，弈具、弈地构成了其物质文化层面。弈具既是下棋的必备工具，又成了一种工艺品，不同的人对弈具、弈地的选择，又折射出了各自的人生态度、精神追求、审美趣味；棋规棋约、竞赛体制、组织机构、对局方式，则构成了一种制度行为文化；当然，文化更多地体现于精神方面，我对中国围棋文化的探讨，也偏重于从精神心理方面，揭示围棋与人生，围棋与各种哲学、宗教思想，围棋与民族心理、思维方式的关系。

文化又是一个坐标系，文化史与文化概论，构成了文化的纵横两个坐标。这就需要我们一方面从纵向上去追溯中国围棋起源、发展、兴衰际遇，另一方面从横向上揭示围棋与中国文化的关系。从思想哲学的角度说，《易经》为群经之首，易有太极、两仪、四象、八卦，围棋有方圆、黑白、阴阳、动静……甚至有人认为，“易”与“弈”本就同源。而从易派生的儒、道、兵各家，与围棋的关系，自然也就剪不断，理还乱。围棋不仅使红尘中人入迷，也令方外之人心有不“净”、欲罢不能，佛、道中人与围棋的关系，可谓一言难尽。不过，有一点可以肯定，中国式宗教并没有使围棋沾上太多的神圣之光，反而是世俗的围棋使佛、道的庄严清静地有了一分盎然的春意。

把眼光再放开一点，从比较文化的角度，把中国围棋放在东西方文化的大背景上，则可以发现，围棋典型地代表了东方的文化精神，东方式的艺术美。而同是东方，无论是由中国东去的朝鲜、日本围棋，还是从丝绸之路上传播的西藏、锡金的藏式围棋，都在流传演变过程中具有了各自的文化内涵。追溯中外围棋关系，比较中日围棋文化，也就为探讨中国围棋的成败得失提供了一个最好的参照。

说到围棋迁移与文化杂交，我们自然而然就会想到吴清源。二十世纪取得杰出成就的棋手，不少都是文化的边际人，吴清源便是其中最有代表性的一个。吴清源不仅仅是一个棋手，一个胜负师，他更是围棋文化的巨匠，一个以棋发言的思想家、悟道者。他将两种文化（中国与日本）、两种人生（信教与下棋）统一在自己身上，他所提倡的二十一世纪围棋突出体现了和谐为本的中国文化精神。

如果说该书有什么遗憾的话，就是围棋与中国文化，可探讨的东西实在太多，每一方面，都可以写成一本书。泛泛地比较围棋与中国文化的关系，很多地方也就只能浅尝辄止了。所以我后来要以“围棋与中国文艺精神”为题，做博士论文。专门讨论围棋与中国文学艺术的关系，中国古代棋论与传统文论、艺论的关系，希望能将研究做得深入一点。

还有一点遗憾就是《围棋与中国文化》被列入“中国文化新论丛书”，由人民出版社出版。想着好歹算是围棋界的一个事儿，跟一家体育报的编辑说，能不能报道一下。他说他们只报道赛事，做书的宣传，会被领导批评的。听了这话，当时挺受刺激的。他们丁点大的赛事都关注，宣传一下围棋文化，居然就要挨批评。陈祖德老师说围棋具有竞技性和文化性，而那个时候的人，眼中只有竞技，可见，围棋文化的研究还真是任重道远啊！

三峡刘星补记：复盘是棋迷提高棋艺水平的一个重要过程，也只有在不断的反思中求证棋路历程。棋迷如此，棋手如此，棋文化探究更是如此。《围棋与中国文化》尽管在某些方面有浅尝辄止的遗憾，但毋庸置疑的是这部书的面世，至少表明围棋正从体育的竞技层面导向深入。

二、二连星

三峡刘星：博士论文《弈境——围棋与中国文艺精神》是您的一部标志性作品。重要的是该书论证了围棋和艺术的关系，这一点过去少有人做如此详细的探究和思考、归纳和总结。它提出了中国文化语境下的艺术独特性。请您谈一谈具体的细节，与棋迷分享一下吧。

何云波:《围棋与中国文化》是在2001年出版的，我正好在四川大学读博士，然后就跟导师谈博士论文的选题。说想继续做围棋，导师很赞成，于是，我在2002年开始写论文，2003年答辩，2006年论文由北京大学出版社出版。书名加了两个字《弈境——围棋与中国文艺精神》。我所关心的是围棋作为一种游戏，在中国古代为什么会成为艺，成为道，围棋的意义是怎么被建构起来的，所以第一章“弈与艺”，首先考察的就是作为一种竞技性游戏的“弈”在中国古代是如何被纳入“艺”的体系，它与其他“艺”的关系。二十世纪，随着中国“艺术”的转型，弈之为艺又如何退场，重新回归为竞技。第二章“弈与道”探讨作为“艺”的围棋是怎样被赋予“道”的意义，弈与天地之象，与儒家、道家之道的关系。儒家在把围棋当作“玩物”的同时，又往往把它纳入到仁义之道的体系中，道家更赋予了围棋以许多玄妙的意义。戏、技、艺为弈之存在的方式，而道，则构成了弈之存在意义的终极依据。第三章“弈与文”具体考察围棋与中国文论及诗歌、小说的关系，不同的文学类型，怎么赋予弈以不同的意义。第四章“思与言”理清中国古代棋论的思维与言说方式，阐述棋论与中国艺论和文论，在思维方式、概念范畴、言说规则、文化精神上的联系与差别。中国古代棋论有着两套话语：道与术。它们分别对应于两种思维：玄象与数理。这背后又隐含着两类文化：精英文化与民间文化（雅文化与俗文化）。古代棋论中关于“术”的话语，所体现的数理思维方式及围棋在被雅化时其本质的俗的一面，往往容易被人忽视。而它们恰恰更体现了棋艺的独特性。道与术，玄象与数理，雅与俗，它们相辅相成，共同建构了弈之丰富复杂的意义。第五章“游戏精神与艺术精神”在跨文化、跨学科的背景上，考察东西方游戏与竞技、艺术的关系。游戏精神的本质是一种艺术精神。弈与其他艺术相通，而弈又是一种竞技性游戏，这决定了它作为“艺”的独特性。围棋是一种对话性艺术，对弈、观者、场域、棋谱、棋评，作为一场有始有终的游戏，同时它也构成了艺术之创造、观赏、品评的一个完整的过程。弈境与艺境相通。以“气”为本、以“入神”为上品，虚实相生、动静结合，冲突中求和谐，正构成了围棋的艺术境界。

三峡刘星补记：“二连星”是中国围棋古谱座子的一种定式，围棋从远古而来，带着我们东方人特别的“围棋的智慧”。所谓的“东方思维”，甚至触及到围棋中蕴含的中国的诸多哲学的艺术话题。这其实就是中国文化的独特性在围棋文化方面的一种最突出的表现。所以在《弈境——围棋与中国文艺精神》中有许多突破性的研究成果，这些成果不仅仅让围棋之花盛开在围棋棋局中，更让围棋研究走向了纵深。

三、劫争

三峡刘星：围棋圈，最近三十年不可或缺的人物首推“棋圣”聂卫平了。阅读您的杂记，发现围棋圈内对聂卫平的称呼很是有趣味。在他们的眼里，聂卫平就是“老聂”。我以为就是“老大”的老，大家对“棋圣”的一言一行都十分重视，这是不争的事实。而棋圣又是一个典型的“大炮”，您以为除了聂卫平的天性之外，更多的是围棋给予聂卫平犹如“少年般”的率真，这就是聂老最可爱之处。

前不久，聂卫平终于又开炮了，而开炮的对象正是“央视五台”。就资讯平台而言，或者就话语权这个沉重的话题而言，或者就围棋运动本身而言，我们棋迷十分欣赏“棋圣”那“弹无虚发”“一针见血”的直言。当然，更期待公众的资源分配里给予围棋文化的分量。您对这件事的态度是什么呢?

何云波：我在自己的博客上，刚写过一篇文章，题目就叫《老聂是用来怀旧的》，“老聂”勾起的是我们的一段关于青春的记忆。二十世纪六七十年代出生的中国棋迷，与棋结缘，大多因为聂老的那场中日围棋擂台赛。在那白衣飘飘的年代，那激情燃烧的岁月，人们对围棋的那份热爱与痴狂，就仿佛“初恋”。

但是，自从第一届“应氏杯”失利，老聂就变得喋喋不休了：“我真傻，真的。我只知道那趟航班是直飞新加坡的，哪知却中途停在了曼谷……”从此，老聂一直沉浸在“回忆”之中。回忆就成了一味药。其实，作为被擂台赛培养起来的一代棋迷，我们都愿意陪着老聂，回忆着他的回忆。而他的快人快语、口无遮拦，自有一种率真与可爱。聂老的可贵也就在这里吧，中国官场的一些习气，他始终没有学会。

说到最近老聂炮轰“央视五台”，说到如何增加公众的资源分配给围棋文化的分量，我倒觉得市场经济社会，这很正常。央视要是觉得围棋节目的受众有限，自然不肯多转播。要是总打抱不平，倒像是在乞求施舍了：“行行好，您就给点吧！”与其如此，我想，最重要的是先考虑如何扩大围棋的影响力。现在的围棋圈，还是太专业了。要让不懂围棋的人都来关注围棋，才是真正的成功。足球球迷，有几个是下场踢过球的呢？围棋要真正火了，人家自然会关注。

三峡刘星补记：“劫争”是围棋棋迷最乐意看见的场面，比如罗洗河与崔哲瀚形成的三劫循环，常昊与李昌镐所形成的四劫循环都让棋迷津津乐道，特别是罗洗河用“自填一劫”消除罕见的“三劫连环”为天才棋手罗洗河正名。只有惊心动魄的“劫争”才会让无声的棋局充满了悬念、新奇，也最让棋迷津津乐道和无穷反思。很是欣赏教授的“要让不懂围棋的人都来关注围棋，才是真正的成功”。让围棋的圈子更开放，让围棋更普及，也许任重道远。聂老的炮轰“央视五台”也是用心良苦也。这就是棋迷的心中的结——纠结。

四、入神

三峡刘星：有一个网络上十分流传的话题，说“围棋是中国思维的象征，麻将是中国社会的象征，象棋是中国政治的象征，军棋是中国官场的象征”。这是一个棋友专门传给我的，现在请您单就围棋的思维模式，谈谈围棋独特的思维艺术吧。

何云波：说到围棋思维，我想，围棋突出体现的是中国式的思维特点：综合性、模糊性与直觉、体悟。

美国的杜威·科内尔博士与理查德·默斯尔博士在《战略思维与东方的围棋》一书中谈道，国际象棋可看作一种战术游戏，而围棋是更高级的战略游戏。显然，这里谈到的国际象棋与围棋的差异，主要是思维方式的不同。以中国为代表的东方民族传统思维，注重整体综合，更具思维的模糊性。正像中国哲学中的"道"，充分体现了整体、综合、模糊的特点。而围棋是讲究整体的一种游戏，群体重于个体。围棋所具有的这种整体性、综合性，使它与国际象棋相比，更代表了东方的智慧。当中国先人以阴阳五行来诠释围棋，比之于宇宙之"道"，"棋法阴阳，道为经纬"，使围棋成为一种玄而又玄的东西。在提升了围棋的同时，又使围棋作为一门"技艺"，或多或少被人们所忽视。中国古代的棋艺理论著作，多为点评式、随感式、经验式，而少有经过分析而走向综合的具有完整理论体系的著作，大约和这种思维方式有关。

围棋的综合性、整体性，决定了它的模糊性特征。国际象棋的电脑程序已达到很高的水平，甚至已可战胜世界冠军卡斯帕洛夫。但围棋的对弈程序，水平仍很低。这一方面源于围棋的变化过于复杂，另一方面是无法解决"定量"的问题。围棋的这种模糊性，决定了今人在判断形势、得失时，也不确定，"有趣""可下""稍亏""疑问手"等描述性术语，也就是说，如果把好与坏看作 0 与 1 的话，其间尚有很多模糊区域无法有明确的归属。

棋盘中的一些东西，有的时候甚至无法用语言来表述，便只能借助于直觉、体悟。比如布局的感觉，对外势的价值判断，势与地的转换等。特别是棋的境界，是棋手在长期的学习、实践过程中才能领悟的，经过不断的积累，有时突然会有一种飞跃性的顿悟。

直觉、灵感、顿悟，是一种发散型、创造型的思维，是对形式化确定思维的一种积极扬弃。它从个体经验、体验出发，以人的逻辑推演能力为条件，是一种较高水平的整体综合思维，一种高级模糊化的思维，它更多地体现了东方思维的特点。中国哲学的"道"本身就是经验性的，"道不远人""道不离器""目击道存"，在对世界万物的体验、静观中，你就可能领悟"道"。因而中国哲学不重逻辑分析，而重直觉与体悟。"致虚静，守静笃"，致虚而守静，守静而观复，观复而见道，这种对“道”的静观体悟方式，同样是中国文人对诗、对艺术的领悟方式。“万物静观皆自得，四时佳兴与人同”，得意在忘象，得象在忘言，这是道，是诗，有时也是棋。

五、三连星

三峡刘星：有消息说“中南大学何云波教授主持的课题《中国围棋思想史研究》获2011年度国家社会科学基金资助”是围棋文化研究第一次被政府基金立项，标志着当代中国围棋文化研究进入到一个崭新的阶段。能否请您谈谈课题研究的思路？

何云波：《中国围棋思想史》是我预想中的三部曲的最后一部。一直想做这样一个事，但一直下不了决心，杂事太多。因此想着，只有报个课题，才能逼自己痛下决心。课题是在体育学那边报的（我原来主持过的两个国家项目，都是在本专业，比较文学与世界文学），体育学科的专家我一个也不认识，本来没抱希望，结果居然批了，也算是意外之喜吧！

中国围棋思想史研究包括理论研究与文献整理两个方面：一方面发掘中国围棋的思想内涵，梳理中国围棋思想产生、发展的历程；另一方面收集、整理中国古代围棋文献，为围棋思想研究提供资料保障。研究成果包括两个方面：其一，编选一部《中国历代棋论选》，中国古代棋论留下丰富的文献，但不少尚未经整理、发掘，通过精选中国历代棋论经典，详加注释，为人们了解中国传统围棋理论，提供一份较为全面的资料；其二，撰写一部《中国围棋思想史》。所谓思想史，其实就是中国围棋的观念史、认识史。看看中国古人究竟是怎么谈围棋，怎么赋予围棋各种意义的。

三峡刘星补记：围棋博士何云波对中国当代围棋文化的影响力正在显现，他早年就为中国围棋文化的探究预设了三局棋：第一局是《围棋与中国文化》，第二局是《弈境——围棋与中国文艺精神》，第三局是《中国围棋思想史》。这三局棋一局一个精彩，一篇一个深度，一部一座高峰，将中国围棋的文化探究导向深入。正在研究撰写中的《中国围棋思想史》消息一出，便引起了学界、棋界、网络文化界的诸多关注。此次访谈正是非官方的草根文化对围棋文化探究的一次尝试，而何云波教授欣然接受一个棋迷博主的网络访谈，更是对围棋文化的一种普及。

六、新布局

三峡刘星：世事如棋局局新，新千年的围棋文化重点应该是从日本回归到中国，而中国国手的整体实力不断提高，世界冠军层出不穷，那么，能否请您畅想一下中国围棋文化之“最新布局”？

何云波：说到畅想中国围棋文化之“最新布局”，我不敢指点江山。就我个人来说，就是想聚集一些志同道合的人，一起为围棋文化做点事。成果多了，围棋文化研究也就慢慢地成了气候。当然，从围棋部门管理者的角度说，在大力抓竞技围棋的同时，也希望他们能分点精力关心一下围棋文化。据说中国围棋协会下一届改选，在技术委员会、裁判委员会的基础上，可能成立一个文化委员会，专门负责围棋文化研究、整理、推广这一块。若是如此，也是围棋文化之幸事了。毕竟，文化丰厚了，群众基础才会更广泛、更扎实了，根深自然叶茂。

三峡刘星：呵呵，先生客套了！“千古无同局”，这句名言正是简单形象地说明了每一个棋局都是“新布局”。而“为围棋文化做点事”“成立一个文化委员会，专门负责围棋文化研究、整理、推广这一块。真要那样，也就是围棋文化之幸事了”，不论从哪个角度看，我们都期待这样的愿景。围棋文化的普及也不单单是“自下而上”的推动，更希望“自上而下”的引导。只有蛋糕做大了，围棋的春天才会来到。

七、坐隐

三峡刘星：“一卷书，一局棋，一杯酒，一盏茶，这就是我理想的生存方式。”这种理想的方式很惬意，事实上，却难以抵达。这些方式在您的两本棋艺散文中略有体现，比如2004年的《棋行天下》和2008年的《黑白之旅》。

希望您能介绍一下两本棋艺随笔的区别，让更多的棋迷、书友、读者欣赏您这个棋艺专家不同的精神风采。

何云波：说到《棋行天下》里面的文章主要是给《围棋天地》写的专栏，还有就是在当时的灯笼论坛发的一些帖子。我在书的后记中说到写这些文章的动因：很长一段时间，更多的是对围棋的一种理性解读。写《围棋与中国文化》，包括后来做博士论文《围棋与中国文艺精神》，都是把围棋当作研究对象，做一种居高临下的审视。围棋成了供人赏玩的东西，情感上便总觉得隔了一层。并且，我因为围棋拿到博士头衔，总有一种以“爱”的名义谋取私利的不安。

其实，爱一个人，留一段情，不需要太多理性的思考和判断。黑与白是世界上两种最纯粹的颜色。黑白子的相拥相偎，便有了许多动人的故事，许多的感动，可以供你去细细品味。

《棋行天下》便力图以本真的情感，走近围棋，去诉说一段黑白情怀。我曾走过不少留下围棋踪迹的地方，直接面对那一方山水，一城一郭，一草一木，去触摸、感受黑白子的精魂，于是有了那一组“黑白之旅”。“感悟围棋”则更像是守在同一方屋檐下，在平淡的日子里的唠叨、絮语。“观棋者语”大多为笔者围棋著述的前言、后记及有关围棋书刊的评论，站在一边看风景，自另有一番情趣；“网上棋缘”续的是与围棋的另一段缘分。以“黑白仙子”的名分，去泡“围棋”帅哥，与其打闹、嬉戏、调口味，围棋也就平添了别样的风情。

说到“黑白仙子”，就不能不提到洪洲兄，都是他做“网托”，把我拉到他主持的灯笼论坛中。我以“黑白仙子”的名义，男扮女装，在网上跟那帮哥哥妹妹、姐姐弟弟厮混，嬉笑怒骂，居然赢得比“何云老”更大的声誉。那段时间，玩得真是开心啊！

至于《黑白之旅》，在某种意义上就是《棋行天下》的续篇。反正重点都在一“行”字，边走边看。打头的一辑仍然叫“黑白之旅”，不过换了一种行走与观看的方式，即试图借助摄像机镜头，去记录围棋的历史与现状，揭示棋里棋外的多重意蕴。我所在的中南大学电视台曾想拍一个围棋文化电视系列片，以示对我所从事的好玩而崇高的黑白事业的大力支持。后来因为种种原因，还是没能实现。唯一留下的成果便是这八集电视解说词。这些文字，也就成了几个棋里棋外之人一份“痴心”“痴情”的见证。第二辑“围棋地理”是一组专栏文章。2004年，《足球》报改版为《足球·劲体育》，单一的足球专业报纸变为综合的体育报，围棋也就在其中有了一席之地。责任编辑方悟龙先生给我打电话说准备做一个《围棋地理·发现之旅》系列，每期一个城市，用一个整版的篇幅对这个城市围棋的历史与现状做一全方位的审视，让我负责撰写“历史篇”。我觉得这个策划别开生面，对传播围棋文化也大有帮助，便应承下来。此后，独坐书斋，每个星期神游一个城市，大江南北，国内国外，正所谓上下五千年，行程数万里，棋盘小宇宙，天地大舞台，大半年下来，一张完整的围棋地理图也就成竹于胸了。

第三辑“诗路棋迹”则是另一种意义上的旅行。2005年，应《围棋天地》编辑部之约，我开了个专栏，介绍中国古代围棋诗歌。我将之取名《诗路棋迹》。围棋从遥远的时代，从黄尘古道、小桥流水、诗情画意中慢慢发展，给中国文化、中国人的人生留下了许多的印记。第四辑“黑白有道”追踪黑白的足迹，发掘其文化内涵，便构成了另一种意义上的思想之旅、文化之旅。

有人说，文化是一种旅行。因为围棋，且行且走且思，真的是乐趣无穷啊！

三峡刘星补记：感谢何云波先生的认真反思，我们从他列举的许多章节里看见了一个文化的棋迷、理智的棋迷，更有一个纯真的棋迷对围棋的无限热爱。相对而言，何云波先生撰写的“围棋地理”“诗路棋迹”至少对三峡刘星本人的写作模式是个启发，并由此探究出了一条道来。后来我在新浪网建立博客，美其名曰“棋艺文化客栈”，目前关注人数接近六万，而在榕树下网站的棋艺随笔《棋语人生》点击量高达二百五十万，正是具体地说明了围棋文化正在被更多的棋迷、书迷喜爱吧！

八、手谈

三峡刘星：我身边有一本很特殊的棋艺书籍，那就是您和蔡绪锋先生合作的《围棋与东方管理智慧》，其中“棋道与商道”的观点和做法很是具有普世价值，请您谈谈和蔡绪锋先生的棋缘。

何云波：《围棋与东方管理智慧》是我跟泰国正大集团副董事长蔡绪锋先生合作的成果，是“中国围棋文化研究丛书”中的一本。丛书还包括我的《黑白之旅》，还有王经伦先生的《围棋的思维科学》、戴耘博士的《围棋心理学》。《围棋与东方管理智慧》的创作源于2005年蔡绪锋先生请我去泰国参观他的公司，然后一起做的访谈，于是就有了关于“棋道与商道”的对话。蔡绪锋先生主管正大集团的商业、零售业，在这一领域取得了很大的成功。他也一直热心围棋文化，希望把围棋的理念融合到现代企业管理之中去。我们对话的主题也就是探讨作为中国文化象征的围棋与管理、围棋与东方文化的关系，希望发掘围棋所蕴涵的东方管理智慧。古老的围棋与现代管理联姻，正体现了围棋的现代魅力。

初识蔡绪锋先生，是2001年的贵阳国际围棋文化节。在“围棋之道·名人论坛”上，我和他都是被邀请演讲的嘉宾。但我是在上午，他是在下午，我们并未谋面。那天他讲了些什么，我都模糊了，依稀记得是谈围棋与管理的关系。

真正认识蔡先生是在2005年5月，身为世界华人围棋联合会会长的蔡先生，要牵头弄一套中国围棋文化研究丛书。也许是因为我写过《围棋与中国文化》，他把我找去，协助做一些选题的策划工作。后来，陈祖德、蔡绪锋先生担任这套丛书的主编，我是执行主编，操持具体的事。因为这一机缘，便不断有机会接触蔡先生，在各种不同的场合，听他雄心勃勃地谈种种推广围棋文化的设想，陪他下棋。我们既手谈，又“口谈”，《围棋与东方管理智慧》便算是“口谈”的成果吧！

三峡刘星后记：琴棋书画，诗酒花茶，华夏文化，世界奇葩。围棋自古不缺后来人，更不缺有心人。

身逢其时，恰逢棋事，对话围棋博士何云波教授真是受益匪浅。我们用网络的方式进行了一场精彩的“对局”。在此局中，三峡刘星出着，用围棋术语就棋说棋，何云波教授从容应对，着着正手，深入浅出，画龙点睛。而先生每每别出心裁，随处留悬念，让整个访谈充满了文化的气息和艺术的氛围。

赵之云对古谱的研究和围棋词典的编撰，是二十世纪八十年代围棋文化的第一次更新，而胡廷楣在二十世纪九十年代撰写的《黑白之道》是围棋文化的第二次更新，何云波先生于新千年出版的《围棋和中国文化》《围棋与中国文艺精神》是围棋文化的第三次更新升级。2010 年前后网络围棋文化出现了全新版本，更使当今的围棋文化呈现了一种全新的趋势——从精英走向到大众，从雅舍开放到旷野，从学术扩散到民间，从国外聚焦到国内，从现实交汇到网络，当我们身逢其时，又恰逢棋事，真是幸事。这是时代发展也是围棋文化发展的进步，必然的进步。

围棋文化的探究必将成为华夏文化一道独特的风景线。

2009 年 9 月载三峡刘星新浪博客、新浪读书沙龙、榕树下网站等

棋道与东方管理之道

——关于《东方 CEO》的对话

蔡绪锋　何云波

何云波：蔡先生，您的《东方 CEO》和《三维空间看管理》在中国台湾出版后，反响很大。不少人认为，它创造了一种东西合璧的新型管理模式。最近，北京大学出版社把两本书合在一起出版，相信又会引起广泛的关注。您身为正大集团的副董事长、正大旗下好几家公司的首席执行官，事务繁忙，怎么会想到写这样一本书呢？

蔡绪锋（泰国正大集团副董事长）：确实，我原来从来没有想过写书。早些年一直忙于公司的业务，根本没有精力顾及其他。现在，有些具体的事情不用我操心了，而多年做“CEO”的经历，让我积累了不少经验。读书，特别是对中国经典的阅读，又使我觉得有必要把自己的管理经验与理念做些梳理，所以就写了这样一本书。

何云波：我读《东方 CEO》过之后，感觉这是一本理论与实际结合得很好的书，既有理论深度，又深入浅出，很多地方写的是您的切身体会。比如您在书的开篇就谈道，人生成长过程中有几位恩师：母亲、父亲、老师、围棋。能否具体谈谈这几位恩师对您的影响？

蔡绪锋：我的母亲是位家庭妇女，她教会我懂得“守信”的价值。我的父亲是一家保险公司的经纪人，他告诉我：“没有债务是最快乐的人。”第三位恩师是政法大学的黄培谦老师，他教我如何做人，他强调：“教育不是培养有才干而不诚实的人。”围棋变化多端，它教我们要善于去把握它，在多变中找出规律性的东西，懂变化又要有原则。失败了，要能够找出失败的原因。

何云波：从您的书和您为人处世的方式中可以看出，东方文化特别是中国文化对您有很大的影响。您在《东方 CEO》中，经常引用老子、孙子中的话作为引子。中国的经典中，您最喜欢读哪些书，它们给过您什么样的启示？

蔡绪锋：大学里，学习使用的语言是英文和泰文，没有中文课程，但我非常喜欢读中国古代那些哲人的书。最喜欢的是老子，它教会我无为之道，不苛求，不强求，也不懒惰，一切要顺其自然。《孙子》对我影响最大的是它的精神：不可胜在我，可胜在敌，战争的目的是和平。至于《论语》教给我人生要积极。在我的管理中，手段、手法是老子的，但最终还是为了“为”，无为而无不为，要积极地去争取。

何云波：看得出，您是把中国哲学的许多东西运用到了您的管理中。《东方 CEO》阐述的是一种东方式的管理之道，您在多年的管理中，积累了丰富的实践经验，已有许多成功之道，如今又做了理论概括。我想能不能把您的管理理念概括为这么几点：以人为本，和谐竞争，无为而胜，注重修持，中西合璧。

蔡绪锋：大致可以这样说吧！不过现在大家都在谈以人为本，我要解释一下我所理解的“以人为本”。以人为本首先是要让员工感觉到自己是公司的主人翁。一般人老想着公司不是他的，他只是打工者，大股东才是公司的主人翁。要让每个工作人员感到不仅仅是在工作的八小时之内，而是在任何时候，二十四小时都是与公司分不开的，在周末他都在牵挂着公司，公司的荣辱跟他有切身之感。工作人员到哪里都有一种荣誉感，在背后他也能维护公司的利益，并且这种维护是主动的，而不是被动的。公司有难他不快乐，公司兴旺他也兴奋。而那些只有股份，而从来没有来工作过的，就不会有这种主人翁责任感。工作人员则不同，他哪怕只买十股，作为股票持有者，虽然少，但意义是不一样的。对于表现出色的员工，我会将金股赠送给他们。其次，人生最宝贵的时间就是从工作到不能工作的四十年，我希望每个人在这四十年都能快乐地度过，而不愿意看到他们在组织中不快乐，工作既能显示一个人的价值，同时也应该能给他带来精神上的快乐。

何云波：那么，作为职业 CEO，您的身份既非大股东，又非普通的雇佣者，如何看待这种双重身份？

蔡绪锋：职业 CEO 在处理劳资利益时不会站在哪一边。他作为公司的雇员，即使有股份，一般也不多，所以他不像那些大股东，给出的决策都是与他自己的利益有关。但他作为最高一层的管理者，比起一般的雇员，又更要有一种主人翁责任感。CEO 需要不断地在这两者之间求得一种平衡，关键是如何把握好分寸。

何云波：您在书中谈道，您去日本，发现日本公司内部，CEO 与职员形同一家人，一旦走出公司，每个人都言行一致地服从 CEO 的领导。而西方的职员在公司里个个严格遵守 CEO 的指令，但走出公司后，彼此之间马上地位平等，甚至变成陌路人。怎样看待这种差异？彼此优劣何在？

蔡绪锋：确实，日本的公司，在公司里面是一家人，在外面 CEO 还是家长、队长，大家要维护他的尊严。而西方，在公司里是军队，纪律严明，尽管可能容易出业绩，但少了些人情味。西方式的管理可以仅仅凭业绩就把你炒掉，而不讲人情。其实原谅一个人，他可能在什么时候就成了你公司的恩人。一个人没有完成业绩，可能有公司主观或客观上的原因，而不是他本人的错，或者仅仅是他对事情的理解还不够，其实他有潜力可挖，给他一次机会，也许他会做出很好的业绩。我还是更喜欢东方式的人性化的管理方式，而不赞同西方的机械化管理。

何云波：但这种家长式的管理也容易导致许多负面的影响，比如说人治。中国传统的政治就是伦理型的，家即是国，国就是家，对国君尽忠就像对父母尽孝。如果把现代化的企业都当作家，CEO 就是父亲、家长，那父与子之间就不可能是平等的。

蔡绪锋：我强调的是父亲对他们的爱，这种爱体现的是一种东方式的温情，而父亲并没有独裁的权力，他与下属之间是平等的，你要充分发挥他的才干，但又不强求他们。

何云波：但最终，您对一个员工的评价，还是首先要看他的业绩。而您在书中，也多次讲到那种家族式公司的弊病。我注意到，正大集团的管理，一方面很有人情味，但另一方面它又是非常规范的，您努力在将东西方管理模式结合起来，这是否可以称作是中西合璧？

蔡绪锋：是的，确实是这样。我们当然首先要以西方式的目标管理、规范管理为基础，讲究效率，但不是百分之百地唯效率论。追求合理的利益，但不以实现利润最大化为唯一目标。公司当然有它的规范，但每一个员工又都是人。每一个员工都要创造业绩，但又要让他们快乐。这次圣诞节，我让公司在泰国的高级职员都到上海来看美国的百老汇音乐剧，就是想让他们在工作之外获得一些享受。

何云波：这也就是您在书中说到的和谐的矛盾。处在领导地位的人，管理时需要兼备“严”和“慈”两种手段，两者是矛盾的，但也具有统一性。在西方行政思想与东方管理理念之间，很难判断谁是谁非，分出孰优孰劣。

蔡绪锋：所以最好能将两者有机地结合起来，扬长避短，汲取精华，相互补充。西方的CEO应该研究东方哲学，进一步探究人性化的管理模式。东方CEO也要学习西方行政理念，以更有效地执行系统化经营管理。只择其一的话，就好比人只剩下一只手，虽然也能拿起物件，却没有双手配合拿得那么牢靠。这应该就是上帝当初赋予人类两只手的本意。

何云波：东西方管理模式的差异，应该说本质上是源于对“人”的看法不同。孔子建立的一套“仁”的体系，人可以通过不断地修身达到治国平天下的目的，这是一种道德理想主义。西方式管理，却是建立在对人的不信任的基础上。西方好像更多地强调人性本恶，基督教的原罪，其实暗含的是人的本性之恶，所以人一生下来就要赎罪。为了防止恶，它设计了两条出路，一是宗教的精神救赎，一是制度化的建设，比如政治上的分权制，经济上制定一系列游戏规则。经济合同就是用来防范小人的，管理上也是这样，一方面满足人的私欲，另一方面如何让自私的人为公司最大限度地发挥其能量，为此设计了许多制度、规章。不知蔡先生对人持一种什么样的看法?

蔡绪锋: 佛教认为人后天的发展，与他的选择有关。人可以进步，可以变善。所以，在管理中，首先要相信人，不能把下属看作你的财产，对他们要有一种发自内心的爱，让他们快乐，这样才能充分发挥他们的能量。

何云波: 所以您在《三维空间看管理》中专辟一章，题目就叫“修炼心剑”，强调修“心”的重要性，心即心灵、心性，也指思想、观念。您把人从生活、工作与管理中所得到的觉悟分为行为觉悟、情绪觉悟、自我觉悟，并别出心裁地提出：工作就是修持。这真是一种很有独创性的提法，能不能请您解释一下?

蔡绪锋: 这是来自菩塔披素高僧的佛语。作为生活在商业社会里的企业家，首先应该考虑“付出”什么，然后才会合理地“得到”什么。少量付出却想大量收获，这是一种贪欲，经营者必须谨防被贪欲腐蚀心灵，乃至无暇顾及自身个性和觉悟的修持。生命的价值不在于财富多少，在于懂得博爱，保持一颗宁静的心。不论在任何岗位上，只要保持一份爱心与平和的心态，那就是一种时时刻刻的自我修持。真心热爱社会，真正为社会付出的人，将比一心谋求个人财富的人更能参透社会，奉献于社会，常常能获得社会更大的回报。

何云波: 这里包含着一种辩证法，付出其实就是一种获得。您始终强调，东方CEO的战略，不侧重最高盈利，而是适当的利润，重要的是最高力量与创造，这力量与创造中，应该还包括人的心灵吧！您曾谈到人先天的“宿慧”，另一方面，更重要的恐怕还是后天的“智慧”与“修持”。在管理中，人是最重要的，如果真能将工作当作一种修持，而不仅仅是谋生的手段，那么，这一个群体也就可以爆发出巨大的能量。

蔡绪锋: 修行就是避恶向善。人为什么有力量，就是因为人有能量。有的人只能做点粗活，有的人却能做大事，这就是无形的能量在起作用。它要靠智慧、修持。我在管理中，最注重的就是人。CEO 其实就是一个人事总监，怎样把有能量的人聚集起来，是他的首要职责。招一个比较重要的岗位的人时，我都会很慎重。人选对了，一批有作为、有修养的人在一起，就容易聚集能量，否则能量就会耗散。人进来了，就要人尽其才，充分发挥他们的作用。有人如果要走，我也要亲自过问：为什么要走，是不是有什么委屈，或不能发挥才能的地方。当然，如果人家确实另有高就，我也会爽快放人。下一本书，我就想写企业管理中的能量场，能量的聚集与耗散。

何云波：那应该又是一本很有意思的书，希望能很快读到它。下面还有一个问题我想跟您谈谈，就是围棋与企业管理。您把围棋当作您的又一个“老师”，能否具体谈谈围棋对您的影响？

蔡绪锋：我最先学会的是象棋，后来才学的围棋，学会了就再也放不下了。围棋是世界上最好的东西之一，它里面有很多中国文化的精髓，你可以从中获得很多的快乐，又能领悟人生的很多道理。而从管理的角度来说，它也教给了我许多东西。

何云波：您在书中把围棋称作“一门高深的谋略学”，能够具体解释一下吗？

蔡绪锋：围棋作为一门“谋略学”，它教我们如何根据现实状况扬长避短，调整适应，假若掌握其中奥妙，悟到此间真谛的话，必定能够运筹帷幄，不会有陷入困境的一天。每一名 CEO 都希望成功，但成功只属于谋略者，学会围棋，将是步入谋略境界的第一级台阶。

何云波：您说围棋是唯一一门把不同的整体格局浓缩呈现在同一个小小棋盘上的策略艺术，教人懂得相互影响和长远效果的“整体意识”，围棋教我们重视评估对手的能力以及每一次胜利所付出的代价，围棋叫我们懂得有谋略、有原则地去生活，如果把企业比作一局棋，是不是也是这样？

蔡绪锋：是的，企业管理也是一盘棋。围棋最重视全局意识，尽管许多地方都在发生战斗，但把握全局是最重要的。有时候因为人手、物资等方面的不足，有的战场不得不退缩，以赢得整个战争的胜利，这就是管理。因为管理就是通过有效的手段，促使所有的资源发挥出最大的能量。这也是“元帅”不同于“将军”的关键所在。将军要在任何战场都想赢得胜利，而元帅必须权衡利弊，因势利导，冷静周全，能屈能伸，通过纵观全局，然后根据各个战场的优势与弊端制定策略，使之相互配合，最终赢得整个战争的胜利。

何云波：这就是围棋中的大小、先后、局部与整体的关系。有时局部占了点便宜，全局未必好，局部亏一点点，却可能带来整体的优势，棋盘上也需要有所为，有所不为。围棋一方面是为了争胜，另一方面，您又提出“不为输赢而取胜”，怎么理解这一点？

蔡绪锋：围棋告诉我们，一心只想取胜，需要付出很高的代价，结果往往是弊大于利。下棋的时候，必须努力抑制自己的取胜心理，这实际上是对人的一种心理考验。越是能忍，而且忍得越久的人，越有机会成为胜利者。急于想要取胜另一方的人，往往会成为失败者，没有争胜心态的人，反而会成为胜利者。

何云波：这是不是就是您始终强调的和谐竞争、无为而胜？

蔡绪锋：和谐竞争就是企业应该把有限的人力资源组织起来，提高基本素质和工作效率，以超越竞争对手，而并非去消灭对方。真正的胜利，是达到工作目标，而不是战胜对方，不为争赢而取胜，这是看不见的哲学。

何云波：这正是老子的哲学，“夫不争故天下莫能与之争”，无为而无不为，一切顺乎自然。所谓行到水穷处，坐看云起时，正是围棋的一种境界，其实也是一种人生的境界。

蔡绪锋：这需要有一种“心悟”，最上乘的剑术，是达到“看似无形胜有形”的心念合一境界，不为“形”所限，化手中之剑为无形的潜意识，让蓄久的意志力择最佳时机释放出来。

何云波：真有意思，我们从谈围棋，谈管理，又扯出了中国哲学的许多东西。围棋归根结底代表的是一种世界观，众生平等，平等竞争，你活，我也活，和而不同，它强调的是和谐，这正代表了中国文化乃至东方文化的精神。

蔡绪锋：从管理的角度说，围棋所强调的共生共存，竞争的和谐，都可以给我们许多启示。改变西方的管理学观念，围棋也可以给我们许多启示。

何云波：一阴一阳之谓道，黑白子真是奇妙极了，今天的谈话，让我也学到很多东西。蔡先生，正好在您主编的那套“中国围棋文化丛书”中，有您的一本《围棋与东方智慧》，我们有机会再找时间详细谈谈围棋与管理、围棋与东方智慧的话题，好吗？

蔡绪锋：行！也许我们可以从围棋这位“老师”身上，挖掘更多的东西。从古代经典智慧中吸取养分。希望通过我们的努力，让古老的围棋在当代世界发扬光大，也使更多的人来关注东方的管理、东方的智慧。

2004.12.26 访谈于上海，载《总裁》2006 年创刊号

步入“棋”途深处：何云波的自在人生

蒲德德　李炳霖　王先茹　谷　超

“黑白有乾坤，卧虎藏龙，一心唯长民间技；对弈无门槛，风生水起，万众争投胜负手。”2016年11月21日，《谁是棋王》中国围棋民间争霸赛第一期在CCTV-5正式播出，我校文学与新闻学院何云波教授接受央视采访，并作为节目顾问，参与该节目全程策划。这是何云波继2014年10月接受中央电视台访谈后，再次出现在央视节目。

“围棋带来的是心灵的共鸣，围棋文化研究给我带来更多快乐。如果说文学是朝朝暮暮里一书一字的厮守，围棋便是在水一方海枯石烂地诉说。”何云波这样评价围棋在心目中的位置。

何云波被称为中国“围棋博士第一人”。他对围棋文化的研究，在国内外均产生了较大的影响，并先后被中国棋院等组织、媒体及各大学邀请做围棋文化专题演讲。11月22日，本报记者专访何云波，听他讲述自己与围棋邂逅的故事。

告别“拯救”

“我记得那美妙的一瞬，在我的面前出现了你，有如昙花一现的你，有如纯洁之美的精灵。”

曾有人问何云波一开始为什么选择俄罗斯文学，他回答说，是因为喜欢普希金的《致凯恩》。

1983年，何云波从湘潭大学中文系毕业。两年后，他再回湘大，拜入名师张铁夫教授门下，硕士研读俄罗斯文学，以陀思妥耶夫斯基为研究方向。

“当人们出于功利去读书的时候，读书便成了吃药，明知道药是苦的，因为有用，只好皱着眉头吞下。”1996年，年仅三十三岁的何云波被破格提升为中南大学外国语学院教授。从教多年，“一支羊毫改之乎者也写秃，两片嘴皮论上下古今磨薄”。然而，时隔多年，在中南大学做湖南省首届青年社会科学家专题演讲时，这一段往事被何云波再度提及。他谈到，哲学家金岳霖在西南联大任教期间，曾有学生问金岳霖：“逻辑学这么枯燥，您为什么要研究呢？”金岳霖回答说：“我觉得它很好玩。”然而，俄苏文学之于何云波，却并非如此。俄罗斯文学的研究并没有给他带来足够的乐趣。

“陀思妥耶夫斯基的小说总提供苦难的世界，而围棋所代表的中国文化，更多的是一种对审美式人生的追求，因为中国人的人生是一种逍遥的人生。而后者才是我更向往、更能引起共鸣的。”何云波说，“我用刘小枫一本著作的书名形容陀思妥耶夫斯基和围棋代表的两种人生状态，那就是‘拯救与逍遥’。”

何云波决定将文学专业与兴趣爱好结合起来。2001年，他开始正式研究围棋文化。同年，何云波完成了自己第一本围棋专著——《围棋与中国文化》。该书从多个方面探讨围棋与中国文化的关系，这一成果被认为填补了中国文化研究的一个空白，并被收入人民出版社的“中国文化新论丛书”，被视为他从西方文学研究向中国传统文化转型的开始。在这本书的后记中，何云波不无感慨地写道：“我们总在有意无意地拒绝苦难，拒绝苦难中的拯救与超越。当然，我们也就在心理上拒绝了陀思妥耶夫斯基，拒绝了整个俄罗斯文化中的那一份悲怆……这注定了，我辈凡俗中人，终究走不到天国去。”

当生存不再是单一问题的时候，总有人会为了自己生活做一番新的估计与考量。一心向往“林间扫石安棋局，岩下分泉递酒杯”的何云波于2001年入蜀，师从四川大学著名教授曹顺庆攻读比较文学博士。

2003年12月1日，虽然窗外的天空并无风雨，但何云波的心并不平静。陈述、提问、回答……整整一天，面对台上“法官”的“锱铢必较”，何云波胸有成竹，对答如流。博士论文《围棋与中国文艺精神》顺利通过答辩。这是中国第一篇以围棋为特殊研究对象的博士论文。自此，何云波开始被外界誉为中国第一位“围棋博士”。

情定“木野狐”

“‘老聂’，勾起的是我们一段关于青春的记忆。那白衣飘飘的年代，那激情燃烧的岁月，对围棋的那份热爱与痴狂，就仿佛‘初恋’。”这是何云波在四年前写就的《老聂是用来怀旧的》一文中对往事的怀念。经历过上个世纪八十年代的人，应该都不会忘记那个时代由后来人称“棋圣”的聂卫平造就的围棋疯狂。

“我开始对围棋感兴趣，是在1985年第一届中日围棋擂台赛上，我国棋手聂卫平决战日本棋手藤泽秀行，中央电视台为此破天荒地直播，我和同学便挤在一起看。当时我不懂围棋，看到的也并非棋局本身，只觉得电视画面中，黑白两色的棋子很美，就像一幅山水画。”何云波笑着回忆。

这次比赛给他留下了深刻的印象。1988年，刚完成硕士毕业论文的何云波意识到自己有了较多的闲暇时间，立刻决定向同学学习围棋，从此与围棋缔结下深厚的缘分。

围棋，历来有“木野狐”之称，意即摆放在木制棋盘上的黑白棋子变化万千，有如狐妖幻化的美艳女子，极易迷人心智。在给记者讲解这一典故时，何云波笑称，自己一开始学就迷上了围棋，以至后来，陈祖德《超越自我》、聂卫平《我的围棋之路》及后附的《难忘的四十局》，都成了他时时学习和揣摩的“红宝书”，学棋日久，棋艺也突飞猛进。

就这样，从初遇到对“木野狐”钟情不已，何云波就在这条全新的道路上一发不可收拾。2001年，因出版《围棋与中国文化》，何云波被当时中国棋院院长陈祖德先生举荐，作为学界唯一一位代表，应邀出席中国贵阳首届国际围棋文化节，和金庸、陈祖德、吴启泰一起同台论道，共同感悟生活。

同年，刚到川大读博的何云波一见到导师，便提出了自己博士论文想以围棋为主题的想法。论文一出，“围棋博士”的美誉也紧随而来，他的博士论文《弈境——围棋与中国文艺精神》，主要研究围棋和中国文学艺术的关系，再次开辟了中国文化研究的新领域。其后，他关于围棋文化的研究越来越多，真正做到了“棋”乐无穷。

2014 年，何云波在甘肃天水做客“陇右讲堂”时援引了阿根廷诗人博尔赫斯的《围棋》一诗，分享关于围棋的这份兴趣：

那如同摆布星宿的游戏叫围棋
那是一种比最古老的文字还要古老的发明
棋盘就好像宇宙的图形
黑白交错的变幻
足以耗尽千秋生命
人们可以对之痴迷
就好像坠入爱河与欢情

何云波拿的是比较文学的博士学位，却赚了一个“围棋博士”的名头，也算是一件趣事。正如当年曾任中国棋院院长的华以刚先生有一次见面就打趣称他这是“误入‘棋’途”，何云波自己也深表赞同。已收获如此丰厚的硕果，何云波却并未止步。自打被这只“木野狐”缠上，何云波的人生也开始迎来一番新的旅途。

2003 年，《围棋报》刊登整版专题报道《小楼夜听潇湘雨——记围棋博士何云波教授》；2004 年后，《湖南日报》、《广州日报》、新浪新闻网、湖南电视台、中央电视台、天津电视台、湖南教育电视台先后对其做过专题访谈报道。

从 2007 年起，何云波不仅建立了国内首个围棋文化重点研究基地，与世界华人围棋联合会一起，编撰了一套“中国围棋文化研究丛书”，向海内外介绍中国围棋文化，还主持了《中国围棋思想史》的国家社科基金项目。

《棋行天下》《围棋与东方管理智慧》《黑白之旅》……每一本书都凝聚着何云波无数的心血，更让“围棋博士第一人”的美誉享誉围棋界。

快乐学问，自在人生

“中国的艺术是黑白的艺术，黑白里蕴含大千世界无限丰富的变化，绘画、围棋、书法，都是这样。”何云波认为围棋尤其如此，从局部到全局的得、失、攻、守、进、退，黑白两色体现的便是生活。趁得浮生半日闲，手谈一局珍珑棋，纵横十九路，往来三百六十一点，千变万化，尽在掌控之中，自在人生，当是如此。

林语堂曾以“读书就像谈恋爱”来形容读书的快乐，而在何云波看来，读书、教书、做学问，就应该像下围棋一样，乐在其中。这份快乐让他在围棋的黑白天地中悠游自在，也正是因为这份快乐，他乐于结交棋友。无论是去年8月和聂卫平一起在黑龙江呼兰监狱和服刑棋友的交流，还是在岳麓山和围棋协会主席王汝南的对弈，凡乐所在，无往不至。

以学术安身立命的何云波，却成功地把生活转化为一种享受。他将中国围棋文化的审美和对逍遥人生的追求联系在一起，让兴趣与专业结合，弈境与艺境相通，不仅在围棋领域里树起了中国文化的旗帜，自己也实现了向中国传统“林间扫石安棋局，岩下分泉递酒杯”的文人转型。《湖南日报》的《新闻天地》杂志曾称他的这一番围棋学问是“玩出来的学问”。

何云波坦言：“下围棋，首先要喜欢，因为喜欢，才会对它做一些学术的研究。”因为喜欢，不管是谈文学与围棋，武侠小说与围棋，还是谈“金角银边草肚皮”的棋局判断、“一子不舍刘大将”的掌故，他都能谈得妙趣横生，乐在其中。

如今，何云波还在研究撰写的《中国围棋思想史》，作为国家社科基金项目成果，已被纳入湖南省哲学社会科学文库。从《围棋与中国文化》到《弈境——围棋与中国文艺精神》，再到《中国围棋思想史》，他对中国围棋文化的研究不断深入，实现了新的跨越。

除了在围棋中玩出学问来，怎样在“围棋进校园”的政策支持下，让更多人参与到围棋中去，从而将中华文化进一步推广，也一直是何云波思考的问题。

十余年间，他先后在清华大学、浙江大学、华东交通大学、南京医科大学、中南大学、湘潭大学等知名高校和中国棋院等机构举行围棋文化演讲。他还推出了《围棋文化演讲录》《图说中国围棋史》等著作。刚刚参与编纂完成的《围棋文化教程》一书，将围棋技术和文化高度融合，旨在充实高校文化选修课内容，增进更多学生了解围棋。

“金庸就是一个大棋迷，他的小说更多的是把传统文化融合到武侠小说里面，这种雅气淡化了武侠小说中的杀气。”2014 年 3 月，何云波在湘潭大学做“围棋与中国文化”文化素质系列讲座，畅谈金庸小说中的围棋文化，得到了学生的一致好评。

今年 11 月 18 日，中央电视台的拍摄人员来我校录制《谁是棋王》第一期的栏目内容。何云波借助公开课，现场教汉语言文学专业的学生下棋。短短三十分钟内，不少同学已经初步懂得了围棋的竞技规则，能够对弈较为简单的棋局，这让他们感到十分惊喜。

2014 级学生王雪遥感慨地说：“何老师是个很有魅力的人。他的课生动形象，诙谐幽默。短短的一节课，他给我们教授了围棋的基本规则和方法，对一些基本路数进行了实际分析。何老师还让两个之前并不懂围棋的同学在讲解后对弈，给我们讲述他们各自的出棋套路，这给我留下了深刻的印象。”

“我希望学校也可以建立围棋文化研究中心，开设更多围棋文化的选修课程，通过举办棋文化讲座等活动，进一步加强师生之间的交流。”何云波对围棋文化在我校的发展充满了期待。

“以游玩的心情进去，越往里走，越像走进了一个诱人的迷宫。歧路彷徨，乱花渐欲迷人眼，不知今夕是何夕。但在寻寻觅觅中，一旦自觉有所发现，有所会心，那种快乐的心情，用一句棋迷的话说，就跟下棋吃了对手大龙似的。”何云波在《游戏的境界》中的这段话正可以解释他的这种快乐学问和自在人生。

原载《湘潭大学报》2016 年（879 期）

黑白有道：何云波眼中的围棋与中国文化

马骋

何云波是中国围棋文化研究第一人，是第一个“围棋博士”，他开辟了文学与围棋文化研究的一个新领域。作为第九届全国历史文化名城围棋赛的特邀嘉宾，何云波在沈阳市总工会主办的《黑白有道——围棋与中国文化》讲座上，与广大沈阳围棋爱好者分享了他对于围棋文化与中国文化的独到见解：“大家往往只把围棋作为一种竞技游戏，而忽视了围棋是有着悠久历史文化底蕴的一种传统文化。”

围棋不仅仅是一项古老游戏

在研究围棋文化之前，何云波一直研究外国文学，但是他发现，在中国古代琴棋书画中，棋文化的研究一直是偏弱，而且在研究围棋的过程中他发现围棋和中国的传统文化艺术有很多相通之处。“围棋是一种游戏，一种形而下的游戏，但是中国古人不断地赋予它精神的、艺术的意义。中国古代文人经常把俗的东西雅化，我的博士论文讨论的就是围棋作为一种流传至今的古老游戏，是怎样成为艺术的，一种形而下之技如何成为形而上之道。”何云波如是说。

现在，何云波除了在大学教书，主要还是做文学和围棋文化方面的研究，下棋的时间反而少了。何云波认为，围棋某种意义上还是一种很好的发泄方式，因为人性中往往具有一种攻击性，人类为了发泄创造出了很多竞技游戏，比如拳击、摔跤和围棋。“它们为人类的攻击性提供了一个合理的发泄渠道，正是有了这些运动，人类才减少了很多纷争。下棋也是这样，你在棋盘上大开杀戒，声东击西，用尽种种诡计，在棋盘上做完了小人之后，在现实生活中你反而能够做一个正人君子，通过下棋，在宣泄中可以达到身心的和谐。”何云波说。

校园是普及围棋文化的重点

在谈及“围棋入校园”这一工作时，何云波有自己独特的观点：“中国教育相当长一段时间不重视传统文化教育，学校中对传统文化的交流活动更是少之又少，传统文化交流的缺失又导致了国民文化的薄弱，导致学生对传统文化认同感缺失。一个人，只有在认同自己国家的民族文化之后，才会真正地爱上自己的文化，才不会做对不起自己国家的事。那么围棋进校园，其实就是要起到一种了解民俗、传统文化和修身的作用。”

何云波对“围棋文化”在校园遇到的一些问题做了分析，他认为，现在“围棋文化”进入校园要解决三大问题。第一个，需要加强学生对围棋的认识。围棋不仅仅是一个玩物，它在大学文化教育、素质教育中扮演着一个很重要的角色。第二个，需要一个比较好的教学体系和一本好的教材。一本好的教材同时也可以作为一个让社会大众都接受的读物，增加国民的修养；另外，它也应该要能够被国外接受，这样就能加强国与国之间的围棋文化交流。最后一个，也是最重要的一个，就是师资方面的培养。没有一个自身围棋文化素养高的老师，就很难把围棋的文化精髓传授给学生。

原载 2015 年 12 月 12 日《沈阳日报》

解读“围棋博士”何云波：曾与金庸、陈祖德同台演讲

周舟

“跨界奇才”眼里的黑白世界

他被称为是中国围棋文化研究第一人，是第一个“围棋博士”；他在比较文学与俄罗斯文学研究方面有很深的造诣，却又开辟了文学与围棋文化研究的一个新领域；他曾在三十八岁时便与作家金庸、中国棋院院长陈祖德同台演讲。何云波，一个横跨了围棋界与中国文化界的学术奇才，他昨天来到沈阳，参加沈阳市总工会主办的“黑白有道——围棋与中国文化”讲座，在接受沈阳晚报、沈阳网记者专访时，何云波分享了他对于围棋文化与中国文化的独到见解，并讲述了关于他的围棋人生。

对他来说，读书就是一种本能

许多人知道何云波，是因为他在围棋文化方面取得的成就，但是作为湘潭大学文学与新闻学院教授、博士生导师的他，本职工作却是研究比较文学与俄罗斯文学，用何云波的话来讲，读书并接触文学纯粹是出于一种本能。“我从小就对纸上印的文字特别感兴趣，我记得特别清楚，我把当时大人给的钱都一分一分地攒下来，等到有一两毛钱的时候就去买书。”何云波说，因为对文字的喜爱，后来考大学时自然而然地选择了文学系。

上了大学之后，何云波阅读的书籍和种类变得更多，并逐渐积累了对中国文学及中国传统文化的感情。何云波认为，读书不能太功利，“我一直把读书当作一种好玩的游戏，因为好玩产生兴趣，然后才吸引你不断地读下去”。

在他看来，黑子白棋仿佛山水

与其他围棋爱好者不同，1963 年出生的何云波学棋很晚。“我接触围棋是在研究生一年级了，看 1985 年的中日围棋擂台赛，双方主将聂卫平和藤泽秀行决赛的时候。我当时虽然不懂，但是看到棋盘上的黑子白棋，就仿佛一幅山水画一样，非常美。”然而在当时，何云波并没有立刻开始对围棋进行研究，“我真正开始学棋是在研究生快毕业的时候了，最后一个学期，论文做完之后无事可做，就跟着班上的几个同学一同下棋，因为我是一个做事情很容易入迷的人，对围棋真是一往情深”。

何云波在研究生阶段读的是世界文学专业俄苏文学方向，他认为俄罗斯文学和围棋代表了人生的两种状态，用刘小枫一本书的名字形容就是《拯救与逍遥》。何云波写过一本名为《陀思妥耶夫斯基与俄罗斯文化精神》的书，书中写道“陀思妥耶夫斯基提供的是一个苦难的世界，让你不得不去面对人生中的苦难。而中国文化更多的是一种审美式的人生追求，围棋最能体现中国传统文人对审美式人生的追求，所谓‘林间扫石安棋局，岩下分泉递酒杯’，这是中国文化的一种魅力”。

他的论文：游戏怎样成为艺术

2003 年，何云波的博士论文《围棋与中国文艺精神》出炉，何云波获得了比较文学博士学位，但因这是国内第一篇关于围棋的博士论文，因而他第一个被外界称为“围棋博士”。2007 年，中南大学成立了围棋文化研究中心，何云波与世界华人围棋联合会一起编撰了一套“中国围棋文化研究丛书”，分别是《围棋与东方管理智慧》《围棋心理学》《围棋的思维科学》《黑白之旅》。“内容主要是向海内外介绍中国围棋文化，当时就觉得，我这‘围棋博士’的帽子是摘不掉了。”何云波说。

在研究围棋文化之前，何云波一直研究外国文学，但是他发现，在中国古代琴棋书画中，人们对棋文化的研究一直是偏弱，而且在研究围棋的过程中，他又发现围棋和中国的传统文化艺术有很多相通之处。“围棋是一种游戏，一种形而下的游戏，但是中国古人又不断地赋予它精神的、艺术的意义。中国古代文人经常把俗的东西雅化，围棋同样存在着这样一个雅俗转换的机制。我的博士论文讨论的就是围棋作为一种游戏，是怎样成为艺术的，一种形而下之‘技’如何成为形而上之‘道’。”

他的观点：文学是妻子，围棋如情人

现在，何云波除了在大学教书，主要还是做文学和围棋文化方面的研究，下棋的时间反而少了。“我曾经写过一篇叫《快乐围棋》的文章，在里面我打了一个比方，文学是妻子，围棋便是情人。文学是朝朝暮暮里一蔬一饭的厮守，围棋则是在水一方中海枯石烂的诉说。也就是说，文学是我的饭碗，每天要和她相守，围棋是在日常生活之外可以提供很多快乐的东西。”何云波说。

而且何云波认为，围棋同时还是一种很好的发泄方式，因为人性中往往具有一种攻击性，人类为了发泄创造出了很多竞技游戏，比如拳击、摔跤和围棋。“它们为人类的攻击性提供了一个合理的发泄渠道，正是有了这些运动，人类才减少了很多纷争。下棋也是这样，你在棋盘上大开杀戒，声东击西，用尽种种诡计，在棋盘上做完了小人之后，在现实生活中你反而能够做一个正人君子，通过下棋，在宣泄中可以达到身心的和谐。”何云波说。

他的建议：希望“晚报杯”能有创新

何云波此次来到沈阳，参加“黑白有道——围棋与中国文化”讲座的同时，对沈阳市的围棋氛围也大加夸赞。“我这次来感触有两点，第一是沈阳市的围棋氛围非常好，围棋爱好者特别多；第二个是我感觉东北人特别实诚、特别热情，跟东北人打交道非常愉快，无论是交流还是做事，东北人都会给人亲如一家的感觉。”何云波说。

明年初，第二十九届全国“晚报杯”业余围棋锦标赛即将开战，何云波认为“晚报杯”围棋赛走过近三十个年头，是到了做出一些变革的时候了。何云波说：“比赛的方式上，除了个人锦标赛，能不能有一些其他的方式。围棋是竞技也是文化，是不是可以将围棋文化的内涵融入进来，做一些围棋文化方面的活动。而且现在职业比赛受到的关注多，‘晚报杯’的成绩可能就不够瞩目了，因此走竞技这条路，‘晚报杯’影响力比不上职业比赛。”

原载 2015 年 12 月 11 日《沈阳晚报》

文章书写天下 落子浪漫华夏

贾葆臻

他是一个热情的人，他是一个快乐的人，他是一个文采四溢的人，他是一个浪漫的人，他是一个知名学者，他是当代围棋文化的先锋——围棋博士何云波。

何云波的研究成果对中国当代围棋文化有着极深的影响，他用自己的实践为中国围棋文化的研究和发展演绎了三个阶段。

从《围棋与中国文化》《弈境——围棋与中国文艺精神》一直到《中国围棋思想史》。何云波演绎的这三个阶段好似三局棋，局局精彩，篇篇深入，将中国围棋的文化研究逐渐引向深入。尤其是他正在研究撰写《中国围棋思想史》的消息一出，立刻引起了学界、棋界、网络、新闻媒体的诸多关注，这也进一步奠定他在中国围棋界棋文化先锋的地位。

棋事记者：何教授，能请您谈谈学棋的经历吗?

何云波：我学棋其实很晚。我们这一代人，接触围棋，都是得益于中日围棋擂台赛。我第一次听说围棋，是在 1985 年，研究生刚入学。第一届中日围棋擂台赛进入最后的高潮，聂卫平与藤泽秀行的双方主将对决。在这之前，这局棋已在社会上炒得沸沸扬扬，我身边那些会下棋的同学，也早就等着看中央台的直播。尽管在这之前，我基本上没怎么听说过围棋，也被这种气氛所感染，跟着那帮同学，早早地等在了电视机前。那是我第一次看围棋的电视直播，棋的着式自然是不懂，只能听解说者对局势的分析，心情也随之乍喜乍忧。还有，就是黑白子纵横交错，本身就组成了一幅奇妙的黑白山水画……这就是围棋给我的第一印象。

而真正地走进围棋，是在 1988 年。研究生第五个学期，学位论文初稿出来了，交给导师，他看了后，就说可以了。接下来，第六个学期，等待答辩。闲下来，干点什么呢，那就学棋吧！

可谁知一学就放不下了。迷上了围棋，因为我的专业是比较文学，慢慢就对围棋文化有了兴趣。后来一发而不可收，在棋上花的时间，甚至超过了我的主业：文学研究。华以刚先生说我这是“误入歧（棋）途”，呵呵。

棋事记者：好一个“误入歧（棋）途”，我们真该庆幸您的“不务正业”。何教授，说说您和棋友交往的一些故事吧。

何云波：围棋“五得”中，就有其中一得，得好友。因为围棋，我认识了全国各地的许多棋友，有职业棋手，也有许多普通的棋迷。

其中陈祖德老师是我最佩服的棋手。先说说我和陈老的故事吧。我在自己的专业领域也算小有成就，1996 年三十三岁就破格评上了教授，1999 年成为铁道部青年科技拔尖人才，2001 年又入选了湖南首届优秀青年社科专家，但在棋界依然是个不知名的业余爱好者。我在围棋上的第一次正式露脸，就是陈老的引荐。

2001 年 8 月，贵阳的国际围棋文化节将要举行之时，我接到组委会的电话，让我做“围棋之道・名人论坛”的演讲嘉宾。我听后很是兴奋，琢磨肯定是陈老的推荐。

那时我刚完成第一部围棋著作《围棋与中国文化》，在写的过程中，寄了几章给陈老，请他提意见，他看后感觉很好，给我回了封信，大加称赞。因为这么一个文缘、棋缘，使我开始在棋界露脸了。

贵阳的国际围棋文化节是中国棋界第一次大型的综合性节庆活动。有职业比赛、业余比赛、围棋文化论坛等。

“围棋之道·名人论坛”在省委大礼堂举行，分上午、下午两场。上午是专题演讲，四位嘉宾，每人半小时；下午是九位嘉宾“精彩九分钟”。贵阳政府极为重视，电视台全天直播，演讲嘉宾几乎都是大家：金庸、陈祖德、聂卫平、华以刚、蔡绪锋、应明皓、简怀穗、胡廷楣、段永平、许宛云、吴启泰等。

我在其中，算是最年轻的，却有幸能在上午和大师们一起出场，与陈老、金庸等同台论道讲演，我知道，这肯定又是陈老的力荐。其实，在那之前，我跟陈老是真正的素昧平生。

后来有了许多与陈老见面的机会。再后来，听说他癌症复发。2011 年 4 月去北京看望陈老，那时他动完手术不久，正在病床上。见到我来，陈老非常高兴，精神也非常好！原来那天他刚拿到了新出的大作《血泪篇》《黄龙周虎》样书。我们的话题便从这套书开始，陈老兴致勃勃地谈到他的“中国围棋古谱精解大系”，颇为乐观。他对我说，他也不过是想先做点基础性的工作。至于理论总结，就是何教授你们的事了。

2012 年 8 月，再次去他家时，他的身体已经非常虚弱，为了与病魔抗争，吃排毒的中药，引发每天上吐下泻，导致身体更虚。那天他送了我“中国围棋古谱精解大系”的第五、第六本《襄夏战梁程》和《西屏战梁程》。为了签名，他走到书桌边，都似乎费了很大的力。看着他那依旧潇洒的字，心里真是非常感动！没想到，这次见面便成了与陈老的诀别。

棋事记者：曾见到您和正大集团副董事长蔡绪锋先生合写的一本书，《围棋与东方管理智慧》，能说说你们之间的交往吗？

何云波：我第一次见到蔡绪锋先生，也是在 2001 年贵阳的围棋文化节上，但并没有什么交流。后来，记得是 2005 年，他突然托人找到我，让我去上海与他见面。原来他想在上海在世界华人联合会名下成立一个围棋文化传播公司，做一些在中国甚至世界各地推广、普及围棋文化的工作，让我做副总经理。但条件是每个月要有一半的时间在上海。

那时我觉得自己的主业还是做大学教授，时间上肯定保证不了，副总经理的头衔我也不用了，但我乐于做点力所能及的事情。后来，围棋文化公司的具体事务我也没有怎么管，就帮蔡总做了一套“中国围棋文化丛书”，《围棋与东方管理智慧》就是其中一本。这是他请我去泰国正大总部考察、与他做访谈的成果。

跟蔡总接触多了，发现他真是一个大棋迷。每到一个地方，安顿下来，第一件事就是下棋。

有一段时间，他的《东方 CEO》出版了，在中国各地的大学巡回演讲。他总把我拉上，一是主持他的演讲，二是陪他下棋。下快棋，经常是半个多小时一盘，一个晚上可以下四五盘。

在旅途上，他的棋具也是带着的。有次在四川大学演讲，中间去了趟九寨沟。回成都时，在黄龙机场等机时，我们又下起棋了。不一会，广播通知登机了，我们那盘棋还有些官子没收完，他坚持下完。他夫人催了几次，下完后，他还要数完子才肯起身。等我们登机，才发现飞机上的旅客都已经坐好，等着起飞了。有旅客见我拎着棋盘，问还下吗？我摇摇头，实在是没精力再下了。

棋事记者：何教授，您能谈谈您对网络围棋文化、网络围棋论坛及网络棋友会的看法吗？比如您在灯笼论坛、天下行棋活动的趣事。

何云波：我最初上网下棋，是 2001 年在四川大学读博的时期，那时空闲时间多，经常在新浪围棋下棋。很喜欢新浪围棋，但新浪围棋实行会员制后，普通会员受到限制，我不得已告别新浪围棋，其后在联众、TOM、弈城都下过。不过总的来说，我不喜欢在网上下棋，还是觉得在现实中下棋交流才有味道，有意思。我以前也在某个围棋论坛混，和那里的棋友交流。

记得我博士毕业后，有一段时间除给大学生上课外，没有其他事，比较清闲，棋友洪洲多次劝我来看看灯笼论坛。盛情难却，我便注册“黑白仙子”账号。

记得在那发了第一篇帖子是《网上棋缘》。我写这篇时，因为习惯问题，也经历一番折腾。那文章的视角，都是以“我”的视角，写如何化名为“黑白仙子”到网上去下棋，写了一段就觉得不顺，因为“何云波”与“黑白仙子”总在打架，互相争夺话语权。有一天突然灵光一闪，想为何不让“黑白仙子”完全独立呢？纯粹以“她”为主体，“何云波”退居幕后，成了“我家主人”。

我顿时觉得柳暗花明，思路大开。再起炉灶时，文思泉涌，一气呵成。网络文章的风格，也就自然而然地形成了。

这是一种跟以前的学术著作甚至《黑白之旅》那种正儿八经的散文完全不同的文风。换了一个角色，甚至连性别也变了之后，好像许多束缚一下子消失了，我有了一种被解放了的快感。

帖子一发出，就引起众多棋友的兴趣。大家纷纷猜测“黑白仙子”是何许人，也引出一些棋友对“黑白仙子”的遐想，一些棋友以为我是多才多艺的小美女，愿意看我的文章，回我的帖子，和我交流，演绎种种“网上棋缘”。大家在一起下棋、调侃，玩得很开心。

后来大家知道“我家主人”是“何云波”，我就不喜欢去了。可见网络代表的是人的另外一种生存状态。当然它一方面发挥着弥补现实生活之不足的交际功能；另一方面，人又可以在网络中隐藏自己（有时又是更本真的袒露），以另外的一个“我”出现。似真似幻，我想这就是网络的魅力所在吧！

说到“天下行棋”，其实我算是个局外人，经棋友介绍，有时去逛逛，但终究不能投入。主要是这几年太忙，找不到那种“闲”的心情。什么时候得闲了，弄个虚拟的身份，倒有江湖再战一番的心情。

说到网络给围棋带来的影响，我想最大的影响是让围棋越来越大众化了。棋友可以很方便地手谈、“笔谈”、“口谈”，真的是“海内存知己，天涯若比邻”了啊！目前的围棋文化趋势是从精英走向大众，现实与网络交汇。这样使围棋文化不再局限于书斋、专家、学者。

从古到今，围棋文化更多是由士大夫，以及后来的专家、学者建构起来的，大众只是被动的接受者。而现在，网络给每一个人提供了发言的机会，所有的棋迷都可以参与到围棋文化的建构中来，围棋文化也就变得无比丰富。我想，这才是围棋文化的真正繁荣吧！

棋事记者：何教授，最近中宣部对推广和普及围棋发了文，您觉得包括围棋文化在内的东方文化对人们的生活甚至整个民族的价值观有什么影响？

何云波：中宣部要求中央电视台体育频道重点宣传和推广围棋，我就想了想为什么要重点宣传、推广围棋？在中国的传统体育里面，直到现在还在流行的是什么呢？——围棋、象棋。足球呢？中国古代叫蹴鞠，但是蹴鞠的玩法和足球也不一样。所以可以说中国古人玩的游戏，在当代还能够成为体育竞技的，只有围棋和象棋。从文化的角度，作为琴棋书画之艺，它也成了中国文化的载体之一。

我觉得东方文化一个非常重要的概念就是“和”，人和人、人和社会、人和自然之间的和谐，“和”是人类社会一种最高境界，“和谐”“幸福”“自由”等等都是“和”的体现。而西方文化非常强调“征服”“冲突”“进取”，强调快速发展的一面！这肯定有它好的方面，进步的方面，但我感觉西方文化发展太快了，发展太快了应该减速下来，任何生命体发展得越快，消亡也越快！

“和”是吴清源先生认为的围棋的最高境界。在他看来，那种至高之境不是冲突，而是和谐。

有一次，在某电视节目的录制现场，主持人访谈吴清源大师。当吴清源谈到他的二十一世纪围棋的调和之道时，主持人似乎听不懂吴清源要表达的意思，按他事先的采访思路，应该是让吴老谈谈现在的韩国围棋，谈谈李昌镐等。吴清源对这些又不感兴趣，说着说着又谈回自己的理念，两人好像在打架。围棋被叫作“手谈”，“手谈”就是对话，两人水平差得太多，对不上话，那就没办法了。

棋事记者：您如何看待现在的围棋热？

何云波：围棋热是围棋日益大众化、普及化的标志。当年中日围棋擂台赛引发的围棋热，主要是擂台赛的胜利激发了国民的爱国情绪。那时人们把棋运与国运联系在一起，通过竞技为国争光，赢了便举国欢腾。

而现在的围棋热，并不是哪个明星、哪次事件引发的结果，而是围棋在长期的发展中慢慢培育出来的，因此它可能更理性，更持久。

我想其意义也在这里。我们把围棋看作是游戏、娱乐，看作是修身养性的一种方式，对孩子来说，是素质培养的一种有效手段。对普通人来说，也不需要拿它为国争光。也就是说，让围棋回归到它本身。如孔夫子所说，饱食终日，无所用心的时候，玩玩棋也好啊！饱暖思围棋，这正是国家走向全面小康的标志。

棋事记者：您最近在做什么，有些什么计划？

何云波：上半年刚刚完成了两本书《图说中国围棋史》《围棋文化演讲录》。命名为“图说”是因为书中介绍了中国古代许多与围棋有关的绘画、工艺品，棋谱棋式本身其实也是图。这“图”中就包含了围棋史的许多信息。《围棋文化演讲录》是在全国各高校、政府机构、企业包括围棋文化论坛的演讲，凑到一起编的一个集子。

另外，我还出了本散文集《老屋》。国家社科基金项目《中国围棋思想史研究》也完成了，成果就是两本书《中国围棋思想史》和《中国历代棋论选》。最近还准备做的就是编一本《围棋文化教程》，作为全国通用的围棋文化教材。现在许多大学都开了围棋文化课，却一直没有一套合适的能够将围棋技术与文化融合到一起的教材。这本书也可以作为向社会大众普及围棋文化的理想读物。

其实，要做的事情很多，一个人的精力却有限。一步一步走吧！能够不断地为围棋文化添块砖、加片瓦，我也就知足了。

原载《围棋报》2014 年 10 月 11 日第 11、12 版

雅事自当时

杨烁

导语：

中国传统文化崇尚的玄与雅，可以说在这方棋枰之上得到了淋漓尽致的体现。凡是与棋有过接触的人都说，那里面蕴含着一个浩渺的宇宙。探索？当然。因为那是永无止境的事。

棋事：围棋文化本身包罗万象，如果要给它下一个定义，“围棋文化”应该包含哪些内容呢？

何云波：虽然众说纷纭，但基本上，人们认可把文化分为三个层面：物质文化、制度文化、精神文化。三者构成一个广义的概念。这个概念同样适用于围棋，围棋物质存在的形态包括棋盘、棋子、棋局，制度文化和围棋有关的有赛制、规则。精神文化更多的是我们所说的狭义的文化，像围棋所蕴含的哲学的意义，艺术的意义，围棋和人的思维方式、精神层面的关联。其实我们可以把围棋文化做广义和狭义的划分。

我们说弘扬围棋文化，既可以在精神层面，使围棋在大众的精神生活中发挥更大的作用；也可以在物质、制度层面，比如让比赛更加合理，既有竞争性，又能吸引大众，实现产业化，其实这些都属于围棋文化的范畴。

棋事：您觉得围棋文化的作用有哪些？现今围棋文化得到了大力的弘扬，它对于我们的生活到底有什么直接或间接的影响？

何云波：从物质层面来说，围棋本身就是一个产业，是体育产业、文化产业的重要部分。从大众生活的角度来说，提升生活品质，琴棋书画也是重要的方面。围棋本质上还是一种游戏，但我们过去片面地理解游戏，好像游戏一定就是玩物丧志，其实玩物未必丧志。就像在德国浪漫主义诗人席勒看来：只有当人充分是人的时候，他才游戏，只有人在游戏的时候才是完整意义上的人。围棋是人们追求精神快乐的一种方式，这本身就体现了巨大的价值。

当然围棋也有很多具体的作用，比如孩子可以通过学棋来锻炼思维，进行挫折教育，还有日本棋院提出的“围棋五得”：得好友、得人和、得教训、得心悟、得天寿。围棋既有物质方面的意义，比如围棋从业者可以通过围棋获得生活保障，又可以使人达到精神层面的满足，这正是围棋在现代社会的意义所在。

棋事：能谈谈您一直的研究方向比较文学与围棋文化吗?

何云波：我读的是比较文学博士，我对围棋文化的研究一直面临着一个怎么和比较文学挂钩的问题。因此在 2003 年我的博士论文中，我着重探讨了围棋里蕴含的文艺精神。

我觉得无论中国古代的文论还是棋论，都存在两套话语，一套是“道”，一套是“术”。道的话语是把任何东西都上升到形而上的层面，但另外一个方面，涉及具体的围棋下法，就像文学一样，文章怎么写，怎么起承转合，怎么对偶、用辞，还是有很多技术层面的东西。

棋事：中国文化中包含了诸多的玄奥理论。这在围棋上也有所体现吧?

何云波：中国古代的棋论背后就与它的两种思维方式有关，我把它们概括为“玄象思维”和“数理思维”。

“玄象思维”是把一切东西玄妙化，所谓“一阴一阳之谓道”。把围棋玄妙化是从班固的《弈旨》开始，班固说围棋“上有天地之象，次有帝王之治，中有五霸之权，下有战国之事”。

“数理思维”是具体的技术层面的东西，下一盘棋需要不断计算、判断大小。只不过中国传统的围棋理论一直在强调玄象思维，把术看成是形而下的东西，不受重视。

我们经常说中国文化是模糊思维、整体思维、系统思维，缺少数理思维、逻辑思维。我倒觉得围棋很能体现中国古人的数理思维，只是这种思维一直处在被抑制的状态，并未发扬光大，这是中国古代围棋理论的遗憾。

棋事：棋似乎一直被归于“琴棋书画”之中。

何云波：是的。玄象思维与数理思维还跟中国文化的一种机制有关，就是雅与俗，中国传统文化会把所有俗的东西雅化。围棋本身作为一种打架的游戏，是一种俗的东西，但中国古人最终还是将围棋雅化，成为文人之雅趣。

这就是我对中国文学艺术的一种领悟。当我从道、术，玄象思维、数理思维，雅、俗的角度去讨论围棋的时候，我发现中国传统的文学、艺术、游戏在这一点上都是相通的。

原载《棋事》2016 年 8 月 26 日

闲敲棋子落灯花

周荷风

尘世中人都在以自己的方式寻求着人生的意义。有的人以成为某个领域的名家泰斗为人生的终极追求，有的人认为成为商界精英、政界奇才即为人生的价值所在，然而他们中不少人都迷失在寻求的路途中，逐渐遗忘了为了什么而出发。而能如何云波先生般在自己喜爱的领域有所建树，并始终不忘初心者却寥寥无几。快节奏的都市生活中，有几多人能有闲敲棋子般的超然心境。何云波先生便是在学术成就和人生乐趣中寻到了一个平衡点，以此畅游人间。

问：何老师，您的学术生涯以研究俄国作家陀思妥耶夫斯基起步，第一个国家社科基金项目是《陀思妥耶夫斯基及其小说的文化阐析》，第一本书是《陀思妥耶夫斯基与俄罗斯文化精神》。我读陀思妥耶夫斯基，总对他敬而远之。请问，您当时选择这个作家，是因为喜欢吗？

何云波：申报这个项目是因为我的硕士论文就是《论陀思妥耶夫斯基的宗教意识》。当时选择陀思妥耶夫斯基并不是因为我有多喜欢他，其实我更喜欢屠格涅夫、巴乌斯托夫斯基这种充满抒情色彩的作家。但有时候你喜欢一个作家未必就会拿他作研究的对象，就像你喜欢一个人，反而可能无话可说，做研究也是。你未必喜欢陀思妥耶夫斯基，但是他给你提供了一个巨大的可阐析的空间。我最为佩服的是他敢于揭示残酷的真实及对生活、世界或是人性的深层挖掘，让你不想不敢不忍去面对，又不得不面对。中国人崇尚的是一种审美式的人生，所谓“春有百花秋有月，夏有凉风冬有雪，若无闲事挂心头，便是人间好时节”。刘小枫有本书叫《拯救与逍遥》，中国的人生更多就是一种逍遥式的人生，而拯救更代表西方的一种文化。陀思妥耶夫斯基提供的就是一种十字架上的救赎。它让你面对生活的真实、残酷，直面人生，甚至要忍受种种的苦难，在不断的磨难中才能获得精神的救赎。陀思妥耶夫斯基所提供的恰恰就是中国文化所缺少的东西——苦难中的救赎。我想走进陀思妥耶夫斯基的小说世界的意义就在这里。

问：您在研究陀思妥耶夫斯基，甚至俄国文学研究上，可以说成果累累，让你在三十三岁时，就成了当时湖南省文科最年轻的教授。怎么后来会转向中国围棋文化这样一个全新的领域呢？

何云波：鲁迅先生曾经说过，他虽然敬佩那些写出伟大文学作品的作者，但终不能爱的，有两个人，一个是但丁，另一个就是陀思妥耶夫斯基。陀思妥耶夫斯基揭示人的灵魂的“深”，不仅要写心灵深处的罪恶，还要写出罪孽下的洁白来。也许这就是中国的读者很难对陀思妥耶夫斯基产生本能的亲近的原因，我也是。年岁越长，我越发现自己骨子里其实是个传统的中国文人，一卷书，一杯酒，一局棋，一盏茶，“林间扫石安棋局，岩下分泉递酒杯”，真是一种抵挡不住的诱惑。

问：您在围棋文化研究上，成绩斐然，不少人把您称作是“中国围棋文化研究第一人”。围棋本来不过是一个游戏，您怎么会把它当作学术研究的对象？

何云波：确实，文学是我的饭碗，围棋本来不过是一个业余爱好而已。做围棋文化研究，起初并没什么直接目的，但做着做着就发现，这里面其实大有可为。围棋本来是一种形而下的打架游戏。其实很多体育竞技都与打架有关，只不过在现实生活中打架是被禁止的。当有个固定的场地，设置了打架的规则，打架就成了体育竞技，就像拳击、柔道、摔跤等。而棋呢，则是把打架移到棋盘上来：军棋，以大吃小；象棋，楚河汉界；围棋呢，所谓吃子、围地，争夺的是人类的生存空间。下棋满足的其实也是人类的一种攻击性的冲动。从这个意义上说，围棋就未必那么高雅。中国文化传统，就是善于把俗化为雅，把形而下的游戏变成形而上之道，琴棋书画，围棋也就成了高雅之艺、玄妙之道。我的博士论文做的就是这个，围棋为什么会成为形而上之道，成为一种艺术，到二十世纪，它为什么又会重新回到竞技之中。前者跟中国传统知识构型有关，后者则是十九世纪以来西学东渐的潮流使然。随着中国传统知识向现代知识转型，在现代的艺术体系里，没有了围棋包括书法等传统之“艺”的位置。书法很长一段时间都在为了争取自己的合法地位而奋斗，最终取得成功。围棋呢，却最终只能流落到竞技之中。探索这些东西挺有意思的，对我来说，做博士论文，做围棋文化研究，是一个非常快乐的过程。那种不断有所发现，有所会心的感觉，真的好极了。

问：先生得以把做学问研究看作一个快乐的过程实属难得，您对为了升学而读书，为了考试而读书持什么看法？

何云波：我始终觉得，如果一个读书人说到书就是读书苦，苦读书，读苦书，头悬梁，锥刺股，这种人肯定在读书方面是还没入门的。他永远是把读书当作敲门砖。就像宋真宗写《劝学文》，“安居不用架高堂，书中自有黄金屋；娶妻莫恨无良媒，书中自有颜如玉”。用“黄金屋”“颜如玉”去诱惑人读书，所谓“面壁十年，寒窗苦读”，最后一朝成就功名。这样一来，读书就成了吃药——药有用，你要去吃它，而吃药本身是痛苦的。我始终觉得读书本身应该是一件快乐的事，就像林语堂在《谈读书》中说道：“读书就像谈恋爱，知道情人滋味，便知‘苦学’两字是骗人的话。”读书读出了谈恋爱的感觉，你读千遍也不厌倦，何苦之有？快乐的事情是不需要你去坚持的，我希望读书人都能从书里去找到一种快乐的感觉。而现在流行“成功学”，读书都是为了“成功”，结果呢，百分之九十九的人，都做不了“成功人士”，然后就觉得自己枉此人生。中国人都活得太辛苦，不快乐，有社会的原因，其实也跟每个个体的人生观念、生活态度有关。

问：先生在文学研究和围棋文化研究上多有成就，最近读到您的散文集《老屋》，内容、文字都非常吸引人。将学者与文人集于一身，您是怎么做到这一点的？

何云波：我始终觉得，一个学者，特别是文学研究者，只会做研究，而缺乏创作的体验，是不够的。对于我来说，做围棋文化，写点散文，抱的都是一种游戏的心态，从中获得一种精神的快乐，自我的满足感。正像我在作者自述中说：专业教书、写论文，是为生计。业余写作文、忆旧，权当精神之梦。因为没有太多的功利目的，反而容易写出点让自己觉得还满意、读者也喜欢的文字。

问：最近，在女子学院黄稼辉老师那里，看到您和黄老师合写的一部书稿《长沙人与长沙精神》，您怎么又会想到去做长沙文化研究呢？

何云波：那是长沙市委宣传部委托的一个项目，当时我还在中南大学。长沙文化方面，我出过的书也不少了，虽然编得多，但有分量的学术研究还是太少。我们试图从屈原、贾谊到当代的长沙人中去发掘长沙精神。在写作中，我发现，湖湘的人才群体，大多集中在以长株潭为核心的方圆一二百公里的地方，为什么会这样？值得好好研究。地域文化研究其实大有可为，关键是要有一批真正的学者肯投入精力，包括湘潭的文化，也值得好好发掘。我在湘潭读了七年书，现在又回到湘大来教书，也想在这方面投入一些时间。只是人生要做的事情太多，我这个人兴趣又太广，真是心有余而力不足啊！最终也不知能做出多少来。尽力、随缘吧！

后记：

从何云波先生俄罗斯文学研究，到比较文学，再到中国围棋包括地域文化研究来看，何先生也是相当“任性”的，为了自己的兴趣和喜好，不留恋已取得的成就，不畏惧从头来过，这也是一种胆识和魄力，更是一种生活的智慧，懂得取悦自己，方能成就更好的人生。

更难能可贵的是何先生能将自己的专业与兴趣、事业与游戏结合在一起，既安守书斋，又棋行天下，既潜心学术，又贴近现实。而在何先生最后的那一声感叹中，在他的逍遥自在的人生里，我们又看到了他的另一面。出世与入世、逍遥游与使命感，也许就是中国知识分子的一体两面吧！

原载《湘潭研究》2015 年第 1 期

构建“围棋黄埔军校”

——何云波教授访谈录

弈闻

2016 年 4 月，南京工业大学浦江学院创建了全国本科高校中的首个围棋学院。这可以说是围棋走进大学专业教育的一个具有标志性意义的事件。各种媒体纷纷报道，围棋一时成了“热搜”的对象。近日，笔者有幸采访到了中国首位“围棋博士”、国内外著名的围棋文化研究专家、围棋学院院长何云波教授，就围棋与大学教育，围棋学院的架构、专业构想、未来目标等进行了深入的交流。

为什么要成立围棋学院?

对此，何云波教授很精辟地总结为三个因素：天时、地利、人和。

先说天时，现在围棋发展处于一个最好的发展时期，国家领导人重视，竞技成绩的辉煌，围棋文化的繁荣，围棋产业方兴未艾，这都给围棋学院的成立提供了优良的外部条件。

再说地利，南京是一个有着悠久围棋文化传统的城市。而浦江学院是正大集团和南京工业大学合办的学校，正大集团一直以围棋文化作为企业文化的特色，致力于围棋在世界的传播。

最后是人和，创办围棋学院得到了棋界和社会各界的大力支持。在成立仪式上，与会人员包括了正大集团副董事长蔡绪锋，中国围棋协会副主席、解放军总参原办公厅主任林建超将军以及社会各界著名人士，他们都对此表达了关注与支持。

关于围棋教育的地位，林建超将军在开幕式的主题报告《围棋与中国人的战略思维》中有一句很经典的话："基础是昨天，产业是今天，科研是明天，教育是后天。"将围棋引入到大学专业教育体制中，围棋才能有真正长久的发展动力。

为什么是围棋管理与教育专业?

何教授说，此前教育部已批准了围棋专业作为正式专业进行招生，但围棋专业是在体育类招生，并且报考资格为二级运动员（业余5段及以上），招生很受限制。学生的培养也脱离不了竞技模式。围棋学院则依托正大集团在管理学上的优势，在工商管理专业下面开设围棋管理与教育方向，培养围棋产业管理与围棋教学所需要的实用型人才。今年拟招收五十名学生，在棋力上不设门槛。何教授强调，通过四年的专业训练，完全可以让学生既具备良好的管理技能与围棋文化素养，在棋力上亦可达到3到5段甚至更高的水平。

就业形势如何?

就业方面，何教授提到，现在中国的围棋产业化尚处于一个起步阶段，未来将会有一个大的发展，所以会需要大量的围棋经营和管理人才。此外就业方向还有当下供不应求的围棋教师，以及懂围棋的经营管理人才等。所以总体看来，围棋管理与教育专业的就业前景是非常被看好的。

关于师资队伍建设

毋庸置疑，一个新兴专业的成功，最重要的是人才。有好的老师才会有好的专业。对此，何教授提到，围棋学院现在的教师结构主要分为三部分。

首先是专职教师。当中既有做围棋文化的教师，也有以技术见长的教师，包括职业棋手。未来围棋学院专职教师的规模大概保持为八至十人。

其次是客座教授。围棋学院聘请包括林建超将军，棋文化研究专家陈祖源、张如安、胡廷楣，队际赛创始人谢骏，华蓝集团董事长雷翔，山西人民出版社总编辑姚军，职业七段棋手王海钧、丁波等做客座教授。之后还会陆续聘请棋界的其他著名人士担任客座教授。

最后是兼职教师。已聘请包括职业棋手李喆、孙远、王香如，以及“业余棋王”胡煜清等为兼职教师。他们将在需要的时候来学校上课。

可以看出，这三部分的结合将会形成一个强大的师资队伍。

围棋学院的组织架构是怎么样的?

何教授提及了产、学、研相结合的思路。围棋学院拟成立两个院——围棋学院和围棋文化研究院。前者主要负责教学，后者负责科研，围棋文化研究院可下设围棋产业研究中心、围棋历史文化研究中心等。学院和研究院两个牌子一套人马。在创建一流围棋专业的同时，更要在围棋文化与产业研究上实现国际一流水平的目标。

关于课程设置与教材建设

何教授指出，既然名为围棋管理与教育专业，所以会设置管理学方面的课程，如管理学、经济学、市场营销、战略管理、人力资源管理、管理信息系统等。而围棋方面的课程，在围棋技术方面有从初级到高级的一系列课程，以及围棋实战训练。还会有围棋产业学、围棋与战略思维等与管理学挂钩的课程; 围棋学、围棋史、围棋与人工智能、围棋心理学、围棋教育学、围棋文学、围棋英语等方面的课程。

教材建设方面，何教授提到，围棋学院成立大会的一个重要议程就是大学围棋专业教材的编委会。汇聚国内棋文化研究的专家、棋手，做一套围棋专业系列教材，包括《围棋学概论》《世界围棋简史》《围棋产业学》《大学围棋初级教程》《大学围棋中级教程》《大学围棋高级教程》，在两到三年的时间里完成。这套教材乃是大学围棋专业教育的一项基础性工程，具有填补空白的意义。

构建“围棋黄埔军校”

何教授主持围棋学院成立大会时，就提到了一个目标，把南京工业大学浦江学院围棋学院打造成围棋的“黄埔军校”。笔者提到，最近也有民办的专科学校提出要建设“围棋黄埔军校”，问何教授对此怎么看？何教授笑了起来。他说大学都来关心围棋，办围棋教育这是好事。现在大学围棋专业教育刚刚起步，需要更多的热心人士的参与。当然，至于最后谁能真正办成围棋的“黄埔军校”，那就要看各自的努力了。

围棋专业在中国尚处于起步阶段，围棋有着巨大的市场需求。而浦江学院的围棋学院将围棋与管理相结合，走特色办学的道路，给围棋专业的发展注入了新鲜血液，未来是否会实现自己的目标，且让我们拭目以待！

原载中国棋牌网 2016 年 6 月 14 日，《围棋报》2016 年 6 月 25 日